행복한 삶의 온도

행복한 삶의 온도

초판 발행| 2020년 6월 6일

지 은 이| 김대유

펴 낸 이| 이창호
교   정 | 양정윤
디 자 인| 이보다나
인 쇄 소| 거호 커뮤니케이션

펴 낸 곳| 도서출판 북그루
등록번호| 제2018-000217
주   소| 서울특별시 마포구 토정로 253 2층(용강동)
도서문의| 02) 353-9156

ISBN 979-11-90345-04-0 (13190)

(CIP제어번호 : CIP2020020708)
이 도서의 국립중앙도서관 출판예정도서목록(CIP)은 서지정보유통지원시스템 홈페이지(http://seoji.
nl.go.kr)와 국가자료공동목록시스템(http://www. nl.go.kr/kolisnet)에서 이용하실 수 있습니다.

나누는 삶,

열어가는 삶의

마중물이야기

김대유 지음

김대유 교수와 함께 나누는 삶의 기술

행복한
삶의
온도

붉그주

인생은 길을 따라가고 길을 만드는 순간의 연속이다. 길이 보이면 길을 따라가고 길이 보이지 않으면 길을 만들어가야 한다. 생로병사를 짊어진 인간에게 길은, 젊다 해서 힘들고 나이가 들었다고 해서 익숙하고 쉬운 것은 아니다. 혼자 가든 함께 가든 길은 누가 대신 걸어주는 것이 아니다. 공부가 막힌 학생과 미래가 보이지 않는 청년, 언제든 길을 잃은 중년과 어스름 황혼처럼 찾아온 초로의 반백에서 우리는 문득 민낯의 영혼을 마주한다. 자신의 내면이다.

생각해보면 청춘은 재밌는 지옥이고 중년은 심심한 천국이다. 날마다 흥분이 넘치고 긴장이 감도는 순간을 만끽하지 못하는 청춘은 불우하다. 날마다 그 날이 그 날인 중년은 아무 낙이 없는 천국과 같다. 누구나 청춘의 시간을 맞이하듯이 어느새 중년의 세월을 만난다. 세상 무서울 것이 없는 중딩과 세상 다 살아버린 듯한 중년의 중자는 모두 중(中)이다. 중딩은 사춘기를 앓고 중년은 갱년기를 아파한다. 양자가 함께 살아가는 공간에서 中자의 의미를 생각하는 일은 부질없다.

흔히 지랄총량의 법칙이라고 부르는 가슴앓이는 본디 중딩병이다. 연애질도 못하면서 불타는 사랑을 꿈꾸다가 애꿎은 자위로 끝내는 중딩들, 화려한 미래의 자화상을 그리다가 텀벙 인터넷 게임에 빠져 허우적대는 그들에게, 청춘은 재밌는 지옥으로 다가오는 게 맞지 싶다. 소년시절 마음껏 지랄도 못 떨고 입시공부만 하다가 어른이 되어버린 중년들, 삼사십대를 쨍하고 해 뜰 날 기다리며 직장을 섬기고 가족을 부양하다가 반백이 되어버린 중년들, 어리고 젊은 날들의 지랄을 가슴 깊이 묻어 둔 중년들에게 다시 또 중딩처럼 가슴뛰는 날들은 있을까?

중딩의 온도는 알겠는데 중년의 온도는 몇도일까? 표준이 없다. 혈압기처럼 잴 수 있는 기계도 없다. 다만 중년의 온도는 제각기 다 자기 이름으로 표시될 뿐이니, 언제든 확인하고 싶으면 가만히 자기의 이름을 불러보라. 그러면 중년의 온도를 잴 수 있다. 릴케나 소월, 아르튀르 랭보, 기형도, 체사레 보르자처럼 청년시절에 천년의 삶을 살다가 요절한 천재들이 있지만, 이순신, 세르반테스, 시몬느 보봐르, 버지니아 울프, 세익스피어 같은 대부분의 천재들은 중년의 삶을 살았다. 재복이, 왕표, 명자같은 내 친구들은 천재가 아닐지도 모르지만 모두 아름다운 중년의 시간을 보내고 있다.

중년에 오는 생리적, 신체적 변화는 도미노 현상을 불러일으키며 그동안 가져왔던 생의 목표와 우선순위를 재평가하고 새롭게 설정하고자 하는 본능을 갖게 한다. 청년세대는 힘겨운 현실을 딛고 미래를 설계하고자 하며, 중년은 인생 제2막을 새롭게 만들고 싶어한다. 칼 융(Carl Jung)은 이러한 인간의 정서적 위기를 개별화(Individuatlization)라고 불렀다. 위기에 직면하여 피하지 않고 오히려 그 길을 따라 새로운 길을 여는 용기를 갖기 위해서 개별화의 기술은 꼭 필요한 요소다. 함께 그러나 다르게 위치해야 할 삶의 자리는 무엇보다 마음의 자리부터 살펴야 한다. 순수한 마음으로 시작하면 큰일을 이룰 수 있다. 순수한 마음은 타인과 함께할 수 있는 여백을 만들고 그 속에서 자신의 정체성(Identity)을 지킬 수 있다.

보통 인간계발서로 불리는 책들이 유행한 적이 있다. 성공하는 비결과 이익을 끌어당기는 인간관계의 기술을 수록한 책들이 밀리언셀러로 등극하는 사회는 불안정하다. 노벨문학상에 빛나는 빙점의 작가 미우라 아야꼬와 노르웨이의 숲을 쓴 무라카미 하루키를 낳은 일본, 우리보다 한창 앞서서 문학의 세계를 연 일본의 문학이 무너진 것은 두 가지 때문이었다. 1990년대부터 유행하기 시작한 만화와 성공하는 기술을 소개하는 흥미 위주의 자기계발서가 범람한 탓이었다. 일본인들은 성공의 기술을 쫓다가 성찰의 문학을 잃었다. 그 자리에 솔로충 문화와 변종 제국주의 이데올로기가 자리잡았다.

이 책은 성공신화를 만들기 위한 자기계발서는 아니다. 그러나 읽다 보면 성공의 의미가 무엇인지 어떻게 하면 삶의 길에서 우물처럼 그리움이 깊어질 수 있는지 성찰하고 발견할 수 있는 글로 채워져 있다. 읽다보면 독자와 저자가 함께 내면을 들여다보고 삶의 기술을 계발할 수 있는 공통분모를 갖게된다. 인간의 외로움이 깊어지고 사회가 불안정할수록 사람들은 부나비처럼 성공신화를 쫓아가고 상대방의 심리를 알고 싶어 한다. 자신의 내면에 깃든 영혼을 돌아보지 못하는 자아는 순수한 마음을 잃게 되고, 순수하지 못하면 오래가지 못한다.

이 책은 홀로서기를 두려워하지 않는 마음들을 위해 기술되었다. 그렇지만 아마, 멈칫거리며 홀로서기를 두려워하는 친구들과 함께 읽을 수 있다면 마음이 더욱 따뜻해질 수 있을 것이다. '공부'는 지성의 산물이지만 '공부하려는 마음'은 감성의 산물인데 왜 학교는 공부만 시키려 드는지 알 수 있다면 우리 부모들은 아이들에게 좀 더 가까이 다가갈 수 있지 않을까? 누구나 선진국형 학점제와 수능 자격고사를 도입하는 것이 교육개혁인데 정부는 왜 안하는지를 알 수 있다면 내일 혹은 모레 촛불들고 광장으로 함께 달려나갈 수 있지 않을까? 전월세 상한제와 주택보유세 인상이 답인데 국토부는 그걸 외면하면서 왜 족집게만 들고 이곳저곳 헛방을 쑤셔대며 국민에게 고통을 주는 국민고통부로 전락했을까? 하악, 나는 이 모든 문제를 다 거론하면서 다 안다고 떠들고 잘난체 할 수는 없다.

다만 공부하려는 마음은 어디에서 올까를 생각한다. 함께 사는 법과, 함께 살면서도 홀로 살 수 있는 법을 논하고 싶다. 몸의 아픔을 바라보는 관점, 성과 사랑 이야기, 노년과 죽음, 만남과 이별을 대하는 마음가짐, 자녀교육에 대한 마인드, 위기의 중년을 이해하고 슬기롭게 맞이하는 기술을 함께 익히고자 한다. 치열했던 지난 인생의 길(road)을 돌아보고, 새롭게 만들어가야 할 길(way)을 가늠하며, 가슴 깊이 서늘하게 묻어나는 나의 길(path)을 생각하고자 한다. 주역에 문생어정(文生於情) 정생어문(情生於文)이라는 말이 있다. 글은 생각에서 나오고 생각은 글에서 나온다는 뜻이다. 읽다보면 알게 되고 알게 되면 쓸 수 있다.

인생은 리딩(Reading)에서 시작하여 라이팅(Writing)에서 완성된다.

이 책을 읽으면서 자신의 영혼을 들여다보고, 스스로 삶의 이야기를
이어가고 쓸 수 있다면 참 행복할 것이다.

행복한
삶의
온도

목차

I.
길
위에서

1

피카소를

사랑한

파블로 피카소

세상 모든 그림은 선(線)으로 시작된다. 모든 선 위에 색을 입힐 때 화가들은 어디로 가야할지 고민하며, 선 위에서 제자리 뛰기를 반복한다. 그 선의 방향과 색칠에 따라 화가들의 화풍은 저마다의 이름을 갖는다. 19세기 후반 "나는 천사를 본 적이 없으므로 천사를 그릴 수 없다"며 반발한 쿠르베의 사실주의는 때마침 불어 닥친 과학의 시대를 반영했다. 자연 속에서 빛이 주는 생동감을 맞이하며 화폭에 넘실대는 색감의 풍광을 재현한 마네와 모네, 루느아르와 폴세잔은 인상파를 자처했고, 폴 고갱과 빈센트 반 고흐는 아예 그림 속에 이글거리는 태양을 불러들였다. 인상주의와 점묘화법은 기술문명의 산물인 튜브물감에 의해 이루어진 화풍이었다. 한동안 주류를 이루던 인상파에

도전장을 내민 앙리 마티스는 강렬하고 대담한 색채를 사용하여 감정 상태를 표현하고 어떤 형식에도 얽매이지 않는 야수파를 창조해냈다.

파블로 피카소(1881년~1973년, 스페인)는 화단의 대선배인 마티스를 질투했다. 어떤 그림을 그리든 피카소는 마티스에 견주어 평론되었고 때로 평가절하 되었다. 두 사람의 만남은 경쟁과 발전을 이루었고, 피카소는 마티스를 뛰어넘으려고 노력했다. 아마 마티스가 없었다면 피카소의 입체파 그림은 주목받지도 못하고 경쟁자들에 의해 땅에 묻혔을지도 모른다. 두 사람의 화풍은 새로운 예술을 뜻하는 아르누보(Art Nouveau)의 등장에 영향을 끼쳤고, 스페인의 건축가 안토니 가우디 등 건축분야에도 영향력이 교류되었다. 야수파를 견인하고 초현실주의 시대를 열게 한 피카소의 입체파는 여러 논란에도 불구하고 19세기와 20세기를 넘나든 대표적인 화풍에 틀림이 없다.

무엇보다 입체파는 오직 피카소만이 그려낼 수 있는 사실상의 1인 화풍이라는 점에서 타의 추종을 불허한다. 피카소의 '아비뇽의 처녀들'과 '게르니카'는 그림을 잘 모르는 사람들에게도 깊은 영감(inspiration)을 주는 작품이지 않은가. 세상 모든 관념과 사물, 사람을 사각형의 선으로 도드라지게 표현한 피카소는 어떤 사람이었을까? 누구나 피카소를 잘 안다고 생각하지만 모순 가득한 그의 진면목을 파악하기란 쉽지 않다. 특히 피카소는 대체로 그와 함께 살았던 연인들을 대상으로 초상화와 작품을 그렸다. 그와 동거했던 여인들은 모두 7명이었다. 이들 중 2명은 자살하고, 2명은 정신질환을 앓았으며, 1명은 젊어서 요절했다.

내셔널지오그래픽은 아인슈타인(지니어스1-10부작)에 이어 파블로 피카소(지니어스2-10부작)를 재검증했다. 피카소는 스페인에서 화가의 아들로 태어나 바로셀로나 미술학교와 마드리드 왕립미술학교에서 수학했지만 반항적이고 독선적인 성격과 천재적인 고독감으로 인해 자퇴를 거듭했다. 그는 젊은 시절 절친인 카를로스 까사의 총격자살에 충격을 받아 한동안 청색풍의 그림을 그렸다.

우울한 청춘이었다. 첫사랑 페르낭드 올리비에를 만나서 열애를 했고, 이 때 사창가의 여성들을 그린 〈아비뇽의 처녀들〉을 그렸다. 사랑의 열기로 인해 그림은 청색을 넘어 분홍빛으로 물들었다. 8년을 동거했지만 항상 외로움을 타던 페르낭드가 외도를 하자 피카소는 그녀를 떠났고, 이어 두 번째 여인 에바를 만나 지극히 사랑했지만 에바는 3년만에 폐암으로 사망했다.

36세로 접어든 피카소는 어느 날 러시아의 귀족인 발레리나 올가에게 첫눈에 빠져서 청혼을 하고 결혼했다. 그러나 매사에 의식을 따지는 올가와 부부싸움이 잦았고 10년만에 별거했다. 올가는 이로 인해 심한 우울증과 의부증에 걸려서 죽을 때까지 방황했고, 피카소가 새 여인들과 밀회를 즐기는 곳 마다 나타나 스토킹을 했다.

15세의 소녀 마리테레즈는 길거리에서 모델이 되어달라는 피카소의 유혹에 넘어갔고 둘 사이에 딸을 두었지만 일생 그림자로 지내야 했다. 그녀는 우울증에 시달리다가 피카소 사후에 목을 매서 자살했다. 52세였다. 1936년 파리에서 만난 사진작가 도라 마르는 7년 동안 동거하며 함께 예술가로서 교감했다. 그녀의 격려로 만들어진 그림이 〈게르니카〉다. 잘 맞는 한쌍이었지만 두사람의 사랑은 도라가 정신분열

중에 걸려 병원에 입원하면서 막을 내렸다. 그리고 1941년 나치 치하의 파리에서 평생의 연인인 프랑수아즈 질로를 만나서 사랑에 빠졌다. 이 때 사랑에 넘쳐서 그린 그림이 〈삶의 기쁨(Joie de Vivre)〉이다. 둘은 슬하에 아들 클로드와 딸 팔로마를 두었지만 그녀가 새 연인을 만나 결별을 선언하며 사랑은 막을 내렸다.

이후 피카소는 두 남매에게 유산을 상속하는 조건으로 프랑수와즈에게 청혼했지만 거절당하자, 홧김에 서방질한다고 34세인 비서 자클린과 결혼식을 올렸다. 그의 나이 80세였다. 자클린은 피카소가 임종할 때까지 곁을 지켰고, 그의 사후 13년 후인 1986년 권총 자살을 했다.

지금의 시각으로 보면 피카소는 남성우월주의자로 비쳐질 수 있다. 어찌보면 사기결혼에 그루밍 성 도착증 환자로 판정받을 수도 있다. 그는 마초였다. 나는 그의 사생활을 변호하고 싶지 않다. 패미니스트들의 공격을 받고 싶지도 않다. 다만 행간을 읽고 싶을 따름이다.

그는 단순히 부유한 예술가이거나 방탕한 패륜아만은 아니기 때문이다. 지오그래픽의 추적에 따르면 그는 워커홀릭(일중독증, work a holic)이다. 키 155센티의 단신이지만 거의 매일 먹지도 자지도 않고 8시간씩 그림을 그렸고, 일생동안 무려 5만 여 점의 작품을 생산했다. 죽기 1년전 90세가 되던 해에만 해도 200점의 작품을 완성했다. 일하다가 죽은 것이다. 유언장을 남기지도 않아서 많은 작품들이 상속자들과 프랑스 정부에게 전달되었다. 기네스북은 그를 화가 중 20세기의 최다 작품자로 기록하고 있다.

그는 어떤 사람이었을까?

첫째, 그는 자기애성인격장애자가 아닐까? '예술가 피카소'라는 가면을 쓰고 온갖 모순된 자기 행위를 합리화했다. 파블로 피카소는 피카소만을 사랑했다. 그러나 그렇게 하지 않았다면 그의 예술은 온갖 세상사와 가족사의 한가운데 과연 온전할 수 있었을까? 그는 창녀들에게 모델을 청할 때도 아름다운 여인을 그릴 수 있게 해달라고 호소하여 감동을 주었다. 연애를 할 때마다 밀어를 속삭였고 연인들과 연애만 한 것이 아니라 일과 명성을 공유하기도 했다. 다만 여인들과 사랑에 빠지되 그녀들의 바다에 빠져죽지 않았다. 요즘 그저 성과 사랑에 빠져 익사하는 중년남성들은 새겨 볼 대목이다.

둘째, 독선적이고 이기적인 사람이 아닐까? 그럴지도 모른다. 매사에 잔혹할 정도로 다혈질적인 성격을 보면 더욱 그렇다. 그러나 한 성격을 했기에 수모를 무릅쓰고 입체파를 창조했고, 남들이 피난을 갈 때 오히려 독일에게 점령당한 파리로 돌아가 반항적인 일상을 살았다. 나치의 폭격으로 폐허가 된 비극을 화폭에 담은 '게르니카'의 작가로 처형을 당할 수도 있는 위험을 무릅쓴 그의 행위는 2차 세계대전의 우뚝한 예술혼으로 기록되고 있다.

셋째, 그의 그림은 독해가 어렵고 사기적(詐欺的)인가? 꼭 그렇지는 않다. 피카소 그림의 각진 선(線)을 따라가다 보면 문득 사각형의 입체에 둘러싸인 스토리텔링을 독해(讀解)할 수 있을 것이다. 가만히 들여다보면 터질 듯한 에로티시즘의 슬픈 눈동자와, 세상 어디에 숨을 수도 없는 모순을 만날 수 있을 것이다. 문득 욕망과 허기, 모순으로 가득 찬 당신의 내면과 마주칠지도 모를 일이다.

2.

아인슈타인

리더십

아인슈타인은 나쁜 남자다. 어떤 이들은 그렇게 평가한다. 19세기 후반에서 20세기 중반을 살아내던 노벨상 수상자 아인슈타인의 여성관계는 지금의 시각으로 재단해도 만만치는 않아 보인다. 스위스 연방 공과대학에서 천재 여학생 밀레바 마리치를 만나서 사랑에 빠지자, 첫사랑의 상대인 하숙집 딸 마리에게 절교의 편지를 썼고, 밀레바와 결혼생활 중에는 하녀에게 줄법한 내용의 부부생활 선언문을 강요해서 주위의 눈총을 받았으며, 둘째 아들이 정신병원에서 사망할 때까지 돌보지 않고 방치했다는 비난에 직면했고, 밀레바와 별거한 후에는 고종사촌인 엘자와 눈이 맞아 재혼을 했으며, 심지어 여러 명의 여인들과 연애를 했다는 염문에 시달렸다. 그의 불편한 결혼관과 스캔들에도 불구하고 아인슈타인은 20세기 최고의 과학자로 대중의 뜨거운 사랑을 받았다.

사실 천재 과학자 아인슈타인에게 던져진 의문과 비난은 그 유명한 상대성 이론에 묻혀서 유야무야 면죄부를 받을 법도 한데, 내셔널 지오그래픽(NGC)은 이 논란의 주인공에게 결코 가만있지 않았다. 팔을 걷어부치고 그의 시시콜콜한 일대기를 역사적 고증과 생생한 자료를 통해 10부작 시리즈 '지니어스'(2017년)에 담아냈다. 인용된 것들 중에는 미국 영사관의 비자발급을 위해 상세하게 아인슈타인을 심문했던 기록과 FBI에서 수십 년 간 도청한 녹음자료, 수사기록(22년간 수집된 '아인슈타인 파일' 1800쪽)이 포함되어있다. 미국에 매카시 광풍을 몰고 온 미 연방 수사국의 후버국장과 부패한 정치인들, 마지막까지 아인슈타인에게 노벨상을 주지 않으려고 발버둥 치던 프로이센 아카데미 동료교수들의 낯 뜨거운 작태 등은 마치 잔다르크의 재판기록에서 나타난 성직자들의 부도덕한 종교재판을 떠올리게 한다. 때문에 유태인 아인슈타인을 위한 변명은 과거형이 아니라 현재진행형이 되었다.

시간이 갈수록 인류의 미래는 불투명하고, 사람들의 가치관은 표류하고 있다. 날이 춥고 메마를수록 우리는 아인슈타인에게 물어야 한다. 당신은 불투명하고 표류하던 두세기(19~20C)를 어떻게 살아 냈느냐고 말이다. 그의 리더십을 들여다본다.

첫째, 아인슈타인의 연애와 사랑에는 상반된 시선이 존재했다. 책임지는 자세였다는 평가와 무책임하고 난잡한 태도였다는 시각이 그것이다. 대학에서 동료 여학생 밀레바를 만나서 불같은 사랑을 나누고자 할 때 정말 괴롭고 힘들지만 회피하지 않고 첫사랑 마리에게 절교의 편지를 썼다. 천재과학자 밀레바와 결혼생활을 하면서 함께 세기적 논문인 상대성 이론, 광양자 가설, 브라운 운동을 저술했지만, 부인이 심각한 우울증에 의부증이 겹치면서 아인슈타인의 일상은 무너졌다. 8년간의 결혼생활 중 5년간을 불화에 시달렸고 아내와 별거 중일 때 한참 연상인 사촌누나 엘자의 모성애적 사랑에 끌렸다. 밀레바는 아인슈타인의 두 아들을 합의도 없이 스위스로 이주시켰고, 이혼조건으로 그의 연봉수입 거의 전부와 노벨상을 수상하게 되면 받을 상금 전액을 요구했다. 그는 부양의 의무를 이행하려 노력했고 둘째아들이 원할 때 정신병동을 방문했으며 맏아들의 학문을 격려했다. 지금의 시각으로 볼 때 이해가 안 되겠지만 말년에 젊은 연인들과 사랑을 나눌 때는 부인 엘자의 승낙을 받기까지 했다. 그러나 일부일처제를 모토로 하는 기독교적 시각이나 현대의 페미니즘 관념으로 볼 때 아인슈타인의 사랑은 비난받기 딱 알맞은 요소를 지녔다.

둘째, 아인슈타인은 지식인의 세기적 용기가 무엇인지를 보여주었다. 독재자 히틀러의 전쟁 계획에 당대의 최고 학자그룹인 독일의 프로이센 아카데미 동료들이 모두 지지하는 서명을 할 때 홀로 거부하여 세계를 놀라게 했다. 저명한 학자로서 최초로 흑인대학에서 특강을 했고, 이스라엘 건국운동에 참여할 것을 거절하다가 당시에는 비공개였던 유태인의 대량학살 장면을 담은 영상을 보면서 눈물을 흘리고 시오니즘에 앞장섰다. FBI의 후버국장에게 공산주의자로 몰리고 원자폭탄 제조의 원흉으로 지목당하면서도 지식인들을 모아서 '원자력과학자 비상위원회'를 결성하여 인류의 미래에 닥칠 불행을 막고자 몸부림쳤다. 이 기구를 통해 아인슈타인은 처음으로 세계정부(UN) 구

성의 과제를 제안했다. 그리고 러셀 등 세기의 지식인들과 함께 수소
폭탄 제조를 반대하는 등 평화운동에 앞장섰다.

셋째, 아인슈타인은 따뜻한 인간애와 유머를 잃은 적이 없다. 대
학교수직을 얻지 못하고 특허청의 말단직원으로 근무하면서도 4편의
위대한 논문을 저술했고, 거듭되는 노벨재단의 수상 지목 불발에도
불구하고 끈질기게 상대성 이론을 설파했다. 이웃의 빵가게 주인과
서민들에게조차 상대성 이론을 설명해주었다. 미국비자 심사를 맡았
던 대사관의 부영사가 공산주의 운동을 하지 않겠다는 서약서에 서
명하지 않을 경우 비자신청을 거부하라는 미연방수사국장의 지시를
어기고 승인 도장을 찍어주자, 아인슈타인은 부영사의 희생적인 행동
에 크게 감동하여 거부하던 서명을 해주면서 앞으로 비자를 신청할
유태인들을 부탁했다. 부영사는 이후 5만 명이 넘는 유태인들의 비자
를 승인해주었다. 히틀러의 전쟁 위협을 알리고자 만났던 자리에서
루주벨트 대통령이 상대성 이론을 묻자, "뜨거운 석탄을 밟고 서 있으
면 1초가 영원처럼 고통스럽게 느껴지지만, 아름다운 여인과 침대에
서 1시간을 누워있으면 1초처럼 순식간에 지나간다"는 명답으로 웃음
바다를 만들었다.

아인슈타인은 76세(1956년)에 복부동맥류 파열로 사망하기 전 이
웃의 11세 소녀 엘리스에게 금기 식품인 쿠키를 몰래 얻어먹는 재미
를 누리면서 수학숙제를 도와주었다. 아인슈타인은 위기의 순간에도
과학자의 순수성을 지키려고 애썼다. 유명해진 뒤에는 자신의 가치를
자유(Freedom)와 인간애를 위해 활용했고, 세계정부 수립이라는 미래
의 비전을 제시했으며, 역설적이게도 본인은 책임 있는 연애를 하려고

노력했다지만 그의 사랑은 후세에 많은 비난을 받았고 도덕적인 시비를 불러일으켰다.

아인슈타인, 한순간도 유머를 잃지 않았던 그의 익살스런 만면 웃음의 마크는 오늘을 사는 우리에게 영웅의 따뜻함이 무엇이어야 하는지를 일깨우고 있다. 새삼 그의 리더십을 생각한다,

3.

길

위에서

　모든 길은 로마로 통한다. 진부한 이 말 때문에 '길'은 오직 로마로 갔고, 세계를 정복하기 위해 로마가도를 건설한 로마는 그 길을 따라 달려 온 게르만족과 오스만 투르크에게 정복당했다. 오리엔트를 출발하여 우랄산맥을 넘고 알타이 계곡을 건너 파스칼 호수를 뒤로 하고 중앙아시아를 가로질러 백두산에 이르렀던 우리 한민족은 길이 갈리면서 무리가 헤어질 때마다 아리랑 노래를 불렀다.

　다시는 못 볼 가족과 친지를 보내면서 아리하고 쓰리한 이별의 마음을 노래로 달랬다. 아리랑은 길 위에서 피어난 민족의 노래다. 길(産道)을 따라 태어난 인생은 길(北邙山)을 따라 돌아간다. 길은 빛이기도 하다. 아기는 길고 힘든 어머니의 산도에서 날숨을 쉬며 마침내 세상의 빛을 향해 나아가고, 세상 소풍 끝내고 돌아가는 이들은 마지막 들숨을 한 모금 마시며 빛의 길을 따라 저승으로 간다. 탄생과 죽음이 모두 빛의 길이다.

길은 무엇인가? 대략 세 가지 의미로 분류된다.

모두가 찾아가는 길을 로드(Road)라고 한다. 어떻게 가느냐는 각자에게 달려있으니 그 고독의 길을 방도(Way)라고 부른다. 로드와 웨이에서 지친 심신을 스스로 구원하고자 할 때 누구든 보리밭 사잇길 같은 오솔길(Path)을 그리워하지 않을 수 있을까. 그래서 길은 Road(함께 가는 대로)와 Way(내가 만들어 가는 길)와 Path(소확행, 오솔길)로 나뉜다. 사람들은 찾아가는 길(Road)에서 부귀공명을 누리고 싶어 한다. 경쟁이 치열하다. 전 세계에서 한 해 평균 150만 명이 교통사고로 죽는다. 로드 킬은 교통사고에만 있지 않다. 음모와 술수 그리고 전쟁과 범죄가 난무하는 로드에서 킬(kill)을 당하지 않기 위한 인간의 몸부림은 눈물겹다. 살아남고 승자가 되기 위해 학벌과 돈을 쌓아야 하고 권력을 잡아야 한다. 그 길(way)은 고독하다. 비에 젖은 삼각지에서 이리 갈까 저리 갈까 차라리 돌아갈까를 망설이는 마음은 슬프다.

어느 날 중년이 되어 열심히 달려 온 길(road)을 돌아 볼 때 한줄기 바람이 늦가을처럼 불어오면 문득 자신의 정체성(Identity)을 들여다보게 된다. 이것만이 꼭 아니지 않나 싶을 때 나만의 길(Path)이 그리워진다. 외로운 마음을 달래며 들어 선 오솔길에서 하늘을 올려다보고 눈물 한 방울 흘릴 때 영혼은 비로소 맑아진다. 로드와 웨이만 있는 인생은 쓸쓸하다. 오솔길에서 꽃길을 볼 줄 아는 영혼은 행복하다.

**진정 길이 뭐냐고 묻는다면
길은 곧 사람이라고 답하겠다.**

이순신은 유성룡(road)을 만나서 국가적 운명을 판가름 지었다. 그 길(유성룡)이 삭탈관직 당하고 유배를 떠나는 날 아침에 이순신은 노량해전에서 서거했다. 방패를 치우고 갑옷을 입지 않은 채 스스로 흉탄을 맞이한 죽음이었다. 그가 지킨 길에서 우리 민족의 삶은 다시 피어났다. 김춘추는 김유신(road)을 만나서 피비린내 나는 삼국의 전쟁을 끝내고 외세로부터 한반도의 독립을 이루어 냈다. 계백은 의자왕(road)을 만나서 망국의 장군이 되었지만 황산벌 전투(way)에서 백제의 혼이 되었다. 모하메드는 연상의 부유한 여인 하디자(road)를 만나 이슬람을 세웠고 최고의 학자출신 처녀인 아이샤(way)를 만나 코란을 탄생시켰다. 모하메드는 여복이 있는 남자다. 황진이는 꽃미남이자 출중한 학자인 소세양(path)을 만나서 길이 남을 연애의 꽃길을 만들었다. 퇴계 이황은 단양군수로 부임하여 아리따운 관기 두향(path)을 만나 그림 같은 사랑을 나누었다. 그가 풍기군수로 떠날 때 별리(別離)를 예감한 두향은 함께 가꾸던 매화분(梅花盆)을 선물로 주었고, 퇴계는 임종할 때 매화분에 꼭 물을 주라는 유언을 남겼다. 위대한 학자는 우리에게 학문만큼이나 빛나는 사랑의 스토리텔링을 선사했다. 보헤미안 랩소디의 프레디 머큐리는 메리 오스틴과 결혼하면서 전성기(Road)를 누렸고, 이혼으로 헤어진 후에도 원수로 여기지 않고 함께 우애적 사랑을 나누며(Path) 위대한 여정을 만들었다. 그들의 Path는 머큐리 사후에 AIDS 후원을 위한 머큐리 피닉스 재단(Road)으로 거듭났다. 메리에게 헌사된 Love of My Life는 그들의 사랑 얘기다. 헤어지고 이혼하면서 막장을 연출하는 한국의 커플들은 Path를 배워야 한다.

인생은 길을 따라가고 길을 만드는 순간의 연속이다. 길이 보이면 길을 따라가고 길이 보이지 않으면 길을 만들어 가야한다. 언제든 우리는 치열했던 길(road)을 돌아보고 새롭게 만들어가야 할 길(way)을 가늠하며 가슴 깊이 서늘하게 묻어나는 나의 길(path)을 생각해야 한다.

4.

치유의

인문학

왜 인문학인가

인문학은 인류의 역사와 문학과 철학을 아우르는 용어로 쓰이지만 고정된 학문의 분야는 아니다. 인문학은 인간의 인간됨(Human being)이 어떠해야하는지를 다루는 학문체계다. 고대로부터 현대에 이르기까지 인간들은 종교와 미신, 왕권과 독재, 이데올로기와 자본에 휘둘렸다. 근세에 이르기까지 인간의 정신사는 신들이 지배했고, 지금은 정치와 자본이 지배하고 있다. 그 속에서 인간이 인간됨을 자각하고 이웃에게 그 사실을 독려하는 일은 예나 지금이나 목숨을 걸만큼 위험한 일이다. 내남을 막론하고 그 위험한 일을 해낼 수 있는 힘을 얻기 위해 우리는 역사를 더듬고 이상을 생각하고 미래를 상상한다. 인류는 그러한 경험을 공유하기 위해 소수의 역사적 인물들을 통해 끊임없이 정의를 확인하고 희망을 반추한다. 그 지난한 정신적 작업이 인문학이며, 남녀노소 누구나 인문학적 소양을 기를 수 있는 기회가 주어지는 사회가 바른 민주주의 체계라고 해석하고 싶다.

고대 아테네에서 철학을 전파하고 인간의 무지를 깨치던 소크라테스는 독재정권과 미친 군중에게 맞서 스스로 독배를 선택하는 용기를 보여주었다. 전쟁으로 황폐화된 프랑스를 구하고 백성을 위로했던 잔다르크는 내부의 적과 교회권력에 의해 마녀로 지목받고 화형을 당했다. 잔다르크는 왕족이나 귀족만이 나라와 백성을 구할 수 있다는 전례를 깨고 최초로 일개 평민의 소녀로서 프랑스를 구원했다. 민초의 승리였다. 19세기의 어둠을 과학의 힘으로 밝힌 찰즈 다윈은 「종의 기원」을 저술하여 진화론을 입증했고, 그 결과 중세의 질곡을 극복할 수 있는 인본주의의 길이 열렸다. 그 대가로 그는 1882년 숨을 거둘 때까지 교회신자들에게 조롱을 받았고 아내는 등을 돌렸다. 죽음만이 그를 지옥같은 세평(世評)의 학대에서 구해냈다.

알다시피 프로이드는 성욕을 인간 생활에서 주요한 동기 부여의 에너지로 새롭게 정의하였고, 그 여파는 20세기 성의 혁명으로 이어졌다. 프로이드는 1839년 82세를 일기로 사망할 때까지 보수주의자, 동료, 제자 등 지인들로부터 숱한 배신을 당하고 지탄을 받았다. 20년을 넘게 구강암에 시달리면서도 가난 때문에 평온한 치료를 받지 못했다. 그의 이론에 관한 이론(異論)과 명암에도 불구하고 인류는 그에게 빚을 진 것이 틀림없다. 그가 없었다면 오랫동안 부부나 연인들은 사제들에게 성상담을 해야 할 뻔했다. 19세기에 태어나 20세기를 살았던 나이팅게일은 유복한 가정에서 태어나 당시 가장 천한 일로 여겼던 간호 일에 뛰어들어 간호의 역사를 바꾸었다. 그녀는 가정의 반대를 무릅쓰고 간호사로 지원하였고 전쟁터를 누볐다. 얼마나 간호에 몰두했는지 그 댓가로 54년 간의 병상생활을 치러야 했다. 그녀는 영국의 의료제도를 개선하려는 정책적 노력도 마다하지 않았다. 그녀는 백의의 천사로 인류에게 깊이 각인되었다. 무엇보다 그녀 덕분에 의학에서 돌봄의 역할, 즉 간호의 의미가 정립되었다.

인디애나 주립대의 동물학과 교수 킨제이는 원래 아메리카 혹벌 연구가였지만 놀랍게도 '킨제이 보고서'를 통해 인간의 성은 각자의 얼굴이 다른 것처럼 다르다고 발표하여 세상을 발칵 뒤집어 놓았다. 1948년에 5300명의 남성의 표본조사 결과를 바탕으로 한 첫 번째 보고서인 《남성의 성생활》이 출간되었다. 킨제이는 조사 대상 중 4%의 남성이 평생을 동성애자로 일관했으며, 37%의 남성이 쾌락을 동반한 동성애 경험을 최소 1회 이상 가진 것으로 나타났다고 발표해 극소수 남성들만의 전유물로 여겨지던 동성애에 대한 미국인들의 편견을 깨는 데 일조했다. 두 번째 보고서인 《여성의 성생활》은 5940명의 여성의 조사 결과를 바탕으로 하였으며, 1953년에 출간되었다. 그는 이 두 책에서 킨제이 등급이라는 개념을 도입해 인간의 성적 지향성이 연속성을 가짐을 설명했다. 이 연구는 록펠러 재단의 지원으로 이루어졌다. 킨제이 보고서가 끼친 영향은 다윈과 프로이드 이후 21세기의 의식 혁명을 불러일으킨 최대 사건이었다. 킨제이는 금방 적들에게 둘러싸였다. 공화당과 보수주의자들, 교회는 그를 공산주의자로 몰아서 인민재판에 회부했고 모든 재정지원은 끊겼다. 가난한 노후가 그를 기다리고 있었다.

잠시 생각해보자. 고통받았던 시대의 영웅들이 없었다면, 예수와 공자, 부처와 묵자, 프로이드와 킨제이가 없었다면, 오늘날 인문학은 어떠했을까? 아마 마른 명태처럼 처마 끝에 걸려서 학자나 사제들의 계몽적인 전유물이 되었을 것이다. 정말 재미없는 학문분야로 전락했을 것이다. 21세기 대한민국의 인문학적 정신사는 어떻게 흘러왔을까? 해방 이후 오늘에 이르기까지 민중에게 가장 존경받는 인물로 손꼽히는 백범 김구는 우리에게 두 가지 명제를 남기고 부패한 정권에게 암살당했다. 그가 남긴 과제는 독립과 통일이었다. 외세로부터의 진정한 독립과 남북 통일을 얘기할 때, 그에 관한 숱한 시문학이 논해질 때, 백범의 생애는 진한 상상력의 원천이 되었다. 백범과 인문학이라니? 지나친 견강부회(牽强附會)가 아니냐는 반론이 나올 수 있을 것이다. 그 질문에 답할 자신은 없다.

김훈의 역저 「칼의 노래」는 이순신의 재현이나 다름없다. 칼의 노래는 시대를 풍미한 인문학 저서다. 해방 이후 민주주의를 건설한 지식인들과 투사들의 이야기는 민중의 노래가 되었다. 노동법을 준수하라고 외치며 분신한 청년 전태일의 뜨거운 이야기는 신화가 되었다. 군사독재의 희생물이 되었던 박종철 고문치사에 항의하여 연세대 앞에 모인 10만 군중이 김민기의 아침이슬을 합창할 때 그 노래의 후반부에 나오는 가사 '태양은 묘지 위에 붉게 타오르고'에 이르러 울컥 울음을 삼키지 않은 이는 없었으리라. 그리고 세월이 흘러 지식인들과 진보주의적 야당들이 내부분열을 일으키고 매너리즘에 빠져 민중을 외면할 때, 그 때마다 인문학은 사람들의 시선을 '그 때'로 되돌려 놓는다. 김구의 슬픈 암살과 4.19 학생의거, 1987년 대통령 직선제 쟁취를 위한 100만명 항의 집회, 노무현 대통령의 탄핵에 대한 항의 촛불집회, 세월호 희생자를 위한 광화문 집회, 박근혜 대통령을 퇴진 시킨 연인원 1천만명의 촛불집회…, 시인은 민중가요처럼 시를 쓰고 가수는 시인처럼 처연하게 노래하며 지식인은 격한 사설을 썼다. 그 감정과 분노의 동기는 분명 인문학적 감성의 소산물이다. 하루아침에 만들어진 것이 아니다.

문학과 역사와 철학은 누군가의 개인의 일상사이며 어느 조직의 흥망성쇠의 이야기이다. 그 이야기를 확대하거나 재생하면 나와 이웃의 이야기가 된다. 삶과 죽음 그 과정이 바로 인문학의 요체다. 인간은 유기물로 이루어진 덩어리이다. 생물학적으로 말하자면 인간은 75%의 물과 나머지 탄수화물, 지질, 단백질, 핵산으로 이루어져 있다. 지구뿐 아니라 모든 우주의 생명체가 이 원칙의 지배를 받고 있다. 만약 외계인이 존재한다면 외계인의 몸 역시 인간의 구조물과 별반 다를 것이 없을 것이다. 그렇게 비슷한 구조물을 지닌 인간들이지만 모두 다 DNA에 각자 고유한 창발성을 갖고 있고, 세상에 똑 같은 인간은 없으니 참 신비로운 일이다.

우주 기원 137억년 중에 생명체는 50억년의 역사를 갖고 있고 그 중 현생 인류가 문명을 만들기 시작한 것은 겨우 1만년 전이다. 인간은 7천만년 전 백악기에 공룡 멸망의 틈새를 비집고 태어났다. 좀 비겁하지만 공룡의 멸망이 인간에게는 탄생의 축복이 된 것이다. 인간이 만든 문명의 연원은 더 짧다. 오랜 기원을 갖고 있는 한자의 역사는 불과 5천년이다. 시계로 비유하면 인간이 세상에 나타난 것은 12시 1분전이다. 그런 인류가 참 문제를 많이 일으킨다. 지구를 오염시키고 자원을 고갈시키며 우주를 시끄럽게 한다. 각국이 게놈 프로젝트에 뛰어들어 유전자 전쟁을 준비하고, 영원의 삶을 추구하고자 끊임없이 생명복제학을 심화시키고 있다.

과학은 인간의 생명을 다음 세대에 전달하여 영속시키기 위해 효과적인 인간복제, 문명복제를 시도한다. 인문학은 그 건조한 과학에 뿌려지는 생명수와 같다. 통으로 인간이 하나의 물질이라고 규정하여 획일화된 복제를 시도하는 것을 막고 각자 생긴대로 살 수 있는 창발성을 유지하기 위해 인문학은 몸부림친다. 우리는 정치와 과학만이 존재하는 가공스런 공포의 시대를 경험했다. 조지오웰의 1984 같은 나치스의 만행, 일본군에 의해 저질러진 난징학살과 위안부의 납치 그리고 성폭행, 미국의 원폭투하와 베트남 전쟁, 한국의 6.25에서 나타난 양민 학살, 캄보디아의 킬링필즈, 이슬람국가 IS의 잇따른 인질 처형, 과거에 이러한 위기를 극복하게 해준 과학과 인문학의 주인공은 영웅, 제왕, 장군, 지식인들이었다. 지금은 이와 달리 대중의 시대가 되었다. 국민이 대표자를 선출하는 민주주의 시대에 인문학의 주인공은 민중이어야 한다.

지금은 어떤가. 21세기 대한민국의 인문학은 어떻게 흘러가는가. 인문학은 TV 속 스타강사들에 의해 만들어지는가? 물론 그렇기도 할 것이다. 하지만 한국의 제도는 법률과 시행령, 시행규칙과 관습으로 만들어진다. 학생에게 무엇을 가르칠 것인가 조차 법률과 고시로 정해진다. 아무리 동기가 명확하고 시대적 흐름이 있더라도 누군가 앞장

서서 법률제정운동을 하지 않으면 무엇이라도 저절로 이루어지지 않는다. 법은 국회에서 제정하고 시행령과 시행규칙, 고시는 정부가 만들지만, 그 과정에 국민의 마음이 담겨있지 않으면 악법이 될 수도 있다. 관료의 관료에 의한 관료를 위한 법령이 될 수 있는 것이다. 한국의 정부와 관료, 국회의원은 법률을 독점하고 지배한다. 평민들이 입법을 추진하는 것은 기적과 같은 일이다. 그렇게 하면 탄압을 받을 수도 있다. 대한민국의 현대사는 장군들과 대통령들의 독재로 점철되었다. 어느새 법령은 그들만의 전유물이 되었다.

인문학의 알파와 오메가

인문학이란 무엇인가? 대학에서는 인문학이 고사(枯死)되고 있는데 역설적이게도 학교 밖에서는 인문학이 유행을 타고 있다. 인문학이 비명을 지르며 죽어가는 황금만능의 시대에 TV에서는 날마다 인문학이 범람하고 스타 강사라는 사람들이 팡팡 뜨고 있으니 참 아이러니한 일이다. 대개 인문학은 후마니타스(humanitas:humanity)라고 부르는데 사전적 의미로 정치, 경제, 역사, 학예 등 인간과 인류문화에 관한 정신과학을 통틀어 이르는 말이기도 하다. 르네상스 시대 이후 서구에서 시작된 인문주의는 19세기 지식인의 시대를 거쳐 오늘날 인문학이란 용어로 정착되었다. 인문학은 인류에게 어떤 의미를 지니고 있을까?.

나는 '인간(Human Being)이란 무엇인가?' '인간의 성격(human person

ality)은 어떠해야 하는가?' 이 물음들에 답해가는 과정이 인문학의 본질이라고 생각한다. 단순히 과학적으로 인간 혹은 인간문화의 연구 방법에 관심을 갖는 학문 분야라고 잘라 말하기에는 인문학의 정체성(Identity)이 만만치가 않다. 오늘날 인문학은 철학과 문학, 역사학, 고고학, 언어학, 종교학, 여성학, 미학, 예술, 음악, 신학 등에 걸쳐 깊은 연구분량을 축적해왔지만 역사적으로 인문학은 오랫동안 문사철(문학, 역사, 철학)을 가리키는 용어로 이해되었다. 말하자면 인문학은 인간의 삶을 기록한 역사와 인간의 생각을 정리한 철학, 인간의 정서를 담은 문학, 이 세 가지로 대변된다고 할 수 있다.

인문학의 바람은 고대 그리이스로부터 불어왔다. 아테네는 그리이스의 심장이었고, 아테네의 철학자 소크라테스는 부패한 정치와 사제들에게 맞서서 인간의 철학을 지킨 '인류의 교사'였다. 그를 사형법정에 세웠던 아니토스는 오늘날에 비추어 얘기하면 당대의 여당 당수였다. 함께 고발에 앞장섰던 멜레토스는 지금의 우익 변호사에 해당하는 유세가 였으며, 리콘은 가스통 할배같은 사람이 아니었을까 추측해 본다. 소크라테스가 사형을 당했던 BC399년 즈음 아테네는 델로스 동맹의 맹주 국가에서 추락하여 스파르타의 속국이 되었고 아테네의 정신은 무너졌다. 섭정왕 아콘을 비롯한 여당은 우는 사자와 같이 패전의 희생양을 찾았다.

당시 아테네의 야당 지도부인 알키비아데스, 크리티아스 등은 소크라테스의 제자들이었고 소크라테스는 비유하자면 함석헌 같은 사람이 아니었을까? 야당 탄압의 일환이자 인민재판의 희생자로 소크라테스는 안성맞춤이었다. 소크라테스의 재판은 긴 철학적 논쟁과 정치적 대립으로 점철되었고, 플라톤은 그 모든 재판과정을 낱낱이 저서에 담았다. 플라톤의 4대 저서인 변명, 크리톤, 향연, 파이돈에는 소크라테스의 인생관과 철학적 지식, 정치적 성향이 고스란히 드러나 있다. 소크라테스의 죽음은 안타까운 일이었지만 그 과정을 통해 인류의 삶의 본질을 가르는 위대한 철학이 탄생 되었다.

소크라테스의 죽음은 인민재판이나 종교재판을 연상케 한다. 귀족과 중상층 시민의 전유물이었던 민회에서 탄생한 아테네의 직접 민주주의는 일반 민중의 참여가 배제된 그들만의 민주주의였다. 당시 아테네의 가난한 하층 민중의 토론장은 아고라였다. 소크라테스가 찾아가서 철학문답을 했던 곳은 민회가 아니라 아고라였고, 그 때문에 아테네의 아콘왕과 조정은 소크라테스의 행동을 '선동'으로 규정하였다. 소크라테스는 국가보안법에 해당하는 아테네 보안법에 의해 단죄되었다. 당당한 자기변론과 기만적인 표결, 신본주의에 맞선 인본주의의 발현, 자신의 죽음을 스스로 선택한 인간적 자존심, 그의 죽음은 정쟁(政爭)의 산물이었지만 그 죽음의 과정은 지순한 철학의 완성이었다. 소크라테스를 철학의 알파로 인정한다면 부당한 정치에 저항하고 독재에 굴하지 않는 민주주의의 고뇌가 철학의 오메가라고 말할 수 있어야 하지 않을까?

오늘날 철학은 대학의 철학교수들 머릿 속에만 존재하는 것처럼 보인다. 그 머릿 속의 철학이 부패한 정치와 결합할 때 인류가 겪었던 불행을 떠올리는 일은 어렵지 않다. 베를린 대학의 일부 철학교수들은 나치스에게 아리안족의 우수성과 유태인의 박멸 논리를 제공했다. 그 결과는 인류 최대의 불행으로 꼽히는 홀로코스트를 초래했다. 유신독재의 주문같은 국민교육헌장은 서울대 철학과의 박아무개 교수가 성안했다. 지식인들의 머릿 속에서 철학이 죽고 대중의 심장에서 민주주의의 피가 식어갈 때 빠짐없이 등장하는 것은 정치적 독재와 학살, 탄압과 무지였다. 철학이 인문학의 심장이라면 인문학은 뜨거운 피가 역동하는 생명체이어야 마땅하다. 철학이 살아야 인본주의가 숨쉴 수 있다.

인문학의 텍스트인 문학의 힘은 어디에서 비롯되었을까? 문학은 인류의 정서를 반영하고 있으며, 아름다운 문학작품은 읽는 이의 파토스(pathos)를 자극한다. 문학은 역사와 철학을 검증하고 우주적 상상력을 키운다. 그러므로 문학을 인문학의 사랑이라고 가리킨들 전혀 손색이 없을 것이다. 문학은 상상력의 산물이지만 한편 작가들의 심장을 쥐어짜서 만든 결과물이기도 하다. 결이 고운 문학작품과 달리 작가들의 삶은 고단했다. 릴케, 바이런, 키이츠, 니체 등 수 많은 문학가들은 남부끄러운 병과 자살, 단명으로 생을 마감했다. 예나 지금이나 지식인의 두뇌를 가졌던 작가들의 삶은 더 험난했다. 대표적인 진보학자 노엄 촘스키의 고단한 삶을 생각해보라.

언론인이자 학자인 리영희 교수의 저항정신을 되새겨보는 일은 차라리 고통스럽다. 지금은 TV 스타로 여유만만해 보이지만 도올 김용옥은 한 때 군사독재를 규탄하며 필생을 다해 얻었던 고려대 교수직을 내려놓고 삭발투쟁을 했다. 19세기 문학의 세기를 마감하며 세계를 뒤흔들었던 에밀졸라의 '나는 고발한다'로 시작되는 뒤레푸스 사건은 문학과 문학인의 본질을 눈여겨 보게 하는 대목이다.

프랑스 육군과 내각이 독일군에게 패배한 직후 희생양을 찾아서 유태인 뒤레푸스 대위에게 간첩 누명을 씌우고 인민재판으로 몰고 갔던 당시, 세계 최고의 작가 중 한 명인 에밀졸라는 잡지 오로르에 대통령에게 보내는 공개서한을 기고한다. "나는 고발한다"로 시작되는 뒤레푸스 옹호의 글은 금세기에 이르기까지 실천적 문학의 효시가 되는 위대한 문장으로 기억된다. 이 일로 뒤레푸스는 끝내 사면되고 영웅이 되었지만 에밀졸라는 무지한 대중들에게 쫓겨서 영국으로 망명해야 했고, 1902년 연탄가스 중독증으로 사망할 때까지 뒤레푸스의 승리를 보지 못했다. 에밀졸라, 그로부터 시작된 지식인들의 투쟁은 전 세계로 번졌고, 새로운 문학적 용어들을 낳았다. 에밀졸라와 함께 진실을 위해 투쟁했던 언론인, 교사, 작가, 예술가, 학자들은 "뒤레푸스는 끝까지 간첩이어야 한다"고 주장한 보수세력에 의해 '엥텔렉튀엘'이라고 불렸다. 철없는 이상주의자, 선동가라는 뜻이다. 이 용어는 오늘날 지식인을 뜻하는 '인텔리'로 해석된다. 졸라와 함께 행동했던, 후에 프랑스 수상이 된 클레망소는 졸라를 가리켜 "제왕에게 반기를 들었던 영웅은 수 없이 많지만 그릇된 다수의 대중에게 홀로 맞선 이는 에밀졸라 이외에 찾아보기 힘들다"고 헌사했다. 1998년 1월 자크 시라크 프랑스 대통령은 에밀졸라의 '나는 고발한다' 발표 100주년을 맞아 드레퓌스와 에밀졸라의 가족에게 공식 사과 서한을 전달했다.

즉 문학사의 단면을 통해 문학이 저항하는 지식인들의 전유물이라고 주장하는 것은 결코 아니다. 문학이 인문학의 사랑이라면 문학은 마땅히 사람의 고통과 진실을 외면해서는 안된다는 것이다. 18세기에 본격적으로 시작된 인문주의가 19세기에 이르러 지식인의 세기를 꽃피운 배경에는 이렇게 종교와 독재, 부당한 권력에 맞섰던 지식인들의 양심이 있었기에 가능한 일이었다. 그것은 과학의 분야라고 해서 예외는 아니다. 지구는 돈다고 지껄이며 평생 지동설을 전파했던 갈릴레오 갈릴레이의 종교재판을 생각해보면 더욱 그렇다.

그는 발제와 저술을 통해 교황청의 천동설을 무력화시켰다. 교황청의 종교재판을 담당하는 성무청에 감금되어 혹독한 재판과정을 겪고 자택에 유배되어 실명하고, 그것을 지켜보던 외동딸 수녀 마리아는 슬픔에 겨워 절명했다. 그래도 그의 신념은 죽을 때까지 꺾이지 않았고 유폐장소인 그의 초라한 집은 그를 만나고자 하는 유럽의 석학들로 붐볐다. 교황청은 1642년 갈릴레오의 임종까지도 종교재판관을 참석시켰고, 1757년까지 지동설을 주장하는 그의 모든 저서는 금서목록에 묶여져 있었다. 교황청은 겨우 1984년에 이르러 갈릴레오를 사면했다. 교황 요한 바오로 2세는 갈릴레오에 대한 교회의 판결을 무효로 하고 그의 죄(?)를 용서했다.

치유의 인문학

인문학을 얘기하면서 소크라테스의 철학과 에밀졸라의 문학, 갈릴레오의 과학을 탐색했다. 잠시 인문학의 주역인 지식인의 삶을 통해 인문학이란 무엇이고 어떠해야 하는가를 생각했다. 따지고 보면 인문학은 시대의 소산물이고 그 시대를 만들어 온 지식인들의 삶 자체다. 21세기는 대중의 세기다. 화려한 테크놀로지와 고도의 과학문명, 양극화를 부채질하는 자본주의가 팽창하는 시기이다. 인류 역사상 가장 많은 사람들이 가장 빠르게 국경을 넘어 이동하는 글로벌 다문화 시대를 맞이하고 있다.

교육의 분야도 마찬가지다. 1980년대에 시작되었던 신자유주의 교육에 대한 비판이 2000년대 초기부터 제기되면서 지금 세계 각국은 생명존중과 생활을 중시하는 웰빙(well-being)교육에 관심을 두고 있다. 미국은 1999년 Columbine High School massacre 총기난사 사건 이후 각주마다 학생안전 관령 법령을 제정하기 시작했고, 한국은 2010년 6.2지방선거 이후 교육복지와 학생인권, 보건교육 문제가 이슈로 떠올랐다. 건강과 안전은 세상 사람들의 최대 관심사가 되었다.

한국은 자그마치 지난 10년 동안 자살률 1위 국가라는 불명예를 안고 있다. 행복지수도 OECD 조사국 중 41위로 최하위를 기록하고 있다. 우리나라는 세계에서 가장 빠른 초고령사회로 진입하고 있다. 웰빙(well-being)과 웰다잉(Well-Dying)이 절실한 시점이다.

인문학은 시대마다 그 색깔을 달리해왔다. 그리이스 시대의 인문학은 인본주의의 맹아기(萌芽期)였다. 철학은 모든 것이 신의 뜻이라는 당대의 인생관을 탈피하여 인간 스스로 자신의 삶을 직시해야 한다는 논리를 제공했다. 소크라테스가 고대 인문학의 효시인 까닭이 여기에 있다. 긴 중세의 암흑기를 깨뜨리며 종교개혁을 불러일으킨 마르틴 루터는 교회의 면죄부를 공격하며 대중을 교회의 권력으로부터 해방시키는 작업을 진행했다. 라틴어와 헬라어로 된 성경을 영어와 독일어로 번역했고, 번역판 성경은 인문주의를 초래하는 대중적 단초를 제공했다. 16~17세기 종교개혁의 바람을 타고 18세기에 르네상스 시대가 열렸고, 마침내 갈릴레오 갈릴레이 등에 의해 천동설이 무력화되기 시작했다. 과학은 대중에게 호기심을 심어주었다. 과학이 곧 인문학이었다. 과학자들은 화형당하고 유폐 당하면서 진실을 밝혔다. 이에 힘입어 19세기는 과학과 문학, 문예의 꽃을 피워냈다.

지식인들은 정권의 횡포와 대중의 무지를 동시에 맞딱뜨리면서 꿋꿋하게 정의를 외쳤다. 에밀졸라는 진실과 정의를 밝히는 횃불이었다. 지식인의 세기는 곧 인문학의 세기였다. 인문학은 위기의 시대를 밝히는 학문이다. 어지러운 살육이 끊이지 않는 춘추전국 시대에 제자백가는 인문학의 절정기를 열었고, 조선은 정조 이후 천주교 탄압의 회오리 속에서도 실학이라는 인문학을 탄생시켰다. 21세기 만큼 건강과 안전이 강조되는 세기는 일찍이 없었다. 인간의 돌봄은 사회에서의 간호와 학교에서의 보건교육으로 정리되었다. 복지와 교육에 관한 법령에 그 내용을 담았다. 미래의 인문학은 소수의 지식인이 독점하는 지식담론을 만드는 것이 아니라 대중이 참여하는 창발적인 담론을 형성하는 것이 관건이다. 많은 지식인, 교사, 학자에 이어 대중의 시민이 인문학의 주역으로 등장해야 한다. 21세기에 웰빙, 웰다잉의 문제는 대중적 인문학의 핵심과제가 될 것이다. 인류에게 닥친 질병의 재앙, 정신건강 등은 단순히 치료하고 양호하는 선에서 한계를 지우지는 않을 것이다. 인문학적 마인드를 갖는 것 자체가 마음 치유의 시대를 여는 일이 될 것이다.

5

연애의

최소량과 최대치

사랑은 눈물의 씨앗

　지금은 세종특별자치시로 바뀐 내 고향 연기(燕崎)는 물 맑고 햇볕
좋은 벽촌이었다. 가을이 되면 고향집 뒷동산은 황금빛 잔디로 무성
해지고, 아이들은 한가위 보름달 아래 총각 처녀들이 몰래 주고받는
편지질 심부름에 이골이 난다. 가을은 부쩍 외로움을 타는 총각들의
연심(戀心)이 깊어지는 낭만의 계절이다. 장가간 날 첫날밤에 딴 놈에
게 시집 가버린 갑순이를 그리며 달보고 우는 갑돌이의 모습은 얄궂
다. 갑순이와 갑돌이의 이야기는 로미오와 줄리엣으로 대변되는 서구
의 사랑 이야기보다 훨씬 더 안타깝고 의뭉스런 메타포어(metaphor)를

지녔다. 사랑은 봄에만 달구란 법이 없다. 남성에게 부쩍 외로움 현상이 증가하는 가을밤에 왜 갑돌이의 가슴이 아팠겠는가? 가을은 아픈 사랑의 계절이다. 사랑에 따로 나이가 있겠는가마는 이팔청춘들에게 사랑은 더 심각한 인생의 주제다. 로미오와 줄리엣, 이도령과 성춘향은 십대들이다. 사랑할 나이다. 그래서 시월(十月)에 사랑을 얘기하고, 또 십대들의 사랑을 생각하는 것은 매우 의미있는 일이다.

사랑이 뭐길래 젊은이들은 달뜨고 노인들은 추억할까? 사랑하면 왜 가슴이 아플까? 한자로 풀이하면 "사랑(愛)은 손톱(爪)으로 제 머리(冖)를 쥐어뜯고 가슴(心)이 뒤집어진다(夊)"는 뜻을 지녔다. 사랑은 눈물의 씨앗이다. 누군가를 사랑하면 설레는 것조차 아련히 아프다. 그러니 사랑이 끝난 자리에 결혼이 들어서면 당연히 가슴 대신 머리가 아픈 것이다. 쇼펜하우어는 사랑을 "Love is Pain", 즉 고통이라고 규정했다. 남 말 할 것 없다. 이 대목에서 첫사랑을 떠올려보라. 수줍은 님에게 다가가기 위해 몇 날밤을 새며 얼마나 괴로워했는가를. 머리를 쥐어뜯고 가슴이 무너져 내리는 불면의 밤을 보내지 않았다면 그건 사랑도 아니다. 사랑의 감정이 미처 오기 전이나 무섭던 사랑이 지나가는 자리엔 그리움이 내려앉는다. 오래된 사랑, 혹은 사랑 이전의 연심을 간직한 이들을 연인(戀人)이라고 부르는 까닭이 있다. 그리움(戀)은 "서로가 남긴 사랑의 말(言)을 실(絲)로 꽁꽁 묶어 서로의 가슴(心)에 간직하는 일"이기 때문이다.

언제나 사랑은 뜨겁고 그리움은 그립다. 연애(戀愛)는 늘 불멸의 언어다. 그런데 아시는가? 안타깝게도 요즘의 젊은 세대를 3포(三暴) 세대라고 부르는 것을? 연애와 결혼과 출산을 포기(暴棄)한 세대라는

41

I.
길
위에서

뜻이다. 무지막지한 스팩 쌓기로 날밤을 새고 부모님 졸라서 어학연수 다니느라 도통 연애할 시간도 여유도 없는 한국의 젊은이들은 동정(同情)받아 마땅하다. 사춘기에 접어든, 그러나 어엿하게 새파란 이 팔청춘인 중고딩들의 처지도 그에 못지않다. 이성교제하면 처벌받는 선도규정이 학교마다 즐비하고, 가장 즐겨보는 텔레비전 프로가 불륜 드라마 '사랑과 전쟁'이다. 십대의 성문화를 그린 아메리칸 파이 같은 성장통(成長痛) 드라마는 꿈도 못 꿀 땅에서 아이들은 연애 대신 야동에 물들고 사랑하면 죽는다는 메시지에 날마다 질식당한다.

지랄총보존의 법칙

화학 용어에 질량보존의 법칙이 있다. 화학반응의 전후에서 반응한 물질의 총질량과 생성물질의 총질량은 같다는 뜻이다. 별난 짓을 우리는 속된 말로 지랄맞다고 한다. 지랄은 마구 어수선하게 떠들거나 함부로 분별없이 하는 행동을 이르는 말이다. 사춘기의 일탈과 40대의 탈선을 뭉뚱그려서 '지랄'이라고 표현하면 그 어감이 참 다르지 않다. 어차피 인간에게는 평생 꼭 부려야 할 '지랄'의 총량이 내재되어 있고, 그 지랄이 어떤 형식으로든 적정기인 사춘기에 분출되지 못하면, 꾹꾹 누르고 있다가 늘그막에 터진다고 심리학자들은 공통적으로 주장하고 있다. 일본에는 일생을 범생이로 살던 사회 상류층 인사들이 백화점에서 물건 훔치는 낙으로 어릴 때 못 부린 지랄의 쾌감을 만끽하고 있는 기사가 외신을 타고 종종 떠오른다. 유교를 종교로 삼고 성리학을 이데올로기로 삼았던 600년 한국의 '남녀칠세부동석'의 역사는 더 말할 나위가 없다. 효와 충이라는 사춘기의 이데올로기는 오늘날 사교육과 스펙으로 바뀌었지만, 여전히 아이들에게 사랑의 문제는 혼돈과 무질서의 카오스로 다가든다. 아이에게 연애의 완결된 이미지는 결혼으로 막을 내리고 결혼 너머의 사랑은, 불륜 뿐이라는 드라마의 교훈에 압도당한다. 연애의 의미는 퇴색하고 성에 대한 호기심은 지리멸렬한다.

미국 드라마 아메리칸 파이를 보면 아메리칸 십대들의 "지랄"이 총천연색으로 펼쳐진다. 그 연장선상에서 성인 드라마 '위기의 주부들'은 이유 있는 팜므파탈의 바이러스를 유포한다. 아메리칸 파이가 없었다면 위기의 주부가 어떻게 존재할 수 있었겠는가?. 강남 스타일로 빌보드 차트의 정상에 오른 싸이가 자신의 음악성을 B급에 비유하며 겸손과 여유로 미국 팬들을 사로잡은 것도 어쩌면 마약에 빠졌던 젊은 날의 성장통이 있었기에 가능한 일이었을 것이다. 사랑의 문화는 하루아침에 만들어지는 것이 아니다. 인간의 성장통을 포용하고, 그 지랄을 건강하도록 흐르게 해주는 사회적 배려와 이데올로기가 뒷받침되어야 한다.

연애의 최소량과 최대치

한국의 아이들에게 사랑은 무엇일까? 어른들은 아이에게 가능한 연애의 최소량과 최대치를 제도로 보장해줄 수 있을까? 아마 가능하지 않을 것이다. 어릴 때는 병영같은 학교에서 영화 말죽거리 잔혹사 처럼 짓밟히고, 그래서 영화 건축학개론의 장면에서는 첫사랑마저 스 스로 거부당한 자아를 끌어안고 꿍꿍 거리던 청춘이, 이제는 노후의 연금마저 자식들에게 저당 잡힌 이 시대의 주역 4,50대들에게 무슨 그런 마음의 여유가 남아 있을까?

　그래도 우리는 꿈은 꾸어볼 수 있을까?. 우리 아이들이 '사랑과 전쟁' 대신 '코리안 파이'를 보고, 엄마들이 '위기의 주부들' 대신 한 국판 '위기의 남편들'을 볼 수 있는 세상, 중고등학교의 학칙에 휴학의 조건으로 '낙태'와 '출산', '육아'를 보장할 수 있는 학생인권의 정의를 새롭게 만들어보는 것은 어떨까. 이렇게 말한다고 해서, 어헉! 낙태가 뭐 어쩌고? 하면서 시시콜콜 따지지 마시라. 이러한 주제를 토론해보 자는 얘기일 뿐이다·.

　누가 뭐래도 우리 아이들이 사랑하게 하자. 최소치로 이성을 그 리워하게 하고 최대치로 연애하게 하자. 아이들이 졸업파티에 사랑의 파트너를 데려오게 하자. 사랑이 흑백이라고 믿는 우리 아이들에게 총천연색의 연애를 그릴 수 있는 성장통을 배려해주자. 낙태를 하든 출산을 하든 건강하고 따스하게 받아 안아줄 수 있는 교육복지 제도 를 마련했으면 좋겠다. 사춘기의 지랄을 마음껏 떨게 하여, 그리하여 먼 미래에 우리와는 다른 마음 넉넉하고 문화적인 여유를 지닌 멋진 어른으로 성장하게 해주었으면 좋겠다. 솔직히 1명의 싸이가 빌보드 차트에 링크되기보다는 우리 아이들이 미래에 빌보드 차트 자체를 만 들 수 있도록, 깊은 토양을 형성해 줄 의무는 어른들에게 있는 것이 아닌가? 방탄소년단처럼.

그리고 우리 어른들 얘기다. 누가 누구 걱정을 하는가? 아이들이 자기들 걱정한다는 소리를 듣는다면 그렇게 반문할 것이다. 당신님들 걱정이나 하시라고. 맞는 말이다 사랑의 문제에서 어른들은 아이들보다 훨씬 페르소나가 심하고 이기적이며 소심하다. 모든 사랑은 결혼생활 안에서 흑백으로 굳었고 그마저도 잘 지켜내지 못한다. 상대방이 조금만 고치면 가정이 평화롭고 부부가 화목할 것이라고 각자 생각한다. 자신의 내면을 성찰하기보다는 상대방의 심리와 태도에 관심이 많다. 어쩌면 우리나라의 사십대 이상은 연애와 사랑, 결혼생활에 대한 교육을 다시 처음부터 재교육시켜야 한다. 도처에 사랑학교, 연애클럽, 결혼생활 재교육 프로그램이 차고 넘쳤으면 좋겠다.

45

I.
길
위에서

6.

중년의

온도

청춘은 재밌는 지옥이고 중년은 심심한 천국이다. 날마다 흥분이 넘치고 긴장이 감도는 순간을 만끽하지 못하는 청춘은 불우하다. 날마다 그 날이 그 날인 중년은 아무 낙이 없는 천국과 같다. 아무나 청춘의 시간을 맞이하듯이 누구나 중년의 세월을 만난다. 세상 무서울 것이 없는 중딩과 세상 다 살아버린 듯한 중년의 중자는 중(中)이다. 중딩은 사춘기를 앓고 중년은 갱년기를 아파한다. 양자가 함께 살아가는 공간에서 中자의 의미를 생각하는 일은 부질없다.

흔히 지랄총량의 법칙이라고 부르는 가슴앓이는 본디 중딩병이다. 연애질도 못하면서 불타는 사랑을 꿈꾸다가 애꿎은 자위로 끝내는 중딩들, 화려한 미래의 자화상을 그리다가 텀벙 인터넷 게임에 빠져 허우적대는 그들에게, 청춘은 재밌는 지옥으로 다가오는 게 맞지 싶다. 소년시절 마음껏 지랄도 못 떨고 입시공부만하다가 어른이 되어버린 중년들, 삼사십대를 쨍하고 해 뜰 날 기다리며 직장을 섬기고 가족을 부양하다가 반백이 되어버린 중년들, 어리고 젊은 날들의 지랄을 가슴깊이 묻어 둔 중년들에게 다시 또 중딩처럼 가슴뛰는 날들은 있을까?

중딩의 온도는 알겠는데 중년의 온도는 몇도일까? 표준이 없다. 혈압기처럼 잴 수 있는 기계도 없다. 다만 중년의 온도는 제각기 다 자기 이름으로 표시될 뿐이니, 언제든 확인하고 싶으면 가만히 자기의 이름을 불러보라. 그러면 중년의 온도를 잴 수 있다. 릴케나 소월, 아르튀르 랭보, 기형도, 체사레 보르자처럼 청년시절에 천년의 삶을 살다가 요절한 천재들이 있지만, 이순신, 세르반테스, 시몬느 보봐르, 버지니아 울프, 셰익스피어 같은 대부분의 천재들은 중년의 삶을 살았다. 재복이, 왕표, 명자같은 내 친구들은 천재가 아닐지도 모르지만 모두 아름다운 중년의 시간을 보내고 있다. 요즘 노년의 자살이 사회문제로 대두되고 있다.

알든 모르든 세상의 돈은 중년들을 따라서 여기까지 왔다. 여성 중년들의 이십대 시절에는 도처에 산부인과가 번성했고 병원마다 소아과가 있었다. 삼,사십대를 사는 동안 번화가에 즐비한 병원은 십중팔구 성형외과였다. 높인 코는 주저앉아서 다시 일어설 줄 모르고 보톡스는 10년이상 맞다보니 이제는 약발이 다하여 성형외과들이 폐업했다. 그 의사들이 상당수 항문외과를 개설하여 직장을 옮겼다. 지금 대도시에서 가장 많이 번성하고 있는 개업의원은 항문외과다. 평생

삼겹살에 소주를 마셔 온 중년 남성들의 항문이 수명을 다해서인지 죄다 터지고 찢어졌다. 치열과 치질, 치핵과 치루의 절제 수술이 유행하고 있다. 항문외과 관련 학회는 술꾼들에게 흔한 치루가 수술 외에는 다른 치료방법이 없다고 1년내내 홈피에 반복하여 떠들어댄다. 경미한 상처조차 거의 모두 칼을 대서 고등어 배따듯 항문샘을 들어낸다. 죽었던 정형외과도 되살아나기 시작했다. 중년들의 무릎관절이 싹 닳아서 주저앉기 시작했고 한번 장착하면 10년정도 쓸 수 있는 고가의 인공관절 수술이 유행하기 시작했다. 아무렇지도 않게 어깨와 무릎의 연골을 발라낸다. 그게 다 돈이다.

세계에서 가장 많이 성형을 하는 나라, 세계에서 가장 높은 제왕절개율, 선진국 중 최다의 항문샘 들어내기와 연골 발라내기, 그 돈잔치의 배경에는 평생 온몸을 수술대에 바친 중년의 헌신(獻身)이 있다. 인신제사를 지내다 망한 태양의 제국 아즈텍의 희생(犧牲)처럼 우리 중년들은 시대의 제단에 놓인 제물이나 다름없었다.

가정도 문제다. 빈둥지증후군이 오면서 엄마들은 주먹을 쥐었고, 부부는 서로를 원망했다. 자신의 내면은 보려들지 않고 상대방의 외면을 트집 잡는다. 상대방이 조금만 고쳐지면 가정이 평화로울텐데 저 인간이 개과천선을 안한다며 이혼과 졸혼을 예약하는 부부들이 늘고, 퇴직금과 연금은 대폭 깎여서 중년세대 간의 빈부격차는 갈수록 벌어진다. 모두 직장을 다니고 나란히 자식을 키우고 현기차(현대, 기아)를 몰던 애틋한 동료애는 실종되고, 고령화 시대의 공포가 시나브로 다가온다. 서둘러 중년의 온도를 잴 시간이 온 것이다. 칼융(Carl Jung)은 이러한 중년의 위기를 개별화(Individuation)라고 불렀다. 중년에 오는 생리적, 신체적 변화는 도미노 현상을 불러일으키며 그동안 가져왔던 생의 목표와 우선 순위를 재평가하고 새롭게 설정하고자 하는 본능을 갖게된다. 퇴직을 준비하고 본격적인 중년을 맞이하면서 매미가 껍질을 벗듯이 자신이 가져왔던 집과 차와 자식, 배우자에 대한 기득권을 재평가하게 되고 다시 설계하는 고통스런 시간이 다가온다. 신(新)중년의 시대에 우리는 어떻게 개별화에 성공할 수 있을까? 다음과 같이 준비해보자.

첫째, 몸이다. 중년이 가져야 할 제2의 직장은 건강이다. 우리는 퇴직 후에 운동이라는 직장을 가장 먼저 가져야 한다. 자기만의 운동법을 개발하여 하루 평균 2시간 정도의 운동에 전념해야 한다. 122세의 나이로 사망한 프랑스 여성 잔 칼망은 평생 흡연을 했지만 규칙적인 운동으로 장수했다.

둘째, 홀로서기다. 119세로 혼자 살고 있는 이탈리아 출신의 엘마 모라노는 장수의 비결로 독립성을 꼽았다. 인간은 본래 외로움을 잘 견디는 존재다. 혼자 태어나고 혼자 죽는다. 죽을 때는 집도 차도 자식도 다 놓고 혼자 간다. 그러나 인간은 가정생활과 사회활동의 영향으로 외로움을 가장 무서워하게 되었다. 외로움을 심하게 타면 병에 걸리고 일찍 죽는다. 가부장제의 한국인은 홀로서기를 특히 못견뎌 한다. 가족관계, 사회 네트워크를 다이어트하고 홀로서기를 연습하면 건강하게 오래 살 수 있다. 그런 면에서 혼족생활에 익숙한 지금의 청소년들은 중년들보다 장수할 가능성이 더 높다. 중년도 즐겁게 혼밥을 먹고 SNS로 상품을 구입하고 온라인으로 은행 일을 해내며 외로울 때는 당당하게 성인영화를 보고, 훌쩍 떠나고 싶으면 에어비엠비와 호텔부킹을 예약할 수 있어야 한다.

셋째, 사랑과 이별이다. 여전히 사랑하되 사랑할 수 있는 만큼만 사랑해야 한다. 애욕과 쾌락을 끝까지 즐기려 들면 오히려 고통을 불러온다. 신중년의 삶에서 이별은 사랑보다 중요하다. 배우자와 친구, 부모와 자식 등 인적관계를 재설정해야 한다.

넷째, 웰다잉이다. 주름이 아름다운 노인이 되기 위해서 우리는 무엇을 준비해야할까? 곱게 늙은 이마의 주름과 우물처럼 생각깊은 눈동자를 가진 사람으로 늙어가기 위해서 무엇이 필요할까? 황금빛 빛나는 저 무덤 뒤에는 무엇이 있을까? 명상과 큐티(Q.T)를 하고, 조용하고 사려깊은 벗들을 사귀는 길을 가야한다.

길 위에서 우리는 길을 만나야 한다.

7.

졸혼의

경제학

졸혼은 2천년대 이후 일본과 한국에서 새로 생긴 낯선 개념이다. 생의 엄청난 타격을 불러일으키는 허리케인급 이혼보다는 부부가 거리를 두고 헤어져 살되 부부로서의 외형과 우애를 유지하며 사는 개념이다. 재산분할과 자녀문제, 양가 노부모에게 주는 충격을 최대한 완화하고 평화롭게 공존한다는 의미에서 '현명한 이별'로 평가되기도 한다. 이는 이혼을 전제로 하여 부부의 연을 끊는 별거와 다른 개념이다. 졸혼은 일본의 유명작가 스키야마 유미코가 '졸혼을 권함'이라는 책을 내면서 일본열도를 흔들어 놓았고, 한국에서는 탤런트 백일섭의 졸혼 생활이 텔레비전에 방영되면서 주의를 끌었다.

그러나 돌이켜보면 우리나라만큼 졸혼의 역사가 깊은 나라도 드물다. '사랑방 문화'가 바로 조선판 졸혼이다. 부부가 처음부터 내실과 외실에서 따로 살며 내외(內外)간을 유지했던 양반과 달리 단칸방에서 평생 살 부비며 생존해야 했던 평민도 남성의 나이가 환갑을 지나면 마당 한켠에 사랑방을 짓고 분방을 한다. 이른 바 양반의 주거형태를 갖는 것이다. 뼈 빠지게 가난한 집도 동네 사람들이 힘을 합쳐서 하루 날 잡아 초가지붕 올리고 사랑방을 지어준다. 남자가 환갑을 넘었으니 '동네 어른 대접'을 해주는 것이다.

사랑방 졸혼은 두 가지 측면에서 오랜 전통을 갖고 있다. 여성들이 마음 편하게 할머니를 중심으로 안방과 마루를 독점하면서 손주를 키우는 육아중심의 활기찬 경제가정을 이루고, 한편 환갑노인은 아침에 독상을 받고 산책을 하면서 무거웠던 가장의 무게를 내려놓는다. 노부부가 한발 떨어져 살면서 자신의 달라진 세계를 받아들이며 곧 다가 올 외로운 노환과 죽음을 홀로 견디는 연습을 하는 것이다. 마침내 죽음이 노부부를 갈라놓을 때 가족들은 임종 직전의 망자를 안방에 모신다. 저승길만은 부부가 함께 보냈던 안방의 냄새를 맡으며 떠나라는 뜻이다. 서로 보내고 남는 것이 그저 애틋하고 또 자연스럽다. 졸혼을 생활화했던 조상의 지혜가 새삼 놀랍다. 내 할아버지도 고모할아버지와 외할아버지도 사랑방에서 황혼의 기간을 보냈고 모두 안방에서 임종을 맞이했다. 생각해보면 왠지 거룩하고 아름다운 일이다. 졸혼은 아내와 남편이 모두 평화롭게 공존하는 일이다.

지금 우리의 졸혼에 대한 찬반 논리에는 역시 사회경제적 입장과 종교적 입장이 혼재되어 있지만 아직 이에 대한 공론화 과정을 겪은 적은 없다. 모든 가족제도와 경제시스템이 생의 1차 근거지인 가족관계에 매몰되어 있기 때문이다. 오스카상에 빛나는 영화 기생충도 주제가 결국 가족이야기이다. 이혼과 별거, 1인가구는 사회적 패배자이고 부적응 인간으로 분류된다. 독신은 아파트 특별분양과 세제 혜택을 받을 수 없고 유산상속에서도 유무형의 불리함을 겪는다. 혼술과 혼밥이 늘고 있지만 5,60대 중년이 혼자 마음 편하게 저녁밥을 먹을 수 있는 식당은 극히 드물다. 중년남자가 혼자 산다고 하면 전월세도 얻기 어렵다. 잘나가는 동창회나 사교모임에서 부부동반을 할 때 혼자 사는 중년남녀가 끼어 들 틈은 없다. 자동으로 왕따가 된다. 우리만 이런 불편을 겪은 것은 아니다. 선진국들도 우리나라와 비슷한 1인가구 문제를 경험했다.

독일과 북유럽의 1인가구 정책은 눈물겹도록 평등을 강조하고 실천한다. 주택분양과 세제 혜택, 월세 정책 등 모든 생활분야에서 혼족들이 불평등을 겪지 않도록 시스템을 구성하여 시행한다. 혼자 사는 사람이 이뻐서가 아니다. 경제 때문이다. 기독교가 국교인 독일사회에서 이혼과 독신을 차별했더니 경제가 돌아가지 않았다. 혼자 살면서 사회적 차별을 겪다보니 혼족이 식당과 극장에 가지 않고, 백화점도 드나들지 않고, 부부문화 위주인 파티도 흥이나지 않았다. 소비가 위축되고 경제는 나빠졌다. 마침 6.8혁명을 겪으며 유럽사회가 온통 낡은 인습과 보수적 종교관을 깨고 나올 때 독일은 가장 먼저 1인가구 혁신을 단행했다. 주말 부부파티를 누구든 사랑하는 사람을 데려오면 그날 부부로 인정하는 '커플문화'로 바꿨고, 금기를 타파하고 자유로운 교제와 개인생활을 존중하는 사회문화를 조성하였다. 오늘날 독일과 유럽의 경제 활성화는 1인가구와 졸혼을 인정하는 출발선에서 만들어졌다. 낯선 얘기가 아니다.

우리나라는 지금 1인가구가 수가 대폭 증가하고 있고, WHO 통계로 75세 이후 생존자가 세계 1위이다. 가족의 형태도 핵가족화를 넘어 1인가구 수가 30%를 넘어서고 있고, 황혼이혼은 이혼 비율 중 20%를 차지하고 있다. 전체적으로 새로 결혼하는 커플보다 이혼하는 커플이 더 많다. 혼자 살아야만 하는 시대가 성큼 다가 온 것이다. 그럼에도 불구하고 전통적인 가족형태만 고집하고 제도와 법령으로 졸혼과 혼족을 차별하는 사회경제 시스템은 여전하게 작용하고 있다. 개선의 조짐도 보이지 않는다.

졸혼한 1인가구, 청년 1인가구, 중년 1인가구에 대한 격려와 제도의 평등이 이루어져야 한다. 머지않아 우리나라 구성원의 30%를 넘어 50%를 점하게 될 그들의 경제 잠재력을 생각하지 않으면 내수경기는 하락하게 되고, 코스피 주가는 초라하게 떨어질 것이다. 그들이 행복한 세상이 모두가 행복한 세상이다. 나는 선거에서 졸혼과 1인가구의 경제학을 선명한 정책으로 제시하는 정당의 후보에게 투표할 것이다.

8.

죽음의

발견

　모두에게 평등한 단 두가지를 꼽으라면 탄생과 죽음일 것이다. 죽음은 누구도 면할 수 없는 '다른 세계'이다. 우리 인류는 현재 1초에 평균 2명씩 죽는다. 내 어릴 때는 할아버지와 할머니의 임종을 지켜봤고 고모할머니와 작은 할아버지의 죽음을 엿보았다. 꼬마에게 죽음은 슬프되 호기심이 일고 무섭되 자연스런 삶의 과정으로 체험되었다. 탄생도 마찬가지다. 초등학교 1학년 때 8살 터울인 막내가 안방에서 태어나는 광경을 지켜보았다. 나도 저렇게 태어났구나 싶었다. 동네에서 가장 흥미로운 축제는 초상과 행여 나가기였다. 지금처럼 병원에서 태어나 병원에서 죽고 거기에서 장례를 치루는 풍경은 상상도 못했다.

지금의 아이들에게 우리는 어떻게 탄생과 죽음의 과정을 설명할 수 있을까? 시멘트 벽 사이에서 의사와 간호사에게 둘러싸여 태어나고, 죽어서는 곧바로 서랍장에 들어가서 숨겨지는 죽음은 아주 멀리 있는 '남의 얘기'다. 사람들이 탄생과 죽음을 보지 못하고 살면서 자기는 안죽는 줄 알고 산다. 죽음은 너무 멀리 있다.

웰빙(Well-Being)과 웰다잉(Well-dying)

죽음은 아름답지 못하다. 세포 하나하나가 괴사되어 소멸되는 자연사의 과정 또한 고통스럽다. 죽음은 다 개별성을 갖는다. 역사에 이름을 장식한 유명인들의 죽음도 예외는 아니다. 신대륙을 발견한 콜럼버스는 정신착란과 매독으로 사망했다. 바다를 누비고 모험을 감행했던 그의 죽음에는 여러 질병이 동반했다. 비교적 초로인 57세에 숨을 거둔 베토벤은 이미 49세에 청력을 상실했고, 무려 8년간을 귀머거리로 살면서 합창 등 뛰어난 교향곡을 작곡했다. 마지막에는 폐렴과 간경화로 사망했고 죽음 직전에는 와인을 찾았다. 에디슨은 요독증으로 사망했지만 84세까지 장수했다. 그는 사후세계를 본 듯 죽기 직전 저 쪽은 참 아름답다는 말을 남겼다. 평생 1098개의 발명 특허를 가진 그였지만 사후세계를 동경했던 것일까? 사실 여부는 에디슨 본인만 알 뿐이다.

퇴계 이황은 선비로서 누워 죽을 수는 없다며 앉은 채 숨을 거두었다. 마지막으로 "매화분에 물을 주어라"고 당부했다. 평생 매화를 사랑했던 고매한 성격의 소유자다운 평온한 죽음이었다. 그러나 그 매화분은 군수 시절 사귀었던 애인 두향이 선물한 것이었다. 모파상은 43세에 매독으로 사망했다. 그는 매독을 앓으면서도 수많은 여인들과 동침했고, 그칠 줄을 몰랐다. 천재 작가였던 모파상은 명성과 달리 어둡고 고통스런 삶을 영위하였다. 웰빙도 웰다잉도 놓쳤다. 공자는 70세 가까이 생존하며 고향인 곡부에서 생의 마지막을 보냈다. 사랑하는 제자 안회의 죽음을 애도했던 그는 죽음에 대하여 "새는 죽을 때 그 울음이 슬프고 사람은 죽을 때 그 마음이 착해진다"고 말씀하셨다.

26세에 폐결핵으로 운명한 천재시인 키이츠는 아름다운 청년이었다. 이룰 길 없는 사랑 때문에 약혼녀를 원망하기도 했지만 본래 의대를 졸업한 의사였던 그는 자신의 죽음을 예감하고 진단했다. 키이츠는 죽기 직전 자기 묘비명을 써두었다. "그 이름이 물 속에나 쓰여질 키이츠 여기 잠들다"는 내용이었다. 삶의 허무를 반영한 묘비명이 아닌가 싶다. 불신자였던 버나드 쇼는 94세로 장수했다. 그는 죽기 직전 "죽음은 새로운 경험"이라고 농담하듯 말을 건네고 곧 숨을 거두었다. 그는 사후에 교회장을 치루지 말라고 당부했다. 일생을 유머로 일관했던 작가다운 죽음이었다.

석가모니 부처님은 BC483년 80세에 숨을 거두었다. 왕자의 삶을 버린 그는 평생 굶주림과 만성 피로에 시달렸다. 그는 심한 각혈을 하면서 죽음을 맞이했다. 후세에 학자들은 식중독으로 인한 십이지장 파열과 복막염을 의심했다. 그의 사리(舍利)는 8명의 제자들에게 나누어져 사방각지에 안장되었다. 한국에도 부처님의 진신사리가 봉정되어 있다. 소크라테스의 제자 플라톤은 BC348년 76세의 나이로 운명했다. 그는 "자신이 누구에게도 빚을지지 않고 세상을 하직하는 것이 자랑스럽다"는 유언을 남겼다. 죽기 직전 꾸어 온 닭 두 마리를 갚아달라고 유언한 스승 소크라테스를 반면교사로 삼았던 것은 아닐까?

클레오파트라는 BC30년 39세의 나이로 독사에 물려서 자살했다. 너무나 유명한 그녀의 죽음은 숱한 소설과 영화의 소재가 되었다. 점령자 옥타비아누스는 그녀의 유언에 따라 이미 앞서 저승에 간 연인 안토니우스의 묘지 곁에 그녀를 안장해주었다. 1945년에 애인 에바와 함께 권총자살을 택한 히틀러는 이루지 못한 화가의 꿈을 스스로 애달아했는지는 몰라도 수많은 유품에 대해 자신의 고향인 다뉴브 강가의 린쯔에 화랑을 세워 보관해달라고 유언했다. 히틀러는 평생 빈약한 오른쪽 고환만을 갖고 살았다. 일생을 일관했던 그의 결핍 동기는 거기에서 비롯된 것이 아니었을까? 모를 일이다.

명망가들의 죽음은 대체로 특별하지는 않다. 많은 유명인들이 저자거리의 시정잡배들이나 앓았을법한 매독에 시달렸고, 죽음에 이르러 그렇게 교훈적인 유언을 한것도 아니었다. 삶도 죽음도 인간다운 모습들이었다. 현대에 이르러 사람들은 건강하게 잘 살다가 덜 고통스러운 모습으로 죽고 싶어한다. 그러나 그 뜻을 이룰 사람은 많지 않다. 미국의 경제학자이자 평화주의자인 스콧 니어링(1883~1983)은 100세가 되던 해 단식을 시작하고 100일 동안 사랑하는 이들에게 작별을 고하고 굶어죽었다. 그런 사람도 있다. 이제는 국가가 주요한 정책으로 웰빙(Well-Being)과 웰다잉(Well-dying)을 국민들에게 선사해야 할 듯 싶다. 그 첫걸음은 무엇보다도 어린 학생들에게 좋은 보건교육을 시키는 것으로 내딛어야 마땅하다.

초혼(招魂)

소월의 시 '초혼'은 죽음을 부르는 시다. "산산이 부서진 이름이여, 허공중에 헤어진 이름이여, 불러도 주인없는 이름이여, 부르다가 내가 죽을 이름이여!". 초혼은 죽은 이의 옷을 들고 지붕에 올라가 망자의 이름을 세 번 부르는 의식이기도 하다. 초혼은 사랑하는 자의 죽음을 받아들일 수 없는 사람에게 죽은 이의 넋을 초대하여 죽음을 받아들이도록 하는 의식이다. 초혼은 도저히 이별을 수용할 수 없는 슬픈 가슴을 위로하는 것이니 따지고 보면 죽은 이의 넋을 위로한다는 핑계로 실은, 산자를 위로하는 의식인 셈이다.

어릴 적부터 초혼 굿을 여러 번 본적이 있다. 굿 채를 든 무당의 손짓에 따라 망자의 넋이 콩고물 위에 선을 그리며 말을 하는 듯 산자의 물음에 예, 아니오를 대답하는 장면은 슬프고, 그것을 바라보며 통곡하는 가족의 모습은 더 슬프다. 그렇게 울고 굿하고 이름을 부르며 사람들은 이별을 하고, 이별을 보낸다. 초혼 굿은 크지 않지만 충분히 장엄하다. 비 내리는 가을밤이면 초혼 굿을 하지 못하고 떠나보낸 망자의 혼이 내 가슴에 부슬부슬 내려앉는다. 막걸리 한잔 같이 하자고, 손잡고 기도해달라고, 나를 잊지 말아달라고 혼들은 속삭인다.

산자를 추억하는 일과 죽은 이를 기억하는 것은 어떻게 다를까? 같은 죄책감이 들더라도 산자에 대해서는 애증이 교차하지만 죽은 자에 대해서는 허망할 뿐이다. 죽은 자에 대한 죄책감은 한없이 낮은 곳으로 내 마음을 이끈다. 캐리비안의 해적에서 엘리자베스(키이라 나이틀리)는 세상 끝으로 항해하는 아버지의 넋을 애타게 부르다가 혼절할 듯 통곡한다. 엄마 없이 아빠에게 자란 엘리자베스의 사부곡(思父曲)은 애달프다. 머리 산발하고 우는 것조차 그녀는 예쁘다. 영화 반지의 제왕에서 사우론에 맞서는 곤도르의 왕에게 4명의 죽은 왕과 그 부하들의 혼령이 사면을 받고 소천하는 장면이 나온다. 죽은 자가 산자의 사면으로 영면(永眠)을 선사받는다. 망자는 세상 사람은 아니지만 늘 세상에서 놓여나오지 못하는 존재다. 망자에 대한 추억조차도 산자의 것이니까.

가을은 유난히 센티멘탈(sentimental)이 증가하는 계절이다. 제사와 산제(山祭)가 겹치고 보름달이 환장하게 밝은 밤 여우는 구슬피 울고 떠나갔던 혼령들은 음식냄새에 끌려 가족을 찾는다. 오래 묵은 애인들은 가을비 내리는 저녁에 이별을 생각하고, 헤어지자고 다짐하는 연인들의 가슴엔 지나간 추억과 함께 이루지 못한 사랑의 죄책감으로 몸을 떤다. 좋은 계절이다.

죄책감

혜민이는 서클 후배였다. 말이 많지 않고 늘 음전했다. 잔잔한 미소에 차분한 성격, 나대지 않고 헌신하기 좋아하는 대학 1학년 신입생 처녀다. MT를 가면 군말없이 설거지하고 봉사하고 기도하는 일에 망설임이 없었다. 죽기 하루 전 내 자취방을 찾아와서 '심란하다'며 기도를 청했다. 뭐가 그리 바쁜지 서둘러 짧게 기도해주고 보냈다. 2년 터울 선배는 하늘같던 시절, 모처럼 어렵게 찾아 온 후배와 진솔하게 상담하지도 못한 채 바쁘다는 핑계로(무슨 일로 바빴는지 기억이 나지 않는다) 그녀를 돌려보냈다. 밤새 그녀는 연탄가스에 시달리다가 숨을 거두었다. 당시 신문들은 그녀의 죽음에 대하여 자살 의혹으로 보도하였고, 결코 자살임을 믿지 않았던 우리 산자들은 상처를 입었으며, 부모님은 망연자실하였다. 장례는 서클장으로 치루게 되었다. 나는 장례의 총무를 맡아서 그녀를 화장하였고 유골함을 들고 산골 기도원 뒤뜰에 작은 무덤을 만들기까지 총총거리며 집전했다. 그녀의 무덤 앞에 노란 수선화 한송이를 심어주었다. 봄바람이 칼날처럼 부는 기도원 언덕에서 나는 눈물조차 나오지 않았다. 미안하고 또 미안했다. 1시간만이라도 후배를 붙잡고 얘기를 나누지 못할만큼 나는 무엇에 그리 쫓기며 살았을까? 수십년 세월이 흘렀다. 지금껏 나는 그녀의 넋을 위해 마음의 초혼제를 치루지 못했고, 그녀의 넋과 이별하지 못했다.

젊은 날 죽음의 유혹이 스멀거릴 때면 가끔 그녀의 넋이 황혼의 첼로음처럼 가만히 나를 위무한다. 아니, 그 위무는 다름 아닌 죄책감이다. 신학적으로 볼 때 죄책감은 인간의 자기멸시와 자기증오의 기반이다. 인간의 죄책감은 용서를 전문으로 하는 신의 이해와 충돌한다. 죄책감에서 빠져나오지 못하는 한 나는 신에게 구원받지 못할 것이다. 나 때문에 죽은 것은 아니겠지만 나 때문에 살 수도 있었지 않았을까? 못내 죄책감에 시달리는 내 영혼은 가없고, 신의 용서를 받지 못한 채 애태우는 세월은 원망으로 가득하다. 망자에 대한 동정과 연민이 아니다. 신에 대한 목마름이다.

승민이는 별명이 베드로였다. 큰 얼굴에 구렛나루 수염을 기른 승민의 인상은 영화 JESUS에 나오는 베드로의 모습과 영락없이 닮았다. 후배와 동료는 물론 우리 선배들에게도 그는 늘 인기였다. 후덕하고 푸근하고 배려심이 많은 사람이었다. 어느 날 서클 1년 후배이던 승민이는 덥수룩한 수염을 말끔히 밀어버리고 ROTC 후보생이 되었다. 여름방학, 거지순례 전도단을 준비하는 내 눈에 그는 10여 명 거지순례단을 이끄는 최선봉의 팀장으로 포착되었다. 훈련과 교회일로 바쁘다면서 한사코 고사하는 그의 등을 떠다밀다시피 하여 기어코 팀장으로 임명하여 충청북도 오지로 보냈다. 거지순례단 출범식에서 하얀 ROTC 복장에 검은 군모를 쓴 승민의 모습은 참 아름답고 듬직했다. 그것이 마지막이었다. 승민이는 순례단의 프로그램으로 진행된 어느 시골교회의 성경학교 행사에서 어린들을 장맛비로 불어오른 냇가에서 건네주다가 사고가 생겼다. 여자 어린이 하나가 폭우로 성이 난 물결에 휩쓸렸고 승민은 천신만고 끝에 그 아이를 구했으나 그만 자신은 익사하고 말았다. 허망한 죽음이었다. 씩씩하게 떠났던 순례단 대장이 시신이 되어 돌아왔다. 처녀 후배가 소천한지 반년만에 다시 찾아 온 비극이었다. 장례는 서클장으로 엄수되었다. 가족과 동료들의 오열에도 불구하고 영정속의 승민이는 여전히 큰 웃음을 짓고 있었다. 나는 고개를 들 수 없었고 죄책감에서 놓여나오지 못했다. 누구하나 나를 지목하여 원망하는 이 없었으나 스스로 고개를 들어 하늘을 보기 어려웠다. "내가 그를 순례단 팀장으로 강권만하지 않았던들 그는 죽지 않았을텐데…". 예수님 역시 내게 책임을 묻거나 꾸짖지 않았다. 승민이는 평생 마음에 남았다. 인생의 막다른 골목에서 죽음을 생각할 때마다 오히려 그는 나를 위무해주었다. 승민이는 아무 말 없이 웃기만 한다. 뭐라고 말을 했으면 좋겠는데 말하지 않는다. 내게 아무 말도 하지 않고 웃는다. 그게 더 슬프다.

채림이는 여고생 제자였다. 내가 여고에 재직할 때 였다. 채림이는 때로 나와 함께 자기네 친구들과 어울려서 영화도 보고 숲길을 거닐고 담소도 나누었다. 생각이 깊고 대화의 폭이 넓었던 채림이는 대학 1학년 때 남자친구의 폭력으로 사망했다. 채림이를 죽음에 이르게 한 남친 녀석은 범행 후 아파트 경비에게 쫓겨서 도주하다가 복도식 난간에서 미끄러져 실족사하였다. 생각하기에도 끔찍한 일이었다. 명문 여대를 다니던 채림이가 전공을 바꿔서 서울대에 진학하겠다고 휴학계를 내고 공부하러 간 입시학원에서 비슷한 이유로 공부하게 된 경상도 남자 아이를 하나 만났다. 악연이었다. 어느 날 채림이는 나에게 남친을 소개하였다. 함께 식사를 하면서 살펴보니 키도 크고 미남이었다. 그런데 조울증이 심해 보였다. 여친의 스승에게 까지 의처증 증세를 나타냈다. 그 애를 보내고 채림이와 얘기를 나눠보니 역시 평소에 그런 증세가 있고 편집증도 심해서 한시도 가만있지 못하고 여자친구를 의심하고 괴롭히고 있다는 것이다. 채림이는 그 아이와 헤어질 마음을 비추었다. 나는 뭔가 모를 위험을 감지하고(그러나 설마 살해할 것이라고 생각하지는 못했다), 그 아이와 즉각 헤어져서 당분간 시골 이모집에 피신해 있으라고 권고하였다. 그 후 한달이 못되어 채림이는 자기집으로 귀가하던 중 남친이 휘두른 돌에 머리를 맞고는 어두워 가는 하늘가에 피를 뿌리고 소천하였다. 명백하게 살해할 의도를 갖고 휘두른 폭력이었다. 장례식 때 부모님은 내 손을 잡고 대성통곡을 하셨다. 채림이 아버님은 "선생님이 그 때 채림이를 더 신경쓰셨다면 죽지 않을 수도 있었잖습니까?"하면서 나를 원망하였다. 유구무언이었다. 아버님이 그렇게 말씀하지 않았다 해도 그것이 내 심정이었다. 채림이가 소천한 후 엄마는 1년 가까이 거의 날마다 내게 울면서 전화를 걸어왔다.

"선생님, 어젯밤 꿈에 채림이가 교복을 입고 웃는 모습으로 나타났어요. 보관하고 있는 교복을 버리지 말라는 뜻인가요?".

대체로 그런 대화였다. 심각한 우울증이었다. 그 가엾음을 어떻게 위로할 방법이 없었다. 부모가 죽으면 산에 묻고 자식이 죽으면 가슴에 묻는다는 말이 사무치게 느껴졌다. 어두워가는 황혼을 바라보다가 문득 죽음의 충동을 느낄 때면 채림이의 넋이 다시금 내게 속삭인다. "선생님, 내 남자친구를 어떻게 생각해요?", 나는 그 말에 역시 유구무언이다. 사랑하다가 그 사랑이 막히자 죽여버리겠다고 저주하고, 마침내 서슴없이 폭력을 휘둘러서 여친을 죽음에 이르게 한 놈을 어떻게 용서할 수 있을까? 죽었다 깨나도 나는 그 녀석을 용서할 수 없고, 용서할 수 없는 한 용서가 전문인 신과 나는 화해할 수 없다. 나는 용서할 수 없고 신은 그런 나를 용서할 수 없으니 구원의 문제는 요원하기만 하다. 채림이 아버님의 절규가 꼭 아니더라도, 그 죽음의 책임이 내게 있는 것이 아닐지라도, 제자를 구하지 못한 죄책감은 아직 남아있다. 한번만이라도 채림이를 보고 싶은데 아직껏 용인 어딘가에 있다는 그 아이의 묘소조차 찾아가보지 못했다. 나의 죄책감은 과연 무죄일까? 아닐 것이다. 정말 아니고 싶다.

이별

할머니의 죽음은 할아버지의 죽음과 달랐다. 할아버지는 초등학교 5학년 때 돌아가셨다. 식구들이 모두 지켜보는 가운데 겪은 할아버지의 임종은 무서웠다. "저 놈들 저리 가라고 해"하면서 저승사자를 쫓아내던 할아버지의 마지막 모습은 행복해 보이지 않았다. 중2 때 맞이한 할머니의 죽음은 비교적 평온했다. 숨을 몰아쉬며 숨을 거두는 순간까지 "내 자손들 잘되거라"고 축복하셨다. 할머니의 죽음은 임종을 지키는 이들에게 나름의 스토리를 선사했다. 유언을 하시고 둘러앉은 식구들을 한번 씩 돌아보시고 내 손을 잡아주셨다. 생의 모든 순간에서 지금까지 할머니만큼 나를 사랑했던 사람은 없었다고 확신한다. 할머니는 새벽에 태어나자마자 숨을 쉬지 않고 새파랗게 죽어가는 아기를 묻으러 가는 아버지를 붙잡으며 "첫 손주이니 한나절만 아랫목에 재우자"고 말렸다. 죽은 줄 알았던 나는 한나절 만에 첫울음을 울었고 부활하였다. 병약해서 엄마 젖을 빨지도 못하는 나를 위해 할머니는 미음을 먹이고 밤새 업어주고 달래며 키우셨다. 아기(兒己)가 그 정도면 애기(愛己)가 아니라 업보(業報)인 셈이다.

할머니에게 한글을 배웠고 별 헤는 밤이면 임경업전이며 류충렬전을 읽어주셨다. 할머니는 내 가슴 속 파토스의 산실이며 영혼의 베아트리체다. 사후에 영혼이 있다면 가장 먼저 만나보고 싶은 어른이다. 할머니는 임종할 때 할아버지와 합장(合葬)하지 말라고 유언했지만, 자식들은 따르지 않았다. 양지바른 곳에 있는 할아버지, 할머니의 무덤이건만 잔디가 영 부실하다. 할머니는 죽어서도 할아버지와 화해하지 못한 것이 틀림없다. 할머니의 죽음을 생각하면 평안을 느낀다. 그 죽음에는 죄책감이 없다. 신과 나는 다툴 일이 없다. 다툴 일이 없기에 신에 대한 의문과 시비가 있을 리 없다. 내 안에 신 대신 할머니가 있으면 된 것이다.

가을이 오면 사람들은 산제(山祭)를 지낸다. 부모나 조부모까지만 제사를 모시고 그 윗대는 제사를 모시지 못하는 미안함을, 가을이 오면 한꺼번에 몰아서 산제를 지냄으로써 망자들과 화해를 모색한다. 산제의 시간은 알지 못하고 부르지 못했던 선조들을 만나는 시간이다. 산자의 생명과 죽은 이의 넋이 뒤섞이는 산제는 타오르는 향불과 제사떡을 조청에 찍어먹는 의식으로 마무리된다. 사람들은 죽어서도 후손들에 의해 구원받을 수 있다는 안도감에 만족하며 산을 내려온다. 산제는 죽은 이와 산자, 모두를 위한 축제다. 지금 새삼 제사를 지내고 산제를 부활하자는 캠페인을 하는 것은 아니다. 다만 아파트에서 잉태하여 산부인과에서 태어나고 마침내 병원 중환자실에서 숨을 거두는 현대인에게 제사 의식은 스스로를 성찰할 수 있는 기회를 주기 때문이다. 잉태와 출산, 삶과 죽음, 넋과 제사는 거울과 같다. 저마다 독특한 이력이 있다.

우스개 소리이지만 술이라면 영혼을 팔아서라도 마시고 싶어 하는 내 아버지로 인해 나는 알콜성 DNA를 갖고 태어났다. 역시 내 형제들도 모두 애주가다. 엄마는 우리 형제들이 술 마시는 것을 범보다 무서워했다. 알콜성 DNA는 불치병처럼 구제불능이기 때문이다. 그래도, 알콜성 정자(精子)라해도 미워할 수는 없다. 난자에 돌입한 정자는 다 저 스스로 태어나고 싶어서 잉태의 업보를 지고 태어난 것이다. 정자와 난자가 모두 멀쩡한데 안 태어나고 자살하는 정자들은 다 저 스스로 태어나고 싶지 않아서 그리한 것이다. 그것이 정자의 법칙이다. 불임의 법칙이다. 그런데 불임이라고 해서 자꾸만 여자를 다그치고 약을 먹이는 짓은 범죄나 다름없다. 미련한 짓이다. 차라리 정자에게 술을 먹이든지 달래든지 해서 태어나도록 설득할 것이지, 그것이 무슨 짓인가 싶다. 그러니 술먹고 난자에 돌입한 정자들을 마냥 비난하지 말라. 술먹고 태어났다고 비난한들 대책이 없다. 다 아버지 탓인 것을.

사랑을 하면 가슴이 아프지만 결혼을 하면 머리가 아프다. 그것이 사랑의 법칙이고 결혼의 함정이다. 사랑해서 결혼을 하면 사랑은 그것으로 완성된다. 결혼해서 아이를 낳고 기르는 것이 가장 중요한 부부의 의무다. 사랑이 끝난 자리에 결혼이 들어서면 그 때부터 육아에 전념해야 한다. 이런 말들은 내 말이 아니고 동서고금의 성현들 말씀이다. 죽음을 준비하다보면 평생 잊고 살았던 자아(super ego)가 보인다. 자아가 보이면 사물이 다시 보인다. 관념과 이데올로기가 재형성되고 사랑과 결혼의 의미가 재해석된다. 그렇게 새롭게 형성된 자아를 통해 사물을 보면 갇혔던 감성이 되살아나고 신께 받았던 자비심이 발동한다. 아집에 사로잡혀 끊지도 못하고 맺지도 못했던 관계성이 정리된다. 묵은 만남을 새로고침하고 새로운 인연을 받아 들 일 수 있는 넉넉한 마음이 필요하다.

9

귀향의 딸

민중의 딸

어느 시대에나 민중은 고립되고 핍박받는 존재였다. 무지에 휩싸
였던 고대의 민중은 늘 공포에 쫓기다가 무당을 앞 세워 산천초목에
딸들을 제물로 바치는 연례행사에 동원되었다. 마야왕국은 아예 단
체로 태양신에게 아들과 딸들을 제물로 바쳤고 피로 물든 마야문명
은 제물에 망했다. 조그만 땅에서 왕이 죽을 때마다 일가족 단위로
순장(殉葬)을 하던 풍습을 지닌 가야왕국의 백성들은 누구나 어항속
의 횟감이나 다름없었다. 백성들은 날만 새면 삼삼오오 조국을 탈출
하였다. 오죽하면 가야금을 만든 우륵마저 가야금을 안고 신라에 망
명했을까?

로마제국의 압제에 신음하던 유태인들은 겨우 신을 만났고, 그 신

을 믿는다는 이유로 검투장에서 몰살을 당하고 원형경기장에서 사자 떼에게 뜯겼다. 중세의 문턱에서 이번에는 그 신을 믿지 않는다는 이유로 교황청을 등에 업은 왕과 귀족에 의해 수많은 민중이 몰살당했다. 중세에 신의 이름으로 200만 명이나 되는 민중의 딸들이 마녀로 몰려 고문 끝에 죽었고 그녀들의 재산은 교회와 형리들이 나눠 가졌다. 가난한 딸들은 불태워지고 수장당하고 시신마저 재(灰)가 되었다.

마녀로 판결된 잔다르크는 시신마저 불태워 강물에 뿌려졌고 지금 그녀의 무덤은 없다. 비겁한 남자들에 의해 자칫 전설로 격하되었을 법한 잔다르크의 이야기가 어떤 드라마보다 더 생생한 역사의 진실로 남게 된 것은 오로지 그 재판기록 때문이다. 잔다르크는 평민의 딸이고 평민의 딸로서 왕을 세우고 100년 영·불전쟁을 프랑스의 승리로 이끌었다. 더 중요한 사실은 평민도 세상을 구할 수 있다는 '민권(民權)'의 개념을 세운 것이다.

로마제국의 치하에서 민중은 '믿는다고' 죽임을 당하고 예수님의 치하에서 민중은 '믿지 않는다고' 죽임을 당했다. 로마 멸망 이후 터키와 북아프리카의 회교도들은 기독교인 박멸을 핑계로 500년 동안이나 이태리 반도의 딸들을 납치하여 매매하였고, 가족과 고향을 잃은 여인들은 거대한 터키의 목욕장에 감금되어 죽을 때까지 새우잡이 배의 노예처럼 착취당하고 성폭행을 당했다. 그 학살의 끝에서 유럽의 십자군들은 이교도를 죽이고 성지 예루살렘을 회복하자는 명분을 앞세워 중동을 쑥대밭으로 만들었다. 십자군 전쟁으로 아랍인들은 십자군의 창에 꼬치처럼 꽂혀 사막에 버리워졌다. 유럽인과 아랍인의 피가 깊게 스며든 그 땅에서 지금은 석유전쟁이 벌어지고 수

백만 명의 난민들이 속절없이 피를 흘리고, 다시 그 난민들이 유럽으로 몰려들고 있으니 역사는 무상하기만 하다.

대한제국의 인구가 2천만 명을 넘지 않았을 때 일제(日帝)는 20만 명이나 되는 조선의 딸들을 일명 위안부로 끌고 가서 강간하고 죽이고 불태웠다. 공식기록으로 살아 돌아 온 위안부 여인은 수백명에 불과하다. 수십만 명의 딸들이 원혼이 되어 이국땅에서 맴돌았다. 영화 '귀향'은 일본군이 끌어 간 위안부 문제를 다루었다. 수위 조절을 많이 한 영화임에도 불구하고 보는 이들로 하여금 가슴을 먹먹하게 하고 누선을 적시게 하고 있다. 민중의 꽃은 무궁화가 아니다. 민중의 꽃은 민중의 딸이다. 영화 귀향은 개봉 자체가 어려울 것이라는 예상을 뒤엎고 개봉 5일 만에 100만 명 이상의 관객을 유치하였다. 귀향은 제작 초기부터 자금부족과 금기(Taboo)에 시달리면서 순탄하지 못했고, 무려 14년에 걸쳐 7만5천2백 명이 모금으로 제작비를 충당하는 등 영화사의 진기록을 남겼다. 영화를 본 지인들 중에는 영화를 관람한 후 일제에 분노하다가 끝내는 위안부 문제를 너무나 쉽게 타협해 준 박근혜 정부가 원망스럽다고 토로하기도 했다. 윤동주의 삶과 죽음을 조명한 흑백영화 '동주'를 본 사람들도 역시 나약한 조국의 현실이 한심스럽다가도 해방 이후 일제의 주구 노릇을 하다가 이승만 정권에서 반민특위를 해체시키는데 앞장 선 부역자 출신 경찰들, 유신정권에 맞서 싸운 대학생들을 고문하던 그들, 광주 민주화 운동을 학살로 탄압한 정치군인들이 연상되어 마음이 많이 괴로웠다고 한다.

도대체 민중이란 무엇인가? 민중은 일반적으로 피지배계급으로서의 일반 대중을 가리킨다. 민중의 개념은 역사를 창조해왔지만 역사의 주인이 되지 못하고 지배층에 의해서 억압되어온 사람들을 민중으로 보는 시각으로부터 근대사회 이후 특수한 역사적 과정 속에서 자신의 억압되고 훼손된 삶을 극복하고자 하는 의식적인 노력을 보인 사람들을 민중으로 보는 시각까지 다양하다. 왕정에서 신정, 신정에서 다시 왕정, 왕정에서 다시 공화정으로, 공화정에서 다시 민주정으로 인류의 정치체제가 변화해오는 동안 민중은 대체로 대상화되고 때로 전면에 등장하기도 했다. 민중은 실은, 민주주의의 탄생에서도 소외되었다.

민주주의를 논하면서 우리는 딸들의 고초와 저항을 간과한다. 민주주의의 역사는 딸들의 역사다. 꼭 여성해방의 진전과 민주주의는 비례한다.

I.
길
위에서

10

딸들의

시대

우리나라 여성독립운동가는 유관순을 비롯해서 쟁쟁하게 많다. 신사참배를 거부하고 일본의 식민지 정책을 비판하다가 옥에 갇힌 김두석, 3.1만세운동이 씨앗이 된 조화벽, 제주의 독립운동가이자 교육자인 최정숙, 우리나라 최초 여성 의병지도자 윤희순, 의열단 최초 여성단원 현계옥, 첫 여성 무장 독립운동가 남자현 의사, 그 외 수많은 여성들이 독립운동의 선봉에 있었지만 묻혀지고 잊혀지다가 요즘에 이르러 부각되고 있다. 그녀들은 어둡고 아픈 조선 여성들의 역사를 딛고 일어 선 햇빛 같은 존재다.

공자님의 유교가 지배하는 조선에서 수만 명의 딸들이 간통으로 누명을 쓰고 쫓겨나고 자결했다. 여인들은 사실 유무와 관계없이 간통으로 고발되면 자결해야 했고, 자결하지 않으면 친척들이 은장도를 놓고 갔다. 간통으로 고변된 여인들의 재산은 대부분 고발자인 시댁의 친인척이 나눠가졌고, 고발의 주목적은 재산을 빼앗기 위함이었다. 조선판 마녀사냥이다. 동서양을 통틀어 이 땅의 딸들은 고단하고 핍박받고 버림받는 일이 많았다. 조선의 인구가 700만 명인 인조 때 청나라는 조선을 침략하고 회군하면서 50만 명에 이르는 조선사람들을 납치했고, 그 중 대다수는 소년소녀와 여인들이었다. 그녀들은 끌려가면서 성폭행을 당했고, 납치되어 팔렸으며(최명길의 기록), 팔려간 여인들은 성노예로 전락되었고, 조선의 가족에 의해 구출되어 돌아온 여인들은 화냥년(還鄕女)으로 몰려서 자살해야 했다. 아침이면 자결한 여인들의 시체로 우물이 메워지고 시냇물은 하얗게 넘칠 정도였으니, 그 비극이 이만저만이 아니었다. 적에게 끌려가서 치욕을 겪고 가족에게 돌아와서는 명예살인에 희생된 우리의 딸들은 가엾고, 그 가엾음을 은폐하고 부끄러워 한 조선의 지배층과 남자들 때문에 조선은 망하고 또 망하고 거듭 망하다가 더러운 일본에게 스스로 나라를 내주었다.

잔다르크는 버려지고 배신당하고 마녀로 지목되어 불태워졌다. 그녀의 19살의 삶과 죽음의 여정은 평민의 눈물로써만 동정(同情)할 수 있는 슬픔의 영역이다. "나의 몸은 결코 더럽혀지지 않았는데 이제 타버려 재로 돌아 가누나," 그녀가 남긴 마지막 말이다. 재로 돌아간 평민 잔다르크는 무덤을 남기지 않았다. 무덤이 없으니 비석이 있을 리 없다. 로마 교황청은 1920년에 이르러서 잔다르크에게 공식으로 사과하고 시성했다. 역사 이래로 못난 남자들은 걸핏하면 여인의 공을 깍

73

I.
길
위에서

아 내리고 위조하고 삭제해왔다. 이집트의 위대한 여왕 파라오 하쳅수트는 그녀의 의붓아들 파라오에 의해 거의 모든 업적이 훼손당하였다. 심지어 하쳅수트가 파라오로 재위했던 20년의 기간까지 '없던 시간'으로 부정했으니, 의붓아들 투토모스 3세의 질시가 어떠했는지 짐작할 만하다.

믿거나 말거나 여자 교황이 존재했고 그녀의 이름은 요안나였다. 교황의 신분으로 아이를 낳다가 그 자리에서 군중에게 살해 당했던 요안나는 여성이라는 신분 때문에 교황 연대표나 모든 기록에서 삭제가 되었다고 역사가들은 증언하고 있다. 종교조차 딸들의 세기를 시기했다. 사람만 그런 것은 아니다. 이브에게 선악과를 먹여서(사탄을 대리로 내세웠지만) 인류의 원죄를 여자에게 짊어지게 한 신 역시 남성이다(그럼 여성인가?). 신은 성이 없다지만 그것은 거짓말이다. 성경의 신을 묘사한 모든 대목은 하나님이 다 남성으로 나온다. 신의 아들인 예수님도 남자다.

18세기에 「여성의 권리 옹호」라는 책을 쓴 최초의 여성인권운동가인 영국 런던 출신의 메리 울스턴크래프트(Mary Wollstonecraf)는 가난한 평민의 딸이다. 아내가 남편에 의해 합법적으로 매매되던 시대, 근대의 인간해방의 역사조차 여성에게는 비켜가던 시절에 그녀는 여성의 평등과 권리를 주장하여 남자들의 비난을 한 몸에 받았다. 그녀의 외로운 사상은 20세기 이후 여성의 권리와 자유를 위한 시금석으로 재평가 받고 있다. 19세기 빅토리아 여왕 시대에 상류층 가문의 딸로 태어난 플로렌스 나이팅게일은 스스로 몸을 낮춰 평민의 한가운데로 걸어 들어가 천직(賤職)이었던 간호부가 되었고, 평등한 의료의 혜택을 위한 사회운동, 병원개혁운동에 전념했다. 사재를 털어 성 토머스병원 내에 나이팅게일 간호양성소를 세움으로써 교회나 수도원에서 이루어지던 간호교육을 최초로 독립된 정식학교로 옮기는 계기를 마련하였다. 나이팅게일이 간호대학의 상징이 된 이유 중의 하나다.

한국인의 협동정신과 희생정신은 가끔 국난 속에서 빛난 적이 있다. 정치가 희망을 보일 때, 그 때 비로소 국민들은 협동하고 희생할 줄 아는 마음을 모았다. 정치는 실종되고 지도층은 부패하고 관료주의가 팽배하면 국민수준은 저절로 낮아진다. 수준이 낮아진 국민은 늘 부패한 정권을 지지한다. 거기에 빠져 죽는다. 혹여 정치가 부패하더라도 지식인, 정신적 지도자들이 깨어 있으면 국민은 그분들에게라도 의지해서 희망의 정치를 만들어내고 싶어 한다. 그 희망의 씨앗이 되어 줄 지식인, 정신적 지도자 그룹이 민중 속에서, 민중의 눈물 속에서 새롭게 피어났으면 좋겠다. 21세기는 딸들의 시대여야 한다. 우리의 딸들이 마음 편안하게 사는 세상, 내 딸이 언제나 행복한 세상, 그녀들이 웃고 사랑하고 기뻐하는 대한민국을 만드는 정치를 탄생시켰으면 좋겠다.

봄꽃은 피고지고 사는 일은 항차 아득한데 희망을 논하고 시국을 논하는 일은 여전히 덧없다. 잠시 민중의 눈물과 민중의 꽃을 생각한다. 민중의 딸들과 귀향의 슬픈 딸들을 생각한다. 딸들의 시대가 어서 곧 왔으면 좋겠다.

행복한
삶의
온도

II.

길을
따라서

1.

문신(文身) 속의

용이 되어

하늘을 날아보라

　문신(文身)은 사내들에게 힘겨루기의 경계를 나타내는 표식과도
같다. 어느 시간 어느 장소든 방심하고 있는 사이 문득 마주치게 되
는 '문신사내'들은 '비 문신사내'들에게 까닭모를 공포심을 불러일으
킨다. 문신이 패션이 되고 액세서리가 되는 시대를 살고 있다지만 문
신도 못한 내게 문신은 여전히 부조리한 세계의 마뜩잖은 산물이다.
내가 사는 동네 목욕탕은 유난히 문신사내가 많이 출입한다. 가까이
교도소가 있어서 조폭들이 정기적으로 면회를 오고 그 조폭 면회객
들이 사우나에 들린다. 임시주민인 셈이다. 특별한 일이 없으면 일주
일에 두 번 오전마다 내가 드나드는 사우나에 손님은 늘 서너 명 뿐인
데, 그 중 절반이 문신사내들이다. 화요일엔 어김없이 등짝에 용트림

을 한 문신사내가 두어 명 나타나고 목요일엔 꼭 가슴팍에 얼룩달룩한 문신사내들이 등장한다.

말하자면 화요일은 뒷문신파가 사우나를 차지하고 목요일엔 앞문신파가 설친다. 그들이 각기의 요일을 어겨서 나타나는 일은 아직 한 번도 없었고, 어쩌다 앞뒤 다 문신을 한 사내가 나타나면 기존의 앞문신파나 뒷문신파 앞에서 기를 피지 못하고 물을 끼얹는 등 마는 등 허둥대다가 곧 나가버린다. 앞도 뒤도 문신이 없는 맨몸의 등신인 나는 그들 문신파가 불편하다. 왜 등신처럼 불편하냐고? 이유는 간단하다, 실오라기 하나 걸치지 않은 벌거숭이로 상대방의 등짝과 가슴에서 금방 튀어나올 것만 같은 맹수들의 눈길이 일단 불편하다. 그 문신 그림속의 눈길과 마주치지 않으려고 고개를 들면 뭔가 비릿한 눈빛으로 내려다보는 그들의 눈길과 마주치는 것은 더 불편하다. 사람도 몇 명 없는 사우나에서 그 문신 속의 눈길과 문신을 한 사내들의 눈길을 피하는 일은 허망한 노릇이다. 소금 사우나실로 도망가면 어느새 뒤따라와 사지 활짝 벌리고 드러눕는다. 긴 의자에 걸쳐 앉은 내 아랫도리를 그저 올려볼 뿐인데도 그 눈길이 또 불편하다.

문신파들이 겨우 나누는 이야기 몇 마디 중에 가장 많이 사용하는 용어는 형님이다. 형님이라 부르는 부하 놈은 비누나 플래스틱 바가지를 형님에게 건넬 때마다 그냥 주지 않고 꼬박 형님하고 부르면서 건넨다. 여러 번 듣다보면 그 물건들이 형님인 것만 같다. 어릴 때부터 맹견과 수없이 맞닥트렸던 약한 내가 물려죽지 않고 여태까지 생존할 수 있었던 것은 그들 맹견과 눈을 정면으로 마주치지 않고 양눈을 피해 무심히 양미간을 바라보는 법을 터득했기 때문이다. 그러면 개들은 달려들다가 공격할 의사가 없는 무심한 눈빛을 읽어내고 낮게 으르렁거리며 발걸음을 돌린다.

문신한 조폭들을 대하는 방법도 맹견을 다루는 법과 다르지 않다. 불편한 사우나를 나름 즐기며 적응하는 비법이다. 그러다 문득 나도 문신을 할까 하는 호기심이 생겼다. 문신을 하면 나도 목욕탕에서 조폭처럼 당당해질까? 그 마음을 누르게 된 것은 어느 날 우연히 눈에 들어 온 그네들의 물건이다. 남자들만 소지하고 다니는 물건들은 목욕탕에서 평등하다. 문신 여부를 떠나 각자 소지한 물건만큼은 당당하지 않다. 뜨거운 사우나 물에 젖어 고개 숙인 남자들의 물건들은 하나같이 겸손하다. 앞문신파 뒷문신파 비문신파를 떠나 모두 엇비슷하다. 거기에 문신한 놈은 한 놈도 없다. 벌거벗은 인간의 몸은 가엾고 현란한 문신 속의 오그라진 물건들은 더 가엾다. 서로의 가엾은 물건들을 쳐다보는 시선은 맹견의 미간을 바라보는 눈빛처럼 공격적이지 않다. 교도소를 드나드는 조폭들과 죄수들을 감시하는 간수들과 나처럼 하릴없는 건달들이 조우하는 동네 목욕탕은 그래서 평화롭다.

사내들에게 문신은 조직의 지위와 신분을 나타내려는 목적으로 활용되고 있다. 우리나라의 문신 역사는 삼국지 위지동이전의 문신 기록이 최초이다. 장식이나 부적, 신분의 표시로 행해졌다고 기록되어 있다. 현대에 들어서는 자기표현의 한 방법으로 인식되면서 예술이나 패션의 한 장르로 받아들여지고 있고, 피부에 상처를 내지 않는 그림 형태의 문신은 휴가지 등에서 평범한 사람들에게도 애용되고 있다.

정치의 계절이 올 때마다 나는 문신을 생각한다. 정치판에는 큰 맹수의 문신을 한 사내들이 날고뛰고 시장통에는 오래 된 조폭들이 맹견의 문신을 하고 거들먹거린다. 자잘한 보통사람들은 보름이면 소멸되는 꽃 문신을 새기고 즐거워하리라. 청컨대 문신은 잠깐만 보고 문신 속의 '미간'을 바라보라. 청명한 날에 문신 속의 용이 되어 하늘을 날아보라. 떨어질 때 떨어져도 나는 것은 얼마나 즐거운 일인가.

2.

경찰대를

폐지해야

치안이 산다

경찰대는 1981년 개교 당시부터 특혜 논란에 시달렸다. 고졸자를 뽑아서 졸업 후 아무런 시험도 거치지 않고 곧바로 약관 20대 초반에 경위로 임관되는 사례는 세계 어느 나라에서도 찾아보기 힘든 기괴한 모습이었다. 육군사관학교나 사법고시 출신 법조계에 대응하려는 경찰 내부의 욕망과 경찰 엘리트를 육성하여 권력의 도구로 사용하고자 한 전두환 군사정권의 입맛이 버무려진 결과였다. 현재 경찰대 졸업생은 총경 55%와 경무관 67%, 치안감 이상 56%를 차지하였고, 일선 지구대장과 파출소장을 싹쓸이하다시피 했다. 그나마 소수의 일반경찰이 20년을 현장에서 근무해야 경위를 달 수 있는 구조에서 현장 경험도 없고 승진 시험도 없는 젊은이들이 경위를 달고 상관으로 부임하는 사태는 다수의 경찰관에게 절망과 스트레스를 주었음은 자명한 사실이다. 술에 취한 경찰대학의 학생이 검문하는 경찰관에게 "5년 후에는 너희들이 내 앞에서 무릎을 꿇어야 돼"라면서 행패를 부리는 모습이 언론에 보도되기도 하였다.

미국의 모든 경찰간부는 순경으로부터 시작한다. 독일도 경찰대학은 순경으로 시작해서 거쳐가는 곳이고, 프랑스나 캐나다도 순경으로 시작해서 승진의 절차를 밟는다. 순경은 경찰의 얼굴이며 국민이 가장 먼저 만나는 위대한 지팡이어야 한다. 우리나라의 경찰대학 특혜는 스스로 경찰의 얼굴을 무시하고 국민에게 지팡이를 빼앗는 결과를 초래한 재앙이라고 지적받아 마땅하다. 이제 문재인 정부는 그 얼굴을 되살리고 지팡이를 되짚게 하려는 경찰대 개혁의 칼을 빼들어야 한다. 우리는 당당하고 보람찬 순경아저씨들을 만나야 한다.

2014년부터 지피기 시작한 경찰대학 폐지론의 영향 때문인지 경찰대는 조금 변모하려는 모습을 보여주기는 했다. 2018년에 내놓은 경찰대 개혁의 주요내용을 살펴보면 제복과 자유복을 병행하면서 자유롭게 수업을 들을 수 있게 하고, 12%에 불과한 여성 합격자 수도 늘리고, 졸업 후 의무경찰 소대장 복무 특혜도 재학 중 군복무나 졸업 후 학사장교로 근무하게 하며, 현직경찰관의 응시비율을 높이기로 했다. 그런데 가만히 들여다보면 참 웃기다. 환골탈태를 주문했더니 아이라인 다시 그리고 립스틱만 짙게 바른 모양새다. 개혁주문의 골자는 오직 한가지였다. 경위임관을 폐지하자는 것이다. 개교 초기와 달리 지금은 경찰에 입문하는 사람들이 대부분 대졸자들이다.

시대가 바뀌었다. 경찰대 졸업자들도 경찰에 투신하기보다는 사법고시나 로스쿨을 선택하여 진로를 바꾸는 비율도 갈수록 증가하고 있다. 이러한 사태는 외국어나 과학의 영재를 육성하려고 특목고에 교육과정 등 특혜를 주었더니 모두들 너나없이 전공과 무관한 SKY로 진학하는 특목고의 변질과 다르지 않다. 경찰대는 사법고시와 로스쿨에 유리한 과목들을 운영하고 상당수가 진로를 바꾸려는 입시학원으로 변질되었다. 적당히 손질하고 모양새만 바꾸려는 시도는 개혁의 본질에서 벗어난다.

승진의 페어플레이를 12만 경찰관에게 공정하게 보장하는 길은 경찰대를 폐지하는 것이다. 만약 존치한다면 고교생의 응시를 금지해야 한다. 경찰대를 사회성공의 일확천금으로 생각하는 욕망의 사다리를 끊어주어야 한다. 또한 단연코 졸업 후 경위임관을 우선 없애고 경찰대학 자체를 원하는 모든 경찰관이 재교육을 받는 특수학교법인으로 전환하여 수사, 정보, 법률, 외교, 대 테러 등을 전문적으로 배우게 하는 재교육기관으로 거듭나도록 해야 한다.

교육대학과 사범대학의 갈 길 역시 경찰대학의 사례와 크게 다르지 않을 것이다. 졸업 후 무시험 검정을 통해 교사자격을 받고 의무발령으로 교사지위를 독점하는 특혜가 법원의 판결로 무산되었지만, 교대는 여전히 초등학교 교사직을 독과점하고 교대에 설치된 교과목을 국가교육과정으로 고정시켜서 시대의 변화에 따른 새로운 교과 진입을 원천봉쇄하는 등 교육과정의 적폐로 작용하고 있다. 사범대학 역시 의무발령은 폐지되었지만 자체의 전공과목을 중등의 교과목으로 설정하여 생활교육을 담은 교과목의 개설을 가로막고 있다. 사대를 졸업해도 교사가 되는 길목은 너무 좁다. 임용고시에 합격하지 못하면 4년 공부가 도로아미타불이 된다. 이렇게 불합리한 정책이 어디에 있을까? 교육대학원을 통해 다양한 교과목 교사를 양성하는 미국이나 심지어 교육청에서도 필요에 따라 교사양성을 하고 대부분 학사 후 교사양성 과정을 운영하는 영국 등은 학생의 요구에 따른 생활교육의 교과목을 유연하게 설치할 수 있는 잇점이 있다.

교대와 사대를 폐지하고 일반대학 졸업생들을 대상으로 질 높은 교육대학원에 다양한 교과목 교사 양성과정을 개설하게 할 필요가 있다. 현재 사서, 영양, 상담 교사 양성이 교육대학원에서 이루어지고 있다. 저출산에 학령인구가 감소하는 요즘 대학도 제발 국민에게 살 길을 열어주자. 교대와 사대, 경찰대학을 폐지하자, 폐지하자!!!

3.

검찰총장과

절차기억

2019년 윤석열 검찰총장이 조국 장관 수사에 대해 처음으로 공개발언을 한 것이 화제가 되어 언론을 달군 적이 있다. 딱 한마디였다. "수사는 절차에 따라 진행되고 있다." 수사가 시작된 지 한 달 만이었다. 이 말을 심리학 용어인 절차기억(procedural memory)에 적용하여 설명하자면 "내 본능대로 수사하고 있다"는 뜻으로 풀이할 수 있다. 절차기억은 특정 행동이나 감정적 반응을 학습함으로써 어떤 상황에 부딪혔을 때 자동적으로 학습된 반응을 보이게 되는 현상을 가리키는데, 좋은 습관을 강화하게 만들기도 하지만 동시에 본능적으로 나쁜 습관을 버리기 힘들게 만들어 융통성과 창의력을 증발시킨다는 의미를 내포하고 있다.

우리 사회에서 절차기억을 가장 많이 갖고 있는 집단은 단연코 검찰이라고 할 수 있다. 선출된 권력도 아니고 견제 받지도 않은 권력이지만, 유일하게 기소권을 독점하고 있는 검찰에게 어쩌면 창의적인 학습기억이나 좋은 신념기억 따위는 안중에도 없는 것이 당연할지 모른다. 윤석열 검찰총장은 특수부를 중심으로 40여명의 검사를 소집해 조국 수사부를 구성, 조국 일가와 주변을 먼지 털이개로 털 듯 샅샅이 털었다고 알려졌다. 비유하면 평민이 신호등 노란불에 통과했다가 적발되어 신호위반으로 딱지를 끊게 되었는데 검찰이 전국의 CCTV를 전수 조사해 지난 수년간의 교통위반 여부를 샅샅이 캐내고, 가족들의 위반 사항까지 별건 수사로 잡아내고, SNS 등에 피의사실을 수시로 흘려서 지인 등이 알도록 망신을 주는 것과 조금도 다르지 않다고 할 수 있다.

여당 등은 이에 대해 국가내란 수괴를 수사하는 규모보다 크고 먼지떨기·별건, 신상털기를 통해 유죄를 이끌어내고 그 성과를 검찰개혁의 좌초로 귀결시키려는 검찰청의 음모라고 비판하고 있다. 조국 가정의 입시부정 의혹과 사모펀드에 투입되었다는 10억원 정도의 혐의를 밝혀내기 위한 수사규모로서 적절성을 지녔는가에 대한 답변은 윤 총장이 '절차대로'라고 이미 답했다. 검찰이 여야의 정쟁을 검찰의 절차와 규정이라는 카테고리로 잡아채어 상품화시킨 것은 절묘한 선택이다. 무엇이 정의이고 어떤 방법으로 풀어갈 것이라는 지향점도 없다. 다만 칼끝이 정면으로 문재인 대통령의 국정을 겨누고 있다는 것은 분명하다.

일찍이 대통령이 검찰 권력을 사유화하면 폭정이 저질러진다. 우리는 독재정권 때 그런 끔찍한 경험을 겪었다. 반면 한 번도 일어나지 않았었지만 검찰총장이 수사권과 기소권을 무기로 검찰 권력을 사유화하면 국가반란이 된다. 검찰의 수사와 기소가 둘 중 무엇인지는 국민이 판단할 일이다. 윤석열의 수사기법은 '먼지 털기'로 널리 알려져 있지만 그 기법이 일찍이 교육계에 적용되고 있다는 사실을 아는 국민은 많지 않다.

교육부의 스쿨미투 매뉴얼은 '윤석열식 먼지 털이'보다 한 수 위다. 학생이나 학부모가 실명이든 익명이든 교사를 성추행 혐의로 신고하면 학교장은 즉시 교육청에 보고하고 교사를 수업에서 배제 시킨다. 진위를 따질 필요는 없다. 그건 나중 일이고 우선 수업을 못들어 가게 한 후 학생들을 대상으로 전수조사를 실시한다. 익명을 전제로 한 설문조사에서 이것저것 의혹을 싹쓸이하여 모은 후 범죄 여부를 학교폭력대책자치위원회에 부쳐서 판단하게 한다. 여기에서 피해혐의가 나오면 교사는 곧바로 직위 해제되고, 징계위원회에서 징계가 확정되면 당사자를 경찰에 고발한다. 검찰이 기소하고 재판이 진행되는 수년간의 과정에서 어떤 교사들은 제대로 피의자 방어권을 행사하지도 못한 채 자살하거나 패가망신을 당하는 일이 벌어진다.

교사들이 먼지떨이 조사와 수사로 시달리는 동안 SNS 등으로 문제를 제기한 학생들의 고발을 나팔 불었던 언론들은 죄의 유무와 재판 결과에는 아무 관심이 없다. 누구는 죽고, 누구는 패가망신하고, 누구는 유죄를 받는 동안 세상은 별일이 없고, 교육부장관과 교육감들은 무엇이 어떻게 돌아가는지 오불관언(吾不關焉)이다. 학교현장에서 스쿨미투 조사를 경험했던 교사와 학생들은, 작금의 윤석열 검찰 특수부의 수사가 전혀 낯설지 않다. 누가 옳고 누가 그른지를 판단하기 전부터 공포와 환멸이 밀려온다.

한국사회는 지난날 국가반란의 아픔을 겪었다. 이승만 정권에서 총을 가진 경찰이 국민에게 반란을 일으켜 반민특위를 해체하고 학생들에게 총질을 했다. 그 결과 4.19혁명이 일어났다. 전두환과 노태우 장군은 군대를 동원해 국민을 학살했고 두 대통령은 영원한 역적으로 기억되고 있으며, 노태우 정권 때부터 역대 대통령들은 검찰을 정쟁의 도구로 이용했다. 폭정의 연속이다.

우리는 폭정에 익숙한 국민이 되었다. 그런데 검찰은 총 대신 수사와 기소를 무기로 난을 일으켰다. 많은 사람들은 그렇게 본다. 검찰의 난이라고 지적한다. 조국 장관의 일가에게 죄가 있다면 그 유무가 재판에서 판가름 나겠지만, 검찰의 난을 바라보는 국민의 멍든 가슴을 풀어 줄 수사는 누가해야 하나? 난을 일으킨 검찰은 누가 기소해야 하나? 국민은 말이 없어도 그렇게 묻고 있을 것이다. 교육 현장이라고 해서 난을 피해갈 방도는 없다. 논란을 불러일으킨 보수우익 교수들의 집단 성명과 수천 명에 이르는 진보 측 교수단의 검찰개혁 촉구 선언, 다시 불붙은 조국 장관의 검찰개혁을 지지하는 촛불시위는 점입가경으로 접어들었다. 기억해보라. 우리 사회는 언제든 순식간에 '사회적 내란'의 한가운데 놓여질 수 있다. 예측 가능한 사회가 아니다. 그 속에 사는 국민은 위험 불감증에 걸려서 아파한다. 언제쯤 국민의 아픔을 치유할 수 있는 지도층이 형성될 수 있을까? 검찰의 난을 돌이켜보면서.

미투는

만병통치약인가

행복한
삶의
온도

미투(Me Too)의 함수

공·사석에서 미투를 논할 때면 대체로 사람들이 공통적으로 던지는 질문이 있다. "그러니까 당신은 찬성이야 반대야?" 미투가 무엇이고 어떻게 진화해야 할지 말도 꺼내기 전에 '너는 이 편이냐 저편이냐'를 강요당하기 일쑤다. 미투는 찬성과 반대의 문제가 아니다. 이편이냐 저편이냐의 이데올로기 문제도 아니다. 슬프고 아픈 이야기이다. 서지현 검사의 성추행 피해 폭로로 시작된 미투의 열풍은 거침이 없다. 안희정 충남지사의 징역형, 조민기 교수의 자살, 이윤택 등 문화계 인사들의 연이은 성추행 의혹, 즉각 삭제되는 고은 시인의 시, 울

부짖는 피해자와 2,3차 가해 소식 등을 접하는 국민들의 마음은 참 무거웠었다. 전국이 전대미문의 문화적 충격에 휩싸였었다. 슬픔과 분노가 교차하는 가운데 온 국민은 저마다 정의의 심판자가 되었다. 대통령은 미투를 지지하고 여인들의 눈빛은 날카로워졌으며 대개의 남자들은 눈치를 살피게 되었다. 성과 사랑에 대한 인식의 혼란은 먼저 젊은이들에게 나타났다. 어떤 청년은 연인과 사랑을 나누면서 동의 여부를 기록하지 않고는 키스도 할 수가 없다고 호소하고, 어떤 여성은 자연스럽게 느끼던 남자친구의 스킨십을 자기도 모르게 경계하게 되었다며 혼란스러워했다. 교사들은 학생에게 성과 사랑, 문학과 예술에 대하여 무엇을 어떻게 가르쳐야 하고, 어디까지가 금기(Taboo)의 경계선인지 갈피를 잡지 못할 지경이 되었다.

우리는 왜 이렇게 무지하게 살았고 피해 받는 여성들의 고통과 가해자들의 폭력을 외면하거나 몰랐을까? 이제 와서 그 이유를 캐는 것은 허망한 노릇이지만 굳이 따지자면 이 지경이 된 배경이 무엇인지는 자명하다. 성폭력의 대책을 호소하는 피해자에게 패배감을 안겨 준 기득권층의 무사안일과 직무유기, 직권 남용의 탓이 크다. 직장 상사의 성폭력 은폐와 축소, 경찰과 검찰의 부실한 수사, 짬짜미 가족주의로 얼룩진 공기업 등의 채용비리 그로 인한 내부 고발의 봉쇄, 피해자 구제를 위해 적절한 법률 제정을 미루고 정쟁만 일삼은 국회의원들, 수업 시수도 안주고 여건도 만들어 주지 않다가 이제 와서 학교가 성교육을 제대로 하지 않은 탓이라고 책임을 전가하는 듯한 정부, 실상을 파악하고 미리 대처하기 보다는 관료주의에 빠져서 실기(失期)했다고 비난 받는 여가부 등 정부의 실책도 비판에서 자유롭지 못하다.

문명사적 전환의 계기로

미투운동이 시작되기도 전에 미투는 이미 사회적 의제(Social issue)
로서 그 지위를 상실했다. 왜 미투가 진지한 사회적 성찰과 공정한 의
제가 되지 못하고 처음부터 이렇게 선정적이고 거북한 문제로 떠올랐
을까? 지도자들에게는 엄격한 사생활의 의무를 요구하되 서민들은
비교적 자유롭게 사는 미국과 영국의 성문화도, 공직자와 유명인들에
게 사생활과 공생애를 구별해서 적용하는 유럽의 사례도, 우리는 배
우지 못했다. 미투 운동(Me Too movement)은 본래 2017년 10월 미국에
서 하비 와인스타인의 성폭력 및 성희롱 행위를 비난하기 위해 소셜
미디어에서 인기를 끌게 된 해시태그를 다는 행동에서 시작된 해시태
그 운동이었다.

조용한 민중운동이었다. 그에 반해 우리의 미투는 JTBC를 통해
번갯불처럼 등장했고 순식간에 아비규환을 이루며 입법, 사법, 행정
을 뛰어넘어 곧 광장의 재판으로 나아갔다. 가해 혐의가 있는 사람들
은 분노의 돌팔매질에 놀라서 사법적 절차 없이 곧바로 공개사과하
고 검찰에 출석하고 자살했다. 노벨상을 바라보던 늙은 시인의 시는
심의절차나 토론 한번 없이 교과서에서 즉각 삭제되었고, 아직 제거
되지 못한 예술품과 영화, 드라마 등은 언제 어떻게 지워야할지 논의
조차 못하고 있다. 지식인들이 서로들 눈치만 보면서 담론의 입을 다
물고 있는 가운데 정부는 분야별 신고상담센터를 운영한다는 계획을
세웠고, 기관과 공기업 등은 재빨리 움직이며 가해자 색출에 나섰다.
토론과 성찰은 증발하고 본질적인 제도개혁의 청사진은 아예 제시되

지 않았다. 동기(Motive)와 이데올로기는 다르지만 분명 방식은 우리에게 익숙하게 느껴진다. 금지곡, 금서 등 분서(焚書)의 방식이다. 미투의 가해 혐의가 있는 사람을 두둔하거나 그 사람들의 작품에 대해 옹호할 생각은 없다. 그러나 가해자들은 사법적 절차를 거쳐 심판해야 하고 작품은 정부와 시민들이 합의한 기구에서 여론을 살피며 어떻게 해야 할지 현명하게 결정해야 한다.

미투운동을 계기로 대한민국이 문명사적 전환을 이루지 못한다면 피해자는 끊임없이 절망해야 하고 오류는 반복될 것이며 사랑의 포기로 우리 민족은 멸절의 길로 내몰릴 것이다. 오죽하면 피해자들이 정부에 호소하지 못하고 방송사로 달려갔을까? 우리는 피해자와 그 가족들의 슬픔과 아픔을 보듬고 재발방지를 위해 최선을 다해야 한다. 이 지경이 되도록 방치하고 유기한 국회와 정부, 사법부의 책임도 엄중하게 물어야 한다. 미투는 이제 시작이지만 국민이 이 문제를 끌고가야 할 길은 참으로 멀다. 가슴이 아프다.

5.

구지가와

억압당하는

다수

교사에 의한 성추행 및 성희롱 피해 제보가 SNS에 쏟아지자, 2016년 12월 서울시교육청은 학생 성추행·성희롱 의혹이 불거진 강남의 S여중을 전면 감사했다. 전체 학생들을 상대로 모든 교사의 지난 수년간의 성희롱 및 성추행 사례를 고발 받는 설문조사를 실시했고, 적발된 수십 명의 관련 교사들이 경고나 주의를 받았으며, 현직 교사 5명을 직위해제했다. 이들 중 전직 교사 1명을 포함하여 8명의 교사를 경찰에 수사 의뢰했다. 경찰은 이들 중 3명을 검찰에 넘겼고, 담당 검사는 구속영장을 청구했다. 구속영장은 기각되었고, 이후 3년여에 걸친 긴 재판이 이루어졌다. 재판이 종료된 2019년 7월, 성추행 혐의로 재판을 받은 세 명 중 1인은 무죄, 1인은 유죄, 1인은 재판 중에 극단적인 죽음을 맞이했다.

유죄를 받은 해당교사와 변호인은 "성추행의 증거가 없고 증언에서도 혐의를 입증하지 못했는데 벌금형 유죄를 선고한 것은 재판부가 검찰의 주장만을 전면 수용한 것으로 판단이 오염되었으며 2심에서 반드시 무죄를 입증하겠다"고 항변했다. 2018년 인천에서는 고교 국어 과목에 등장하는 고대가요 '구지가(龜旨歌)'의 문학적 해석을 놓고 인천의 한 여고 교사가 성희롱 논란에 휩싸여 끝내 파면을 당했다. 구지가에 나오는 '거북아 거북아 머리를 내어라'란 대목에서 거북이 머리가 남성의 성기인 '남근(男根)'으로도 해석된다는 교사의 설명이 문제가 됐다. 학교는 인천시교육청의 지휘를 받아서 일사불란하게 움직였다.

수업 받은 전체 학생을 대상으로 해당교사의 성 비위 여부를 탈탈 털어 설문조사했고, 학교폭력대책자치위원회와 성고충심의위원회를 열어 수업배제와 징계요구를 결정하고 인천시교육청에 보고했다. 해당 교사는 지난 30년간 교단에서 같은 내용의 수업을 가르쳤지만 아무런 문제가 없었는데도 학교 측이 일부 학생과 학부모 얘기만 듣고 자신을 성희롱 교사로 낙인찍었다고 항의했다. 문제의 발단은 한 통의 전화였다. 학부모라고 자칭한 사람 1명이 학교에 해당교사의 수업 내용을 시비하는 전화를 했고, 학교는 교육청과 논의해 즉각 교사의 수업배제와 징계에 착수했다. 이 사건은 기이하다. 특정된 피해학생이 1명도 없고, 경찰조사도 이루어지지 않았다. 다만 당해학교 관계자들의 말에 의하면 재단이사장인 목사님의 엄벌 의지가 매우 강고

하다는 것이다. 이 과정에서 많은 교사와 교수들, 인권운동가들이 해당교사를 옹호했으나 교사는 파면되었고, 교원소청심사위원회에서 해임으로 감면되었을 뿐이다. 나는 이 과정에서 참으로 억울한 해당 교사와 학교측 관리자들을 만났다. 2017년 8월 성희롱 혐의를 받고 있던 전북 부안군의 한 교사는 경찰수사에서 무혐의를 받았으나 교육청 감사과는 인권센터 결정을 근거로 징계 절차를 진행했고, 이를 억울하게 여긴 해당교사는 그 부당성을 지적하면서 목숨을 끊었다.

광주시 도덕교사인 배이상헌은 '성과 윤리' 단원 수업 중에 학생들에게 단편 영화 한편을 감상하게 했다. 프랑스에서 만든 '억압당하는 다수(Oppressed Majority)'라는 유명한 작품이었다. 이 영화는 소요시간 11분짜리로 남자와 여자 간 전통적인 성역할을 뒤바꾼 일명 '미러링 기법'을 사용하였고 핵심내용은 성불평등 고발이었다. 영상엔 여성이 상의를 벗고 있는 장면과 성적인 대사, 남성 상대 성추행 장면 등이 포함돼 있다. 성 역할을 바꿔보는 성인지 감수성 수업자료로 활용되었다. 이와 같은 수업이 국민신문고에 '성적 수치심'으로 고발되는 민원이 교육청에 접수되었다. 광주시교육청은 이를 '교사의 성비위'로 보고, '학교 내 성희롱·성폭력 대응 매뉴얼'에 따른 수업 배제 조치를 취했다. 배이상헌은 '교권침해'라며 이를 수용하지 않고 수업을 계속했다. 이에 광주시교육청은 수업을 받았던 1, 2, 3학년 전체를 대상으로 먼지털이식 설문조사를 실시했다. 그 결과 배교사가 수업시간에 성적으로 부적절한 발언을 했다는 사례가 접수되었다고 주장했고, 이를 바탕으로 교육청은 수사를 의뢰, 배 교사를 직위해제했다.

이런 상황임에도 청소년 페미니스트 네트워크 위티(회원 및 지지자 200여 명)는 UN아동권리위원회에 고발자와 지지자들의 의견을 모아 스쿨미투와 관련, 제대로 된 권고안을 요청하는 추가 보고서를 제출하였다. 스쿨미투에 대한 정부당국의 조치가 매우 불만족스럽다는 뜻이다.

스쿨미투에서 학교는 스쿨미투의 온상이고 이를 일벌백계하는 교육청은 선으로 비쳐진다. 불특정 소수든 익명이든 신고가 접수되면 교육청이 나서서 감사에 착수하고, 설문조사를 통해 교사의 수년간 성희롱 실태를 조사한다. 보통 익명으로 실시되는 설문조사를 통해 교사의 혐의가 고발되면 수업배제, 직위해제, 경찰수사가 즉각 이루어진다. 결과에 따른 처벌이 아니라 고발에 따른 처벌이다. 서울 S여중 등의 경우 해당교사뿐 아니라 전체 교사에 대한 설문조사도 이루어져서 수십 명의 교사가 징계 대상으로 찍혔다. 이 모든 과정은 우리나라의 전문 직종에서 교사들에게만 적용되는 매뉴얼로 보인다. 한번 보자. 예컨대 SNS나 신문고를 통해 특정 검사나 판사가 성희롱 및 성추행 혐의 대상으로 민원이 제기되면 법무부나 대법원이 해당 검찰청과 법원의 모든 판검사를 대상으로 먼지털이식 전수조사를 실시할까? 직원들에게 판검사들이 지난 몇 년간 성희롱 및 성추행 발언이나 행위를 했는지 설문조사를 하고, 혐의가 나오면 당사자를 즉각 수사나 재판 업무에서 배제하고 직위해제와 수사의뢰할까? 교육부나 교육청에게도 이렇게 적용하는가? 그렇지 않다. 학생교육은 특별히 중요하니까 학교만 특별히 그렇게 한다고 말한다면, 할 말은 없다. 하지

만 지나치다. 스쿨미투의 정책과 사례에서 살펴 볼 수 있는 공통점이
몇 가지 있다.

첫째, 사건의 발단은 SNS나 국민신문고, 공중전화 신고 등 불특
정 소수를 포함한 고발로 촉발된다.

둘째, 교육부와 교육청이 정한 매뉴얼에 따라 학생을 대상으로
해당교사나 전체교사들의 수업에 대해 전수조사가 시작되고 성희롱
혐의가 제기되면, 즉각 수업배제와 직위해제가 이루어진다. 대개는 경
찰에 수사를 의뢰한다.

셋째, 가해 혐의가 있는 교사는 수사나 재판의 결과가 나오기 전
에 여론몰이의 먹이가 되는데 비해 어처구니 없게도 피해학생의 고통
이나 사례는 입증되는 경우가 드물다. 스쿨미투에 '스쿨'이 없다.

넷째, 교육부 스스로 위법과 초법으로 스쿨미투 정책을 시행하고
있다. 교육부 매뉴얼에 따르면 학생의 성추행 피해를 학교폭력대책자
치위원회에서 판정하도록 하고 있다. 이는 명백한 위법이다. 동법 2조
에는 그 대상을 가해학생과 피해학생으로 특정해 법 대상의 범위를
학생만으로 한정하고 있다.

'학생을 대상으로'란 문구는 학교급간, 지역 간 문제를 용이하게
해결하기 위한 방편일 뿐이다. 교사와 학생의 성희롱·성추행 여부를
성고충심의회에서 판정하는 것도 초법적 행위다. 이 규정은 직원간의
문제만 다루도록 설정된 것이다. 대통령과 교육부 장관은 이와 같은
모순을 해결하기 위해 무엇을 해야할지 '고민'해야 한다. 때마다 온
나라를 뒤흔드는 스쿨미투 문제의 '진짜 문제'는 교육부의 '아무것도

안하려는' 복지부동에 있다

다시 배이상헌을 생각한다

잊히지 말아야 할 것이 잊히는 것은 슬픈 일이다. '억압 당하는
다수'를 보여 주었다는 이유로 조사가 시작된 배이상헌 교사의 스쿨
미투 혐의는 언론을 달구고 논란을 불러일으켰다. 조국 가족의 수사
가 시작되면서 배이상헌의 이름은 점차 사람들의 뇌리에서 잊혀져 가
고 멀어져가는 듯하다. 그러나 광주의 현장은 아직 뜨겁다.

2019년 11월 13일 프랑스 중등교원노조(SNES-FSU)가 배이상헌 교
사의 혐의를 취소하라는 성명서를 냈고, 여러 시민단체가 지지성명과
연대를 가속화하고 있다. 미투 운동의 주역인 아하 청소년문화센터의
이명화 소장도 함께가는 성평등 사회를 위해 힘을 보태겠다며 연대를
표명했다. 전국도덕교사모임의 진영효 교사도 동참했고, 학생생활운
동의 현장에서 많은 업적을 남긴 조원배 선생도 합류했다. 배이상헌
과 나도 길게 통화했고 그를 변호하는 칼럼을 썼다. 배이상헌은 전교
조 초기부터 학생생활연구와 학생인권운동에 매진했던 전력을 갖고
있다. 참교육연구소장을 지낸 김경욱 선생과 함께 몇 되지 않는 소수
의 학생인권 활동가 교사들을 격려하고 수범하는 견인차였다. 전교조
조직 활동가들이 교육위원이나 교육감 선거에 뛰어들 때도 그는 고집
스럽게 학생생활운동에 전념하였다. 물론 이러한 참교육운동의 전력
이 스쿨미투 혐의를 벗기는데 중요한 요소는 절대로 아니다. 그러나

적어도 그는 성평등과 상담, 학생생활과 학생인권 분야의 최고 현장 전문가이다. 그런 전문가가 학생생활과 거의 무관한 비전문가집단인 행정 관료들에 의해 순식간에 기계적으로 성추행 혐의로 낙인이 찍힌 과정은 놀라운 일이며, 이 과정은 국내는 물론 국제적으로 의문의 시선을 갖게 했다.

과거 그의 가장 가까운 동료 중 한 사람이었던 장휘국 광주시교육감은 자신의 결정을 모두 하급 관료들에게 맡겼고, 관료들은 오류와 문제투성이로 가득 찬 교육부 매뉴얼을 빙자하여 순식간에 배이상헌을 나락으로 떨어뜨렸다. 삼국지에서 읍참마속을 단행한 제갈공명은 신뢰하던 자신의 조카를 부하들 손에 맡기지 않고 자신이 직접 조사해 유죄를 밝히고 참수를 명했다. 장교육감은 배이상헌을 가장 잘 아는 사람 중 한 명이다. 정말 그에게 죄가 있다고 생각한다면 누구보다 그를 잘 아는 장교육감이 직접 조사의 책임자가 되어 지휘하고 당사자로부터 해명도 듣고 최선을 다해 진실을 규명했어야 옳았다. 교육감은 신이 아니다. 자신을 선출한 학부모와 시민들의 교육적 목마름을 풀어주어야 할 책무가 있다고 생각한다면 전문가인 배이상헌을 비전문가인 관료들에게 전적으로 맡겨서는 안될 일이었다. 관료는 교육감을 돕는 행정직이지 결정을 내리는 책임자가 아니다. 모든 사건을 교육감이 다 직접 조사할 수는 없지만 이 사건은 직접 조사를 지휘해야 할 당위성이 너무 많았다. 그런 그가 아바타처럼 아랫 관료들의 '교육감 다루기 매뉴얼'대로 움직인 것은 의아스러운 일이었다.

나는 과분하게도 임기 2년의 국가인권위원회 사회권전문위원회 위원(2015.9~2019.9)을 두 번이나 연임했다. 법리와 정책을 자문하고 심의하는 사회권전문위원회의 하나뿐인 교육담당 위원을 역임하면서 여러 가지 일을 겪었지만 갈등을 느낀 두 가지 과제가 있었다. 전교조 합법화 안건과 스쿨미투 인터뷰 건이었다. 위원회에서 임기 시작의 처음부터 말미까지 전교조 합법화 의제를 유일하게 제안했고 문재인 정부가 들어선 시점에서는 인권정책국 관료들의 반응도 호의적이어서 전교조 합법화 안건이 힘을 받겠다고 생각했는데 의외로 다음 회기에서는 내가 제안한 안건이 슬그머니 사라져버렸다. 다시 언급을 했지만 유야무야되었고 그제야 더 높은 곳(?)의 의중이 실린 탓이 아닌가 하는 실망감이 엄습했다. 두 번째는 경찰 수사도 각하되고 사법적 절차도 없이 억울하게 파면된 구지가 수업의 스쿨미투 혐의를 받는 이아무개 교사의 사건에 대해 옹호하는 인터뷰가 일간지 기사에 실렸다고 인권위 아동청소년 관련과 과장에게 엄중한 지적을 받은 일이다. 인터뷰는 기자가 내 확인이나 허락도 없이 제3자가 제공한 학교내부 문건에서 발췌하여 기사를 게재한 것이라서 내가 책임질 일은 없었다. 해당 과장은 해명을 듣고는 "인권위 김대유 위원의 발언은 인권위 입장과 다르다는 반론 보도자료를 내겠다"고 통보했다. 인터뷰 내용이 옳은지 그른지는 한마디도 묻지도 따지지도 않았다. 이아무개 교사의 인권위 조사도 성실하게 이루어지지 않았다. 나는 과장에게 반문했다. "당신들은 해당 관료로서 교육정책 권고 등을 결정할 때 우리 위원들의 전문적 심의를 받은 적이 거의 없었다. 그럼 나도 그러한 당신들의 관료주의에 대해 언론에 정식으로 문제제기를 하겠다"고 입장을 밝혔다. 반론 보도자료는 나오지 않았고 그 일은 묻혔다. 국가인권위 활동을 통해 개인적으로 많은 보람을 느꼈지만 인권위의 관료들 역시 문재인 대통령의 국정방향에 대해 매우 자유롭지 못하다는 느낌을 갖게 되었다.

전교조 합법화를 회피하고 여성주의적 미투운동에 강력한 지지를 보냈던 대통령의 입장이 관료들의 손에 쥐어질 때 얼마나 어떻게 변질되는지를 겪으면서 나라와 백성의 진짜 주인이 관료들임을 실감했다. 윤석열 검찰총장의 먼지털이식 수사, 검찰과 법원의 짜맞추기식 스쿨미투 기소 및 판결의 과정을 지켜보면서 법관료들의 행정편리주의를 경험했다. 새삼 '다시 배이상헌을 생각한다'를 쓰는 이유가 있다. 그의 문제를 바라보는 관점과 해결의 과정은 우리나라 학생 성평등 교육에 중대한 시사점을 주기 때문이다. 국제적으로도 지대한 관심사다.

돌려서 말할 생각은 없다. 광주시민들에게 많은 신뢰를 얻고 있는 장휘국 교육감이 이 문제에 팔을 걷어붙이고 나서라. 비전문가인 하위 관료들에게 맡기지 말고 배이상헌의 유죄를 주장하는 단체도 만나고 무죄를 주장하는 전문가들과 지지자들도 만나시라. 당신은 교육감이기 전에 이미 교사였고, 학생을 뜨겁게 사랑하던 현장의 스승이었으며, 누구보다 배이상헌의 진정한 동료였다. 배이상헌을 만나시라. 만나서 그가 학생을 진정으로 사랑하지 않은 죄가 있다면 읍참마속을 하고 그렇지 않다면 만난을 무릅쓰고 그의 손을 들어주라. 그 과정의 투명성과 공정성이야말로 '시민 교육감의 자리'다.

그러나 장교육감은 배이상헌 문제에 대해 시종일관 강경한 태도를 보였고, 그들의 이야기는 언해피엔딩이다. 조희연 서울시 교육감이 내게 귀뜸해 준 말이다.

6.

서울집값

폭락의 날

　서울집값의 하락은 신기루인가? 절대로 그렇지 않다. 거대한 재앙은 언제나 예측하지 못하는 방향에서 불어닥친다. 폼페이 화산폭발로 고대의 화려한 도시는 하루아침에 잿더미가 되었고 부귀와 재화가 넘치던 트로이는 그리스 연합군의 침략으로 일순간 무너졌다. 서울집값도 이와 마찬가지다. 서울은 2가구 이상 다주택자와 60대 이상의 자가 비중이 해마다 늘고 있다. 주택 소유자 가운데 2가구 이상 비율은 2015년 13.2%, 2016년 13.7%, 2017년 14.0%로 매해 증가세다. 주택 소유자 연령대는 50대가 25.0%, 60대가 19.8% 70대가 11.7% 순이다. 약30%가 6,70대에 몰려있다. 50대까지 포함하면 고령자들의 주택소유는 55%에 이른다. 이들 고령자가 사망하거나 요양원에 입소

할 시기는 향후 5~10년이 소요될 전망이다.

고액의 연금을 지급해야 할 은행과 보증을 선 정부의 재정은 현재의 집값이 이대로 유지할 경우를 상정한 것이기 때문에 집값의 안정세가 정책의 최우선 과제가 되었다. 일본과 벌어지는 무역전쟁이나 금리인하 등 비중이 큰 경제정책은 서울집값 안정세 유지에 비하면 사소한 문제인 것이다. 주택연금 상한선을 공시지가 9억원으로 끌어올린 순간 국가의 존망이 서울집값 유지에 걸린 것이다. 국민투표를 해서 결정해도 모자랄 중대한 정책을 별다른 국민여론의 수렴없이 슬그머니 결정했다. 누가 무슨 이유로 어떻게 결정했는지 아무도 잘 모른다.

그런데 무엇이 문제일까? 답은 간단하다. 노령화가 문제다. 60대 중반으로 접어들면 의료비가 천문학적으로 증가한다. 병원 출입이 늘어나고 요양원도 가야한다. 다주택 소유자라면 주택연금에 가입하여 연금을 받으면 되지만 1주택 소유자는 유산을 손꼽아 기다리는 자식들의 눈치 때문에 하나밖에 없는 집을 은행에 맡기기도 어렵다. 세 집 가운데 한집은 가정불화가 일어난다. 연금을 못 받으니 병원치료나 요양원 이용도 여의치 않다. 방법은 하나다. 집을 팔아 자식에게 배분하고 남은 돈으로 위성도시나 시골로 가야한다. 50% 가까운 수치의 가구가 순식간에 혼란에 휩싸인다. 서울이 생겨나고 한번도 경험하지 못한 재앙이 순식간에 몰아닥칠 것이다. 이건 예측이 아니라 누구나 계산할 수 있는 인재(人災)다.

문재인 정부 이후 차기정부는 이러한 재앙을 막기 위해 노인들이 1인가구로 거주할 제3의 요양원 신도시를 개발하겠다고 발표하겠지만 이 또한 만시지탄(晩時之歎)이다. 서울 집값이 하락하면서 정부와 은행의 여건도 급속히 나빠지고 한국경제에 거대한 먹구름이 몰려온다. 주가는 떨어지고 노인들의 요양원 이동은 6.25 전쟁의 피난길처럼 요동칠 것이 불보듯 뻔하다. 대안은 별로 없다. 지금이라도 주택연금 공시지가 9억원 책정의 정책 담당자를 문책하고 다시금 시가(공시지가 아닌) 6억원 이하로 주택연금제도를 안정화시키는 것이다.

정부가 나서서 다가 올 초유의 국가적 재앙을 설명하고 국민을 설득해야 한다. 그런데 문재인 정부는 죽었다 깨어나도 절대로 그렇게 할 수 없을 것이다. 책임지는 청와대 참모나 나서는 장관이 없기 때문이다. 6억원 이상의 서울집값 폭락은 초읽기에 들어갔다. 믿거나 말거나.

7.

서울은

거대한

요양원

아름다운 서울은 로또 아파트의 서울이 되었고, 시멘트로 뒤 덥힌 서울에서 가난한 청년들은 어디에도 살 집이 없다. 부모가 부자인 청년들은 결혼하여 자기 집을 마련하는 비율이 상승했고, 돈 없는 젊은이들은 결혼할 길조차 막혔다. 2015년에 56.8%이던 자가비율이 2017년에 42.1%로 떨어졌고, 2020년 현재 그 이하로 내리막길을 달리고 있다. 서울집값은 오를 때 엘리베이터를 타고 내려갈 때는 소걸음보다 느리다. 그나마 서울집값이 떨어질까 싶으면 국토부와 서울시가 때마다 나서서 신도시 개발계획을 발표하여 브레이크를 잡았다. 국토교통부는 주택개발업자들의 국토부가 되었고, 국민에게 고통을 주는 '국민고통부'로 전락한지 오래다.

지난 20년 이래 강남을 중심으로 한 서울 집값은 대체로 폭등을 거듭했다. 초임 공무원을 기준으로 할 때 젊은이들이 결혼하여 정상적으로 아파트를 마련하려면 월급을 한 푼도 안쓰고 15년을 모아도 제집을 갖기는 불가능하다. 이제 서울집값은 떨어질 일 없는 불멸의 투자가치가 되었고, 청와대와 국세청을 비롯한 고위공무원들의 상당수가 서울, 그것도 강남에 부동산을 보유하고 있다는 사실은 서울집값의 가치를 나타내는 척도가 되었다. 집값을 조정해야 할 국토부는 서울집값을 떨어트리지 않기 위해 별짓을 다해왔고, 지금도 별짓은 여전하다.

멀리 볼 것도 없다. 저간에 발표한 서울주변 제2차 5개 신도시 개발사업만 해도 그렇다. 서울집값이 소폭의 하향세를 거쳐 하락의 조짐이 보이자마자 국토부는 재빠르게 신도시 개발 계획을 발표했고, 그에 힘입어 서울집값은 반등을 회복했다. 또한 주택연금 가입자격의 상한선을 6억원에서 9억원으로 올려 책정한 것 역시 서울집값의 폭등에 기여한 바가 크다. 주택연금은, 소유한 주택을 담보로 일정 기간 연금을 지급하는 금융상품이다. 만60세 이상의 고령자가 주택을 담보로 맡기면 평생 혹은 일정한 기간 동안 매월 연금을 받을 수 있다. 역모기지론(Reverse Mortgage Loan)에 해당하며 그중 국가가 보증하는 상품을 주택연금이라 한다. 65세 노인이 시가 5억원 상당의 주택을 맡기면 매월 125만원의 연금을 사망시까지 지급받을 수 있다.

집 소유자가 사망해도 배우자가 생존해 있다면 연금 지급은 계속된다. 연금액의 변화가 있겠지만, 시가 5억원 주택을 60세에 가입하면 연금 지급액이 103만 3천원, 70세에 가입하면 153만 2천원을 수

령할 수 있다.

　6억 원 이하만 혜택을 주던 이 상품을 2019년 3월부터 공시지가 9억 원까지 상한선을 끌어올리겠다는 방침이었지만 실제로 시행되기는 어렵다. 그동안 6억 원을 초과하는 주택 소유자는 가입이 불가능해서 서울 강남지역의 고가주택 소유 고령자들은 소득이 없어도 주택연금을 신청할 수 없었다. 향후 공시가격 9억 원으로 가입기준이 변경돼 시가 13억 원 이상의 주택 보유자도 주택연금의 혜택을 누릴 수 있게 되는 날이 오면 국가부도의 날은 앞 당겨질 것이다. 9억원짜리 집에 사는 70세 노인이 종신형을 선택하면 사망할 때까지 286만 원의 연금을 받고, 15년 정액형을 선택하면 362만원의 연금을 받을 수 있다. 30년 이상 공직에 복무한 공무원이 받는 연금보다 훨씬 많다. 그저 서울에 30평 아파트 하나만 갖고 있어도 죽을 때까지 국가가 보증하는 연금을 받을 수 있으니 행복한 일이다. 노령화로 인한 서울 강남 집값의 하락을 문재인 정부가 막아준 셈이다. 강남을 비롯한 서울 집값은 떨어질 일이 없다.

　그러나 진짜 그럴까? 그렇지 않다. 죽음은 공평하고 노화는 막을 수 없다. 60대 이상의 집주인이 차지한 50%의 주택은 하락의 길로 갈 수밖에 없다. 팔지도 팔지않을 수도 없는 노인들의 집은 해저문 황혼처럼 길을 잃었다.

8.

청라언덕에

청보리 필

때

세종시 조치원역에서 710번 버스를 타면 고복저수지를 지나 용암
리와 쌍류리를 거쳐 종점인 청라리에 이른다. 청라리는 세종시의 가
장 서쪽 끝 변방에 위치하고 있다. 변방이란 용어는 본래 국경이나 타
지방의 접점을 이루는 외진 곳을 가리킨다. 자동차와 노선버스가 드
물던 시절 청라리는 조치원역에서 가장 외지고 높고 먼 곳이었으며,
동시에 푸르고 아름다운 시골이었다. 이 땅을 넘어서면 공주의 강역
이 펼쳐진다. 청라리 위 터인 나발터와 아래 터인 양대에서 발원한 시
냇물은 비암사 방향에서 발원하여 쌍류초등학교를 거쳐 흘러온 시냇
물과 합쳐져 쌍류(雙流)가 된다. 이 양 끝의 시냇물 가운데 삼각주인
델타 모양의 동네가 쌍류리이며 이곳에 기름진 물 논이 펼쳐지고 초

등학교가 세워진 것은 당연지사다.

조치원의 시내 영역을 벗어난 동쪽의 고복리부터 서쪽의 언덕 끝 청라리까지 4개의 동내(리) 아이들은 모두 쌍류초등학교에 진학했다. 내 엄친이 쌍류초를 졸업했고 우리 4형제가 모두 동문이며 4개 동네의 동무들이 동창이다. 우리 모두는 두 개의 시냇물 사이에서 공부하고 뛰어놀았으며 어디든 산재해 있는 들판의 연못을 뒤지며 물고기를 잡았다. 새삼 동네 이름을 들먹이며 추억하는 것은 동네 이름도 운명을 타고난 것이 아닌가 싶어서이다. 청라(靑蘿)리는 이름 그대로 예나 지금이나 파란댕댕이 풀넝쿨처럼 겨우 명맥을 유지하고 있다. 6,70년대만 해도 벼농사와 보리농사가 주를 이루었고 그 마른 곡식을 먹인 소를 팔아 자식들을 도회지 학교에 유학 보냈다. 청라리의 윗터 나발터 사람들은 순하고 억세지 않았다. 반면 아래 터 양대(陽臺) 사람들은 직격탄으로 아침햇살부터 저녁놀까지 받아서 그런지 성질이 예민하고 드센 편이다. 해를 걸러 양대 뒷동산인 왕재의 소나무에 목을 매어 자살하는 남정네들이 나왔다. 화병을 삭히지 못한 탓이다.

쌍류리는 북쪽의 생촌에서 고복저수지의 상류에 위치한 솔터에 이르기까지 온통 물로 둘러싸여서 그런지 사람들 성질이 한군데로 모이지 않고 단합이 잘 안 되었다. 청라리에서 시작된 물이 쌍류리를 거쳐 용암리에 이르면 제법 깊고 넓은 시냇물이 되었다. 그 물을 막아서 고복저수지를 만들었다. 용암(龍岩)리는 용이 물속에 엎드려 있는 형국이며 동네 이름조차 저수지가 될 운명을 타고났다. 아마 어느 고대에 용암리는 본래 저수지나 큰 못이었을 것이다. 용암리 사는 동무들은 유난히 드셌다. 싸움도 잘하고 시끄럽고 씩씩했다. 지금도 씩씩

대며 금방이라도 주먹을 휘두를 것만 같은 태식이며 희영이는 어른이 되어서도 역시 동창회의 주역들이다.

고복리 아이들은 가장 먼 곳에서 학교를 다니면서도 제일 일찍 등교했다. 창수며 억수가 지각하는 것을 보지 못했다. 고복리 아이들은 유난히 남녀 동무들끼리 결속력이 강하고 다정했다. 고복(高福)리는 복이 높다는 뜻을 가졌지만 슬픈 동네이기도 하다. 4개 리 중에 남자들이 많이 죽은 편이어서 부인들이 슬픈 곳이라는 말이 있다. 아래 터 고복리는 수장이 되었고 위 터 고복리는 저수지가 되어 절반만 수장되었다. 온 동네가 수장되는 화는 면했지만 다급히 피난 가다 보니 복이 높은 언덕으로 몰려가서 겨우 숨을 붙이고 있는 모습이다. 안쓰럽다.

청라리에서 발원한 물이 쌍류리를 거쳐 용암리로 흘러 고복저수지를 이루고 그 물이 조천으로 내려가서 금강의 지류인 미호천과 합쳐지니, 청라리는 곧 세종시의 모천이며 젖줄이다. 4개 동네는 자신의 몸을 내주어 세종시민을 먹이고 있으니, 변방의 희생과 은덕이 크고 깊다. 고복저수지로 가로막혀 더욱 오지가 된 청라리와 쌍류리의 주민들, 온통 물에 잠겨서 실향의 아픔을 겪은 용암리와 고복리의 동무들에게 경의를 표한다.

9.

졸업의

온도

학기가 끝나고 연말을 지나며 아이들은 졸업을 준비한다. 누구에 겐들 졸업이 특별하지 않을까마는 격동의 현대사를 겪었던 50대에 게 졸업은 참 지난한 일이었다. 베이비 부머 세대를 관통했던 졸업식 의 풍경은 곧 한국의 교육사를 반영한다. 그들에게 시국을 따져보는 일은 역시나 허망한 일이지만, 세대적 정체성(Identity)을 가늠하기에 더 없이 흥미로운 대상임에는 틀림이 없다. 나 자신부터가 베이비 부 머다. 충남 연기가 고향인 나는 시골에서 초등학교를 졸업했다. 졸업 생이 모두 70명 밖에 안되는 작은 학교의 졸업식이었지만 있을 건 다 있었다. 눈물 쏙 빼놓는 송사와 답사, 1시간이 넘게 이어지는 교장선 생님과 내빈의 축사, 지역유지의 관작명이 날로 박힌 여러 종류의 시

상식, 빛나는 졸업장을 타신 언니께 꽃다발을 한아름 안겨주던 그 졸업식의 풍경은, 그러나 '빛나는' 총천연색 대신 낡은 '흑백사진' 속에 고스란히 담겨져 있다.

구구단을 외우던 저학년을 지나 마침내 국민교육헌장을 외우지 못하면 집에 보내지 않았던 나날들, 굳이 혼식을 장려하지 않아도 미국에서 수입한 밀가루가 남아돌아 공짜 급식빵을 나눠주던 시절이었다. 선배들처럼 배를 흔하게 곯는 일은 없었지만 빈곤이 떠나지 않던 시대이기도 하다. 겨울에 사용할 난로의 땔감을 위해 솔방울을 한 자루씩 따다가 내야 하는 방학 숙제가 공포스러웠다. 5학년이 되어서 조개탄 난로가 보급되었지만 조개탄이 늘 부족하여 솔방을 따오기는 졸업때까지 지속되었다. 어쩌다 불려 간 교장선생님 방에는 박정희 대통령의 흑백사진이 걸려있었고 우리는 태어날 때부터 대통령이 곧 박정희였고, 박정희가 곧 대통령이었으므로 대통령은 영원히 그 한 사람 박정희뿐이라고 믿었다. 교장은 훈화 때마다 박정희 대통령을 칭송했지만 사실 대통령은 먼 신화 속의 인물이었고 진짜 무서운 사람은 가끔 검은색 지프차를 타고 오시는 장학사님이었다. 그분이 오실 때면 대청소는 기본이었고 예쁜 여선생님들은 수업시간에도 불려나가 다과상 차리기에 여념이 없었다. 도덕 교과서 어느 쪽에도 대통령 선출과 민주주의 얘기는 없었고, 그것이 무엇인지조차 알 길이 없는 시대였다.

구구단과 조개탄 난로, 소다 냄새 짙은 급식빵, 박대통령의 사진과 국민교육헌장, 빛나는 졸업장을 탔던 초등학교 시절. 그 졸업식은 지금 빛바랜 흑백사진 한 장 속에 박혀있다. 동갑내기 계집애에게 논두렁길에서 연애편지를 건넨 죄로 담임에게 불려가 혼쭐이 나고 일주일간 변소 청소를 벌로 받아야 했던 추억이 그나마 가슴 한켠 아련하게 남아있다. 우리는 마지막 예비고사와 본고사를 치루고 대학에 입학했다. 선발제 고교시험도 마지막 세대이더니 대학입시도 그랬다. 1980년 전국의 4년제 대학 입학생 수는 6만 4천명이었다. 20만 학도를 외치던 시절이다. 지금의 50대가 인구비율에서는 최다치를 점유하지만 50대의 대졸학력은 16%를 밑돈다. 소수만이 대학을 진학하던 시기였다. 1980년 5월의 광주민주화 운동, 정확히 얘기하면 전두환의 광주학살, 미팅도 못해 본 5월의 찬란한 봄날에 탱크가 교문을 막아섰다. 결국 계엄령과 휴교로 2학기 개학 때까지 캠퍼스에 발을 딛지 못했다. 학교에 가지 못하는 날 동안 대학생들은 음악다방에서 죽치며 You Light Up My Life(Debby Boone)와 같은 팝송을 거듭 신청해서 들었고, 밤에는 막걸리로 지샜다.

늦은 밤이면 대학 담벼락에 오줌을 갈기며 시국을 탓했다. 비오는 날이면 만취해서 여학생의 하숙집에 찾아가 꽃다발을 주며 구애를 했다. 실연은 언제나 당연지사였다. 캠퍼스 생활은 데모와 염세주의로 가득찼고 그래도 약은 친구들은 슬며시 사라져서 고시(考試)준비를 했다. 그러거나 말거나 극장에서는 청바지 입은 심혜진이 최민수와 연애에 빠지고 남녀평등의 시대가 왔다. 당시의 인재들은 고시와 은행, 대기업으로 몰렸다. 그러니 나 같이 사범대를 졸업한 친구들의 취업률이 상당히 좋을 수밖에 없었다. 남자들은 굳이 임용고사를 안 봐도 거의 모두 사립학교에 교편을 잡는데 지장이 없었다. 좋은 시절이었다. 박정희 장군이 정해준 교육제도가 정권이 암만 빠뀌어도 큰 변화없이 이어진 것도 편한 교편생활을 유지하기에 유리한 조건이었다. 그냥 교과서 갖고 달달 외우며 주입식으로 가르치면 되었다. 은행 간 친구들은 40대 후반에 퇴직하면서 5억원이 넘는 퇴직금과 자사의 주식을 한 아름 선물로 받았다.

'끼인 세대'라고 불평하고 자학도 하지만 솔직히 얘기해서 50대가 지금의 청년세대보다 더 불행한지는 잘 모르겠다. 대학을 졸업해도 취직이 안되고 밤새워 공부해도 원하는 대학에 가기 어려운 청년들, 밥 굶는 걱정이 없다고 해서 그들의 삶이 행복하다고 할 수 있을까? 지금의 청소년과 젊은이들이 겪는 시대적 불안감과 정신적 고통은 50대보다 더하면 더했지 결코 덜하지 않아 보인다. 50대는 시대적 정체성의 혼란을 겪었다. 동시대를 사는 동류로서 그들에게 동정(同情)한다. 그러나 무엇이 그리 불안했는지 약속한 듯 우루루 몰려가 부동산 투기를 하고 다주택 소유자가 되었다. 젊은이들의 앞길을 막았다. 무대책의 저출산과 노령화, 대한민국의 소멸에 베이비 부머 세대의 책임이 크다 아니할 수 없다. 젊은이들의 소외감은 50대의 퇴장을 간절히 바라는 감정의 골을 만들었다. 사지선다형 문제와 선발고사, 예비고사와 본고사의 세대, 젊음을 온통 독재정권에 반납해야 했던 불운함, 주입식 교육의 대표적 희생양이었던 그 가여운 50대에게 나는 지금 돌을 던지고 있다. 난감한 일이다.

한편 균형과 혁신의 정치를 만들어냈던 50대의 정신세계가 어떻게 그렇게 한순간에 붕괴될 수 있었는지도 의문이다. 그렇게 단단했던 민주화의 세대, 대통령 직선제를 쟁취하고 헌정 사상 처음으로 야당 대통령과 탈권위적인 노무현을 대통령으로 뽑았던 냉철한 세대,

115

II.

길을

따라서

후배들에게 정치혁신의 주역으로 존경받았던 세대, 이제 그들이 젊은이들의 증오심을 한 몸에 받으며 '이상한 세대'로 찍혀 노후에 '세대 전쟁'의 표적이 되었으니 안타깝기만 하다. 어서 빨리 세월이 가서 이 지난하고 해괴한 50대를 졸업하고 싶다.

행복한
삶의
온도

10.

낭랑 18세

선거에

퐁당 빠지다

2019년 12월 국회에서 통과된 선거법 개정으로 선거연령이 18세로 낮아졌다. 이로써 많이 늦었지만 18세 선거권을 가진 OECD 국가가 되었다. 이 부분에서 선진국의 대열로 들어선 것이다. 그러나 18세 선거권을 반대해 온 자한당을 비롯한 보수진영의 비난이 쏟아졌고 교실이 선거판이 될 것이라는 교총 등의 목소리가 높아졌다. 18세 선거권을 바라보는 시선이 곱지만은 않다. 그러나 그럴수록 이에 대한 팩트 체크와 넓은 시야의 확보가 필요하다.

첫째, 18세 선거권보다 중요한 것은 무엇인가? 이보다 중요한 것은 우리의 새싹들인 청소년이다. 18세 선거권에 대한 찬반을 떠나 민주적 의회의 표결절차를 통해 결정된 선거권 연하 자체를 비난하는 것은 청소년들에 대한 불신을 초래한다. 자녀를 불신하는 부모가 자녀에게 어떤 존재로 비칠지를 생각해보면 된다.

둘째, 청소년을 믿어야 한다. 어른들이 먼저 올바른 선거참여 가이드를 제공하고 그들의 판단을 신뢰하는 모습을 보여주어야 한다. 이 문제는 선거관리위원회가 빠른 시간 내에 지침을 마련하고 가이드북을 내면 될 일이다. 18세 청소년의 한표도 이제 어른들의 한표와 평등하다는 인식을 가져야 한다. 달라진 지형을 받아들여야 한다는 뜻이다.

셋째, 18세 선거권을 가진 그들은 이미 여러 가지 면에서 우리 어른과 동등한 권리를 확보한 존재이다. 18세는 민법상 결혼이 가능하고, 군대에 갈 수 있으며(군인 아저씨다), 공무원 시험에 응시할 수 있다. 18세부터 청소년 관람 불가 영화를 볼 수도 있다. 일본조차도 2015년에 선거 연령을 18세로 낮추었다. 유럽 등은 벌써 선거연령을 16세로 낮추려는 움직임이 활발하다.

넷째, 18세 선거권 때문에 교실이 정치판이 되고 학생들이 전교조에 이용당하고 입시공부를 소홀히 할 것이라는 보수 측의 의견은 전교조나 언론에게 물어볼 일이 아니고, 18세 학생들에게 질문해야 할 일이다. 서로들 싸우지 말고 아이들에게 물어보라. 그 외에는 모두 잡소리다.

사실 18세 선거권 확보 운동의 요람은 세간에 알려진 것과 달리 진보정당이나 전교조가 아니라 청소년들 자체였다. 전교조 등 진보적 단체나 정당의 지원도 있었지만 청소년들은 2004년부터 YMCA청소년전국연맹 청소년위원회, 청소년의회 등을 중심으로 18세 선거권을 주장하고 정책과 사회적 의제로 편입시키기 위해 노력했다. 특히 2011년 진보교육감들의 등장 시기에 교육감 후보에 대한 평가와 정책 요구를 지역별로 활발하게 제안하고 전개하였으며, 여야 국회의원과 정당, 진보 및 보수 시민단체를 가리지 않고 찾아가서 의론을 개진하였다. 청소년들의 피눈물 나는 이러한 노력이 오늘날 18세 선거권을 국회에서 통과시킨 씨앗이고 나무였다.

올해 총선이 있고, 2년 후에는 대선이 있다. 18세 선거권으로 인해 "교실이 선거판이 될 것이다," "수험생들의 공부 혼란이 가중될 것이다"는 반대논리는 "그렇지 않을 것이다"는 찬성논리와 함께 부질없고 허망한 일이다. 이는 마치 통행금지 해제를 앞두고 "통금이 해제되면 도둑이 판치고 국가안보가 위태롭다"는 논리나, 주5일제수업의 도입을 앞두고 "주5일제수업이 되면 사교육이 폭증할 것이다," "주5일제수업이 되면 저소득층 아이들에 대한 급식이 중단되어 혼란을 가져올 것이다(일부 학부모단체의 주장이었지만 이 당시 토요일 급식은 원래 없었다)"는 주장이 난무했다. 모두 말잔치였다. 국민들에게 "통금이 해제되거나" 학생들에게 "주5일제수업이 되면 어쩔것이냐"를 묻는 단체나 언론은 없었다.

그러니 18세 선거권을 걱정하는 단체들이나 정당, 언론들은 자기들끼리 서로 물어보고 답하는 해프닝을 멈추고, 당사자인 18세에게 정교하게 물어보는 신선함을 보여주었으면 좋겠다. 선거에 퐁당 빠질 낭랑 18세를 기대한다. 그들의 선택권 그 자체에 박수를 보낸다.

행복한

삶의

온도

Ⅲ.

몸의

기술

1.

치루는

강물처럼

영월의 백미 동강이 얼마나 아름다운지는 두말할 필요가 없다. 강원도 영월군 영월읍 상옥리 섭새 강변길을 따라 두 어 시간 가면 동강 폭 65Km에서 가장 아름다운 곳 어라연(魚羅淵)을 만난다. 물고기가 그물처럼 많은 연못이란 뜻의 어라연 일대는 급류가 U자로 꺾이면서 잦아들고, 그 품새로 기암괴석과 소나무 숲이 잦아든다. 그 아름다운 어라연이 동감댐 추진으로 수몰의 위기를 겪다가 김대중 대통령 때 국민과 시민단체의 반대로 겨우 수몰을 면했다.

어라연을 지나 물살을 타고 내려가면 옛날 떼꾼들의 애환이 담긴 '전산옥 주막 터'와 맞닥트리고, 물살이 거친 황새여울을 지나고 나면 매끈한 절벽과 신령스런 바위들을 마주 대하게 된다. 이곳이 예전 동강댐 예정지였다. 만약 댐이 만들어졌다면 높이 98미터, 저수용량 7억 톤의 거대한 댐은 영월과 평창 일부와 정선을 수몰시키는 엄청난 규모였다. 영월 동강댐이 백지화된 이유는 비단 수려한 자연환경 때문만은 아니었다. 댐의 거대한 물줄기를 감당하기 어려운 지반의 특성이 변수였다. 바로 동굴 때문이다. 영월에서 제천에 이르는 물길과 산길에는 석회석 동굴이 산재해있고, 갇힌 물이 동굴로 스며들면 지반 침하는 물론이고 어디로 물이 새는지 알 길이 없다. 강물 바닥에 퍼진 동굴을 따라 생성된 지하의 또 다른 거대한 동굴호수를 만나는 일은 댐이 감당할 수 있는 일이 아니다.

그렇다. 동굴 얘기다. 동강댐에 비유할 수는 없지만 우리 몸에는 수없이 많은 동굴이 퍼져있다. 몸은 몸(BODY)가 아니고 몸(MOM)이라고 도올 김용옥은 강변했다. 그는 사람의 몸이 등심과 안심, 삼겹살과 팔다리 살로 단순 분류되는 것을 못견뎌했다. 몸의 수모를 참아내지 못한 김용옥은 50세가 넘어 한의학과에 입학하여 한의사가 되었다. 양의학에서 몸은 BODY이고 한의학에서 몸은 MOM인 것이다. 동서의학의 갈등과 엇갈린 시선은 몸의 동굴에 이르면 마침내 폭발하고야 만다. 양의는 동굴에 병이 들면 동굴 자체를 들어내거나 틀어막는 것을 치료로 여기고, 한의학에서는 죽어버린 동굴 전체의 기능을 천천히 회복시키는 것을 치유의 길로 여긴다.

몸에는 숱한 동굴이 있다. 간의 동굴에 물이 차면 간염이 되고, 이빨의 동굴인 치강(齒腔)에 상처가 나면 끔찍한 치통이 발생하며, 무릎 슬관절의 굽어진 여울에 물이 차면 슬관절 낭종이 되고, 항문샘이 상하면 치루가 된다. 지방샘으로 가득한 피하지방의 동굴이 막히면 양성종양이 생긴다. 다리가 골절되면 가장 먼저 발목에서 발바닥으로 퍼져있는 정맥의 동굴이 죽은 피로 가득 차오른다. 우리나라 중년남자들이 많이 겪는 병에 치질과 치루가 있다. 스트레스가 높고 소주를 폭음하며 과민성 대장증후군을 앓는 사람이 주로 걸리는 치루(痔漏)는 항문샘으로 변이 침투하여 염증이 생기는 것인데 항문학회에서는 치루가 재발하지 않으려면 오직 수술밖에는 다른 치료방법이 없다고 단정하기도 한다.

항문샘이 부어오르고 출혈이 생기면 의사들은 거의 대부분 그 상처가 아무리 경미해도 고등어 배따서 내장을 훑어 들어내듯이 항문샘을 걷어낸다. 치료란 오직 수술로 항문샘을 없애는 것일 뿐이다. 항문샘이 사라지면 당연히 윤활유가 나오지 않아 항문기능이 저하되고, 그나마 양쪽에 하나씩 갖고 있던 항문 중 나머지 하나가 또 치루에 걸려서 발라내면 그 때부터의 남은 삶은 비루해진다. 초기단계의 치루면 수술없이도 출혈을 멎게하고 항생제를 투입하면 가라앉지만 그렇게 치료해주는 의사는 드물다. 증상이 좀 심해도 술을 절제하고 상처를 가라앉게 한 후 헬스용 자전거를 몇 개월 꾸준히 타면 항문 근육이 튼튼해져서 치루를 극복할 수 있다.

중년의 삶에서 항문 건강은 삶의 질을 좌우한다. 폭음과 과로로 치루에 걸리지 않도록 조심해야 한다. 만약 걸리게 되면 초기에 수술을 선택하기보다는 헬스용 자전거 타기와 운동으로 치료에 접근해보는 것도 좋을 것이다. 적어도 무조건 의사의 수술칼에 의존하기 전에 평생 자신에게 헌신한 항문에게 물어보고 자력갱생의 기회를 주는 것이 어떨까? 항문샘은 항문 양 볼에 실뿌리처럼 퍼져있고 동강의 동굴

지하수처럼 번져있어서 항문샘을 들어낸다고 해서 재발하지 않고 완치되는 것은 아니다. 얼마든지 재발할 수 있다. 그러므로 수술보다는 항문샘 보존치료를 권하고 싶다.

2.

치강(齒腔)을
잃다

얼마전 난 치강(齒腔)을 잃었다. 지인의 소개로 찾은 최치과 최원장이 점심식사에 걸친 반주(飯酒) 탓인지 내 오른쪽 윗어금니의 치강을 덧 건드려 터지게 했다. 그 즉시 병원을 옮겨야 했는데 우유부단한 나는 이빨을 그만 그놈에게 인질로 붙잡히도록 방치했다. 약간의 충치가 있어서 때우기만 하면 될 윗어금니를 금으로 씌우게 되었다. 그 과정에서 나는 신경치료가 그냥 신경치료가 아니라 이빨 안의 신경 전체를 말살하는 것이라는 것을 그 때 처음 알았다. 신경을 긁어내며 그 놈은 감탄했다. "선생님, 이빨신경(齒腔, 腔 : 빈 고기, 강)이 복숭아 빛으로 이십대 젊은이 같습니다". "저는요. 신경을 다른 의사들처럼 남기지 않고 잇몸 속까지 뿌리 채 긁어냅니다. 절대 통증의 재발이 없습니다." 그렇게 칭송하던 그놈이 갑자기 만면에 웃음을 지으며 자기가 미안하니 그 대신 오른쪽 윗니 끝에 있는 사랑니를 공짜로 뽑아주겠다고 제안했다. 속으로 의구심이 일었지만 서울대 치의대를 졸업한 자신의 실력을 믿어달라는 간절함에 속아서 눈 딱 감고 허락했다. 그래 서비스라잖아. 미끈한 무다리처럼 잘빠진, 멀쩡한 사랑니가 금새 빠져 나왔다. 나중에 안 일이지만 의사들은 "사랑니를 뽑아야 된다". "아니다. 뽑지 말아야 한다"는 두 개의 주장으로 갈려져있고, 최근에는 통증이 없는 사랑니는 보존해야 한다가 압도적으로 우세한다고 한다.

며칠 새 두 대의 생이빨을 잃은 나는 정신이 없었고, 그 건강했던 사랑니는 불균형을 이룬 내 볼을 균형 있게 보완하는 등 큰 역할을 했던 것이라는 다른 의사의 설명을 듣고 절망했다. 누구를 탓하랴! 약 2개월을 심하게 우울증을 앓았다. 진정으로 이빨에게 미안했다. 사랑니에게 사과하고 냉동실에 보관하면서 일주일에 한번은 꺼내어 바라보고 용서를 구했다. 그 의식도 오래가지 못했다. 별꼴 다 본다며 아내가 사랑니를 내다가 버렸다. 그 때 결심했다. 지금부터 내 몸은 내 마음대로 할 수 있는 것이 아니다. 몸이 납득하고 동의하고 찬성해야만 치료하는 것이다. 나는 내 몸과 맹약(盟約)했다.

대개 치아를 금으로 씌울 때 의사마다 방법이 다르다. 잇몸 안의 치강 속에 든 신경을 침으로 깊숙이 찔러넣어 모두 긁어내는 의사가 있다. 치료 이후 통증 자체를 원천 차단하기 위해서다. 반면 잇몸 속 치강 안의 신경은 그대로 두어 치료 후나 심신이 피곤할 때 약간의 통증을 느끼며 잇몸이 부어오르는 것을 감지할 수 있도록 여지를 두는 방법도 있다. 내 경우 두 개의 씌운 이가 이 두 가지 방법을 각기 적용한 사례다. 잇몸 속 치강의 신경을 긁어 낸 윗어금니는 잇몸이 부어올라도 전혀 기미를 느낄 수 없다. 그러다가 갑자기 잇몸이 퉁퉁 부어오른다. 아마 잇몸 속에서 치강이 다 썩어 문드러져도 모를 것이다. 여의사가 치료한 아래 어금니는 잇몸 속 치강의 신경을 살려두었다. 많이 피곤하면 약간의 잇몸 통증을 느끼지만 쉬라는 신호로 받아들여 휴식을 취하면 금방 괜찮아진다. 무엇보다 치강이 살아 있어서 시간이 갈수록 튼튼해진다.

중년이 되면 이빨이 하나씩 망가지기 시작한다. 잘 보존되어도 이빨 자체가 닳는다. 생니가 좋은 것은 치강이 있기 때문이다. 딱딱한 이빨 안의 신경은 우리 몸 중에서 가장 예민한 부분이다. 끓는 용암처럼 부드럽고 따뜻하고 탄력이 있어서 이빨에 가해지는 충격을 흡수한다. 금이빨이나 임플란트와 비교할 바가 아니다. 멋진 창조물이다. 치과에 이빨 건강을 전적으로 맡길 수는 없지만 정기검진을 통해 부서진 곳을 메꾸고 스케일링을 해주는 것은 좋은 일이다.

조금 아프다고 치과로 달려가지 말라. 휴식과 운동을 하면 치강의 통증도 가라앉는다. 스트레칭을 하고 달리기를 하면 근육이 튼튼해지고 잇몸도 함께 여문다. 부득이 치과에 갈 경우 생니를 보존하자는 자기 뜻을 전달하고 가능한 한 그에 부응하는 의사에게 치강을 맡겨야 한다. 잘 모셔라. 치강님을.

3.

골절유감

가장 고통스런 순간에 떠올리는 말이 있다. "뼛골이 빠진다. 뼈를 깎는 심정으로" 등이다. 뼈가 부러진다는 것이 얼마나 아픈가를 나타내는 말이기도 하다. 골절 중에 흔한 것이 다리 골절이다. 역사 속의 이순신 장군은 무과시험을 칠 때 낙마하여 다리골절을 당한다. 단순 골절이었는지 침착하게 버드나무 가지를 꺾어서 기부스를 하고 계속 시험에 임하여 급제를 한다. 이순신이 이후 다리를 절었다는 기록이 없는 것을 보면 뼈를 맞추고 완쾌가 되어 정상보행을 한 것으로 추정할 수 있다. 동네에 병원과 의사 하나 없던 내 어린시절에 다리나 팔을 골절당한 사람들이 꼭 찾는 사람이 있었다. 유도를 하거나 무술을 하는 고수다. 팔다리를 잡아채어 부러진 곳을 맞추고 나무껍질을 벗겨서 광목천으로 감으면 치료가 끝난다. 운 좋게 고수를 만나면 절름 발이를 면할 수 있고, 못 만나면 평생 다리를 절어야 한다.

나는 몇 해 전 음력 설 전날 밤에 다리가 부러졌었다. 복숭아 뼈 뒤의 발목을 지탱하는 하퇴의 외측 비골이 부러졌다. 일산의 국립암 센터 이과장과 진탕 술을 먹고 헤어진 길에 대리 기사를 불렀고, 주 차장 인도에서 눈얼음에 눌러 붙은 대게 껍질을 밟고 지끈 미끄러지 면서 낙상했다. 날카로운 통증보다 먼저 터져 나온 찍! 소리가 골절을 의심케 했다. 전화를 받은 이과장은 암센터 응급실로 오라고 했지만 신세를 지기가 미안하여 잠시 고민하다가 그냥 전화를 끊었다. 대리 기사는 다리를 부여잡고 신음하는 나를 뒷좌석에 처박아 놓고 외곽 순환도로를 질주하여 평촌의 한 대학병원 응급실에 부려놓았다.

앳된 인턴들이 여러 장의 엑스레이 영상사진을 판독하더니 '골절 인 것 같다'고 진단했다. 전문의는 설 연휴에 출근하지 않기 때문에 3 일후에 오든지 입원하든지 맘대로 하란다. 집에 가라는 얘기로 들렸 다. 일단 귀가하여 이튿날 설날 아침부터 뼈 병원 투어가 시작되었다. 꽤 유명한 정형외과 병원 3곳을 돌았다. 2명의 과장과 1명의 병원장 이 수술을 전제로 한 입원을 권유하였다. 비(非)의학용어로 단순골절 인지 분쇄골절인지를 묻는 병자(病者)의 질문에 그들은 아무 답도 해 주지 않았다. 1명의 마음 약한 과장님이 사진을 들여다보고 감탄을 했다. "어떻게 이렇게 골절될 수 있지?" 난 그 말끝을 재빨리 채트렸 다. "골절선이 어떤 상태인가요?". 순간 의사는 침묵했고 더 이상 말을 잇지 않았다. 직감적으로 골절 상태가 경미하다는 것을 느낄 수 있었 다. 입원 권유를 뿌리쳤다.

난 여전히 기부스도 못한 채 임시방편으로 붕대를 감은 다리를 끌고 처음 응급실을 찾았던 대학병원의 정형외과 과장을 만났다. 역시 서둘러 수술을 해야 한다며 입원을 강권했다. 골절선의 유무와 골절의 종류를 묻는 내게 그는 신경질을 냈다. 복숭아 뼈를 열고 안쪽으로 들어가 골절된 부위를 찾아야 한다고 꾸짖었다. 말하자면 금속판 및 나사 고정, 골수강 내 금속정 등이 사용되는 수술을 권하는 것이다. 분쇄 복합 골절이란 뜻인가? 낙담스러웠다. 그러나 그것도 잠시 '의료사고로 잃어버린 내 치강과 사랑니'를 생각했고 곧 냉정해졌다. 고맙지만 다른 병원으로 갈 테니 진료확인서를 써 달라고 했다. 대학병원이지만 2차진료기관을 겸하던 그 병원의 과장은 절대로 써주지 않을 기세였고, 그런 그를 달래고 얼러서 진료추천서를 받아냈다. 그는 추천서에 "이 환자는 반드시 수술을 요함"이라고 적었다.

더 큰 병원에 가기 전 잠깐 떠오른 얼굴이 있었다. 이수역 근처의 고석주 정형외과 의원 원장님이었다. 칠순을 넘긴 나이지만 침착하고 꾸밈없는 그에게 한번 들러보자고 마음 먹었다. 그는 슬관절 낭종으로 고생하던 나에게 수술보다는 그냥 그 물 덩어리를 달고, 달래면서 살라고 하며 가끔씩 주사기로 물을 빼주던 분이었다. 정형외과 전문의 고석주는 4만원짜리 진료비가 나오는 초음파를 통해 내 골절 상태를 진단했다. 뼈가 부러져서 어긋난 흔적은 없고 단순하게 사선으로 부러지면서 붙어있는 상태이니 반(半)기부스를 하고 3,4주 정도 통원치료를 받으면 될 것 같다고 했다. 수술하지 않아도 되는 것이다. 난 마침내 안도했다. 설연휴를 전후하여 일어났던 불운의 병원투어가 막을 내리는 순간이었다.

사실 내 가족들은 분노했다. 나에게 말이다. "의사가 환자를 선택하는 것이지 어떻게 환자가 의사를 선택하느냐," "자기가 뭘 안다고 수술을 거부하고 수술 안하는 의사를 찾느냐". 그랬다. 가족에게는 미안하지만 난 정말 간절히 수술하지 않을 의사를 찾고 있었다. 몸이 그것을 원하고 있었고, 난 내 몸에게 최선의 기회를 주고 싶었다. 대한민국 의료진을 무조건 불신하는 것은 절대로 아니다. 다만 나는 내 몸에 대하여 최소한의 예의를 지키고 싶었을 뿐이다. 내 몸이 정말로 수술을 원했다면 거부할 이유가 없다.

기가 막힌 의료현실이 있다. 60대 이상의 노련한 정형외과 의사를 제외하면 지금 젊은 의사들은 뼈를 맞출 줄을 모른다. 옛날 유도관의 사범들이 골절된 팔다리를 잡아당겨서 맞췄던 기술이 없다. 의과대학에서 배울 때 CT나 MRI로 식별하여 살을 절개하고 뼈를 맞추는 수술만 배웠다. 골절환자들이 모두 절개수술을 받는 이유가 여기에 있다. 물론 수술을 해야만 돈을 많이 벌 수 있는 의료수가도 영향을 끼쳤을 것이다. 대한민국 사람들은 골절되면 모두 수술을 받아야 한다. 상업의료의 민낯이다. 그러니, 부러지지 말아라.

4.

베이커 낭종

&

오십견

무릎 뒤 안쪽 관절이 심상치 않았다. 어느 날부터 손으로 물혹이 만져지면서 스멀스멀 공포가 밀려왔다. 혹시 이것이 말로만 듣던 슬관절낭종? 통증이 심하지는 않았지만 무릎을 꿇고 앉으면 무릎 뒤쪽 접혀지는 관절 부위에 낮으면서도 묵직한 아픔이 느껴진다. 의사가 주사기로 몇 번을 뽑아냈지만 일주일이면 도로 물이 차올랐다. 일단 사기가 푹 꺾였다. 치강을 잃고 다리 골절에 치루까지 경험하면서 근근이 지나온 오십대가 아니었던가? 그런데 이젠 무릎마저 속을 썩이는가. 낙담한 나는 단골 정형외과 원장님 앞에 죄인처럼 앉았다.

"치료방법은 수술밖에 없어요. 전신마취를 한 후 무릎을 열고 들어가서 찢어진 인대를 꿰매는 것이에요. 하실래요? 재발? 물론 재발

가능성도 있지요."

간단히 설명하자면 베이커 낭종이라고 부르는 슬관절낭종은 무릎의 뒤쪽 오금 부분에 관절액이 관절로부터 새어 나와 고여 있는 물혹이다. 어린시절에도 발생하지만 대부분 성인에게 오는 병이다. 낭종이 생길 때까지 특별한 증상이 없지만 혹이 커지면 아픔을 느끼고 무릎을 구부릴 때마다 불편하다. 나 같은 경우는 새벽 등산 중에 넘어지면서 무릎이 깨진 적이 있는데 그 때 끊어진 무릎 뒤 안쪽 인대의 상태가 악화된 경우다. 헬스클럽에 가서 체지방을 재면 베이커 낭종이 있는 왼쪽 다리는 체지방이 제로로 나올 때도 있다. 그냥 미이라 다리인 것이다. 그런데 이게 심해지면 곱게 베이커낭종으로 남아 있는 것이 아니라 관절내 병변으로 발전하여 반월상 연골 파열, 관절염 등 합병증을 유발할 수 있게 되어 어찌하든 손을 봐야만 한다. 골치 아픈 일이다. 원장님께 다시 물었다.

"그럼 어찌해요? 수술 안받고는 안되나요?"

"그래? 그럼 그냥 달고 살아요. 수술받아도 어차피 재발율이 높아서, 잘 달래가며 사는 것이 나을 수도 있어요"

나는 다시 산에 갔다. 병을 얻은 산, 넘어졌던 바위 앞에서 나는 다리에게 말을 걸었다. 진지하고 비장하게 말했다.

"너에게 앞으로 십년의 기회를 줄게. 다리를 펴고 당기는 '다리 푸시업'(자칭)을 백번씩 3번, 300번을 매일 빠지지 않고 해줄거다. 10년 안에 낫지 않으면 전신마취하고 널 수술할거야. 알았지?"

다리는 내 협박에 말이 없었지만 그러지 말라는 말도 없었다. 그래서 다리 쿠샵을 매일 시작했다. 3년이 흘렀다. 놀라운 일이 벌어졌다. 밤톨만 한 비교적 큰 편에 속했던 베이커낭종이 완전히 사라졌다가 다시 생기고 또 다시 사라졌다가 작게 나타나는 현상이 반복되었다. 지금은 완쾌 수준은 아니지만 엷고 넓게 만져지면서 현저히 호전되었다. 몸이 많이 피곤하고 과로하면 증상이 약하게 나타나지만 평소에는 혹이 만져지지 않는다. 십년을 기약했지만 삼년만에 치유에 성공했다고 자부할 수 있다. 나는 가끔 연골을 쓰다듬어주면서 칭찬을 해준다.

"네 덕분이다, 나는 겨우 스트레칭을 해주었을 뿐이지만 네 스스로 치유해준 공이 크다. 고맙고 예쁘다."

좋은 일은 문밖을 나서지 않지만 나쁜 일은 천리를 간다는 속담처럼 그 무렵 함께 온 질병이 오십견이다. 오십견은 넓은 의미에서 어깨의 통증과 어깨관절의 운동범위 제한을 특징으로 하는 질환이다. 대체로 50대부터 흔히 발생해서 오십견이라 부르고 종류도 여러 가지여서 개인마다 증상이 다르다. 어깨관절이 얼어붙었다는 뜻으로 동결견(frozen shoulder)이라고도 한다. 어깨관절의 운동성이 소실되기 때문에 옷 입기, 머리 감기, 물건 들기 등의 일상생활에 많은 어려움이 유발되며 통증으로 인해 잠을 못 자는 경우도 흔하게 발생한다. 다음 백과사전에 따르면 오십견은 특별한 원인 없이 발생하는 특발성 오십견과 외상이나 골관절염, 류마티스 관절염, 당뇨병, 뇌졸중 등 다른 질환에 병발되어 발생하는 이차성 오십견으로 구분된다. 대부분은 원인을 알 수 없는 특발성 오십견이라고 할 수 있다. 어쨌든 오십견은 노화현상의 하나로서 관절낭의 유연성이 소실되고 구축되어 어깨를 올릴 때 짧아진 관절낭이 관절운동을 불편하게 하고, 어깨주위의 근육이나 인대, 힘줄 등에 무리가 생겨 통증이 발생한다.

오십견이 힘든 것은 통증만이 아니다. 하루종일 무지근한 아픔이 어깨로부터 전신을 안개처럼 감싸고, 극심한 무기력증을 유발한다. 나는 이제 쓸모없는 사람이라는 자조감이 들고 시든 꽃처럼 희망이 사라진다. 나는 3년의 시간을 어깨통증과 동반했다. 다행히 왼쪽이라서 일상생활이 최악으로 떨어지지는 않았다. 역시 의사는 내 증상을 회전근개증후군으로 진단하고 전신마취 후 수술하여 회전근개봉합술을 시행하자고 제안했다. 나는 다시 어깨와 대화를 나누었고 어깨에게 3년의 시간을 주기로 합의(?)했다. 스트레칭을 시작하고 단골 한의원을 다니면서 보존적 치료를 병행했다.

나는 내 어깨증상을 저절로 낫는 자가회복질환(self limited disease)으로 자가진단을 내린 것이다. 3년 후 내 어깨는 거의 정상으로 돌아왔다. 내 어깨를 함께 위로하며 침을 시술해준 한의사는 고맙다는 내게 참 겸손하게도 이렇게 말했다.

"김선생 어깨는 시간이 흘러서 저절로 낫은 겁니다. 나는 함께 있어준 것 뿐입니다"

사람은 아파서 죽는 것이 아니라 명의를만나지 못해서 죽는 것이다.

5.

신경통

넘어서기

 며느리 살림 고생하는 수고와 신경통 아픈 표시는 겉으로 나타나지 않는다. 남에게 아프다고 인정받기도 어렵다. 며느리가 가사노동으로 온몸이 부서져도 시어머니 눈에는 흠집 밖에 안보인다. 허리디스크나 좌골신경통으로 몸이 젖은 빨래처럼 늘어져도 직장상사에게는 꾀병으로 보인다. 병원의 CT나 MRI가 발달하면서 신경통의 종류는 수십가지로 늘었다. 척추간판탈출증이라 불리는 허리디스크에서부터 목디스크, 허리 아래에서 좌골 깊숙이 느껴지는 좌골신경통에 이르기까지 신경통은 청년에서 노인에 이르기까지 무차별로 발병한다. 주로 중년 남성들에게 잘 나타나는 설인신경통은 인두, 편도선, 혀의 뒤쪽, 귀 등에 간헐적이고 무차별적인 통증을 유발하여 장기간 지속될 경우 이명의 동반과 함께 우울증을 앓게 된다.

사무직에 종사하는 노동자나 중년 여성에게 흔히 발생하는 목디스크 역시 우울증을 동반하기 일쑤다. 이 모두의 질병에게 나타나는 공통점은 신경이 아프다는 것이다. 즉 신경통이다. 나는 29세에 서울대병원에서 허리디스크 진단을 받았다. 의사가 약 한보따리를 주면서 하지말라는 것을 적어주었다. 등산금지, 무거운 것 들지 말기, 달리지 말기, 심한 운동 금지 등이었다. 모두 지키기 힘든 규정이었다. 뒷동산이라도 올라가지 않으면 다리가 쇠약해지고, 직원운동회라도 열리면 젊으니까 뛰고 달려야 하며, 눈에 넣어도 아프지 않을 만큼 예쁘지만 보통 아기들보다 무거운 어린 딸은 틈만 나면 안아달라고 보챈다. 한달만에 나는 약봉지를 버려야 했고 의사가 하지말라는 전부를 어겼다. 의사의 처방을 이행하는 일은 살아있는 한 불가능한 일이었다. 허리로부터 목, 무릎까지 통증이 이어졌지만 일단 가족들로부터 아픔을 이해받기가 어려웠고, 직장에서는 말할 것도 없이 꾀병 환자였다.

통증이 심하다보니 잠을 잘 수가 없고 불면증이 계속되는 나날이니 직장생활도 고달프다. 아내는 무슨 죄인가? 날마다 나 때문에 안마를 해주는 등 고통스러웠다. 아내에게 미안했다. 아프니까 매일 밤 기도가 나온다. "하나님, 간절히 바라오니 제발 오늘 밤 제 생명을 거두어주세요. 죽고싶어요". 밤마다 나는 하나님에게 죽음을 청했고 신경통은 밤낮을 가리지 않고 엄습했다. 하루하루가 아픔의 연속이지만 젊음은 역시 강하다. 교직생활에 교육운동은 물론이고 장거리 회의 등 어디든 전천후로 뛰어다녔으며 수많은 사람들을 만났다. 그냥 사이보그다. 엄마는 내게 수시로 집에서 기르는 엘크 사슴뿔을 잘라서 먹였다. 생뿔을 달여 먹이고 녹용 한약을 복용시켰다. 아픈 아들에게 엄마는 20년을 그렇게 녹용을 먹여서 사이보그를 만들어주었다. 작년 3월에 돌아가신 엄마에게 새삼 경의를 표한다.

일하고 아프고 잠 못 이루고 또 아픈 세월이었다. 어쩌다 틈이 나면 병원투어를 하고, 90년대에 막 생기기 시작한 무교동 대중 사우나를 찾았다. 아예 동료들을 꼬드겨 '사우나 동호회'를 만들었고 사우나를 함께 하며 의식화도 시키고 잠시 통증을 잊었다. 그런 어느날 쌍문동 지하철역에서 지하철을 기다리며 아픈 허리를 손으로 쥐고 있었는데 할아버지 한분이 무람없이 다가와 "젊은이 허리가 아픈가?", "내가 운동 하나 가르쳐줄테니, 평생 매일 거르지 말고 해봐" 하면서 아주 자연스럽게 허리를 굽혀 발까지 손을 뻗어 숙이고 다시 양손에 허리짐을 지면서 허리를 뒤로 제쳤다. 그냥 아무렇지도 않은 평범한 동작이었다.

나는 속으로 생각했다. "진짜 날 놀리나? 그건 특별하지도 않잖아". 그러나 물에 빠진 사람이 지푸라기를 잡는 심정인 내게 가장 쉬울법한 운동을 선물로 받았는데 마다 할 이유가 없었다. 매일 하루도 거르지 않고 20번씩을 반복했다. 1년만에 허리 통증이 거짓말처럼 사라졌다. 20년을 넘게 매일 20번씩 허리굽혀펴기를 했고, 최근 2년 간은 50회로 늘렸다. 그러나 합병증을 불러왔던 좌골신경통과 목디스크는 여전히 고통스러웠다. 좋다는 약을 찾아먹었지만 백약이 무효였다. 비로소 나는 20년 전의 쌍문동 할아버지가 일러준 '팽생 반복 운동'의 메시지를 떠올렸다. 지난 3년전부터 반복운동을 새롭게 시작했다. 아침에 일어나자마자 그냥 누운 채 수건을 돌돌 말아서 목뒤에 끼고 도리도리를 백번씩 다섯 번하고, 도리도리 100번 사이에 양쪽 허리를 손으로 잡고 다리를 모아서 올리는 동작을 100번씩 네 번했다.

합치면 도리도리 500번, 다리 올리기 400번이 된다. 그리고 일어나서 허리굽혀펴기 50번, 양팔을 양옆으로 돌리며 허리를 이완시키는 동작 50번, 손바닥으로 벽을 집고 푸시업 100번씩 3번, 푸시업 100번씩 사이에 벽에 다리를 대고 밀면서 굽히는 동작을 100번씩 3번을 한다. 합치면 푸시업 300번, 다리 굽히고 펴기 300번이다. 마지막으로 철봉을 잡고 10초간 매달린다. 매일은 못해도 시간이 나는 날이면 30분씩 가정용 헬스 자전거를 탄다. 일주일에 3번 정도 타는 셈이다. 아마 죽을 때가 되어서 힘이 떨어지면 이 반복운동은 멈춰질 것이다.

지금 나는 많이 아프지 않다. 목 디스크와 좌골 신경통 증세는 90% 정도 사라졌고 허리는 아프지 않다. 아프지 않은 하루가 기적 같다. 매일 밤 통증에 몸이 젖은 빨래처럼 늘어져서 하나님께 죽여달라고 기도하던 내가 비교적 숙면을 이룬다. 신기루처럼 나타나서 반복운동을 하라고 계시를 주신 쌍문동 할아버지가 아니었으면 나는 여전히 통증의 세계에서 불면의 밤을 지샜을 것이다. 엄마에게 그랬던 것처럼 그분께 경의를 표한다.

WHO 통계에서 75세 이상 생존률이 세계에서 가장 높은 나라는 한국이다. 의료보험과 건강검진 때문이다. 2019년 보건복지부 발표에 따르면 우리나라 사람들의 기대수명은 82.7년으로 경제협력개발기구, OECD 국가 중 상위권에 속한다. OECD 회원국 평균 80.7년보다 2년이 길다. 그러나 오래 산다고 건강수명까지 높은 것은 아니다. 우리

는 통계적으로도 OECD 회원국 중에서 건강수명이 낮은 편에 속한
다. 유엔의 설문에서 우리나라 15세 이상 인구 중 "본인이 건강하다고
생각한다"고 응답한 비율이 29.5%에 그쳐 OECD 국가 중 가장 적었
다. 오세아니아와 북미지역 국가에서는 조사 대상 10명 중 9명이 "본
인은 건강하다"고 응답한 비율이 뉴질랜드 88.2%, 캐나다 88.5% 오
스트리아 85.2%, 미국 87.9% 등이다. 우리는 현재 '아픈민국'이다.

사랑하는 독자 여러분, 부디 오래 살려고 하지 말고 사는 날까지
건강하게 살기 바란다. 모두들 좋은 밤이 오면 문득 '쌍문동 할아버
지'의 꿈을 꾸기를 축원한다.

Ⅲ.
몸의
기술

6.

고혈압약
먹어야
할까?

내 삶의 유년기는 8할이 조부모였다. 할머니는 엄마보다 우선하는 엄마였고 할아버지는 아버지보다 우선하는 아버지였다. 아래로 3명의 남동생이 있었지만 할머니는 장남인 나를 날마다 품에 안고 재웠다. 할머니의 마지막 삶은 나를 위해 존재했다. 입이 짧아서 편식을 하고 몸이 약해서 다 죽어가는 맏손자를 금이야 옥이야 하면서 먹이고 입히는데 전력을 기울였다. 76세에 위암으로 돌아가시기까지 내 모든 유년의 삶은 온통 할머니였다.

내 아버지도 할머니처럼 70세에 위암 수술을 받았고, 늘 안좋은 것은 아버지를 닮아서 내 위도 여전히 빛깔이 좋지 않아 의사들의 핀잔을 사기 일쑤다. 할아버지는 아침마다 아직 초등학교도 들어가기 전의 나와 겸상을 했다. 동이 트기 무섭게 사랑방으로 건너가 중풍을 앓는 할아버지에게 옷을 입히고 댓님을 쳐드리고 함께 부축하여 뒷동산을 산책했다. 동산 언덕에 앉아서 함께 먼 들판의 동쪽 끝으로부터 솟아오르는 붉은 아침 해를 바라보았고, 가을이면 종산을 지키는 산지기 가족의 집을 방문해서 가을 햇살을 가득히 안고 귀가했다. 할아버지는 10년을 중풍으로 앓다가 75세에 뇌졸중으로 돌아가셨다. 고혈압의 부작용이라고 했다. 나도 고혈압을 대물림 받은 환자다.

고혈압은 결국 터지든지 막히든지 둘 중 하나의 증세로 귀결된다. 용솟음치는 피가 뇌혈관을 터트려서 급사를 하거나 막혀서 뇌경색을 불러일으킨다. 예고 없이 갑자기 죽거나 오래 중풍을 앓는 일은 본인에게나 가족에게 큰 상처를 입힌다. 뇌졸중이나 뇌경색의 원인으로 알려진 고혈압은 고지혈증과 당뇨, 중성지방을 수반하기도 하지만, 그냥 그런 증세를 동반하지 않고 혈압만 높은 본태성 고혈압 환자도 너무나 많다.

다음 백과사전에 따르면 혈압은 혈액이 혈관벽에 가하는 힘을 가리킨다. 혈압은 수축기혈압과 확장기혈압으로 나뉘며, 정상 혈관은 수축 및 이완하는 유연성이 있어서 압력을 유지한다. 고혈압은 흔히 최고혈압이 140mmHg 이상이거나 최저혈압이 90mmHg 이상인 상태를 말하지만 국가나 의사에 따라 그 수치가 달라지기도 한다. 고혈압에 대한 해석도 다르다. 대략 고혈압은 원인질환이 있는 2차성 성인병과 원인을 찾을 수 없는 본태성으로 분류한다. 2차성 고혈압의 원인은 신장질병이나 세동맥경화증 등에 의해 동맥이 좁아지거나 막히는 것으로서 원인을 치료하면 완치 혹은 완화될 수 있다. 고혈압 환자 중

본태성 고혈압은 90% 정도를 차지한다. 가족력이나 비만, 염분 과다 섭취, 흡연, 과도한 음주 등을 원인으로 꼽지만 정확한 원인은 밝혀진 바가 없다. 가벼운 경증 고혈압은 식이요법이나 금연, 운동요법을 적용하면 치료가 가능하다. 그러나 혈압수치가 170을 넘는 악성 고혈압은 원인에 상관없이 생명을 위협하는 심각한 병증이다.

이 대목에서 짚고 넘어가야 할 문제는 바로 고혈압 약을 먹어야 할까 말아야 할까이다. 유튜브를 들어가 보면 이에 대한 갈등과 찬반 양론이 얼마나 뜨거운지 알 수 있다. 혈압이 160, 170을 넘나드는 중증인 경우 갈등은 더 심해진다. 약은 단위가 약한 비스포지로부터 시작해서 히드로클로로티아지드, 푸로세미드, 암로디핀, 니페디핀, 베라파밀 등 종류도 천차만별이지만 성분 자체는 모두 비슷하다. 약효는 이뇨, 교감신경 차단, 칼슘채널 차단, 혈관 수축작용 물질 생성 억제 등 '억제효과'를 자아내는 성분으로 구성되어 있다.

한마디로 분출하고 터지려는 혈관을 맷돌로 꽉 눌러놓는 효과를 불러일으킨다. 맷돌 그게 고혈압 약이다. 문제는 맷돌효과에 대한 시선이 엇갈리면서 발생한다. "고혈압 약은 치료제가 아니고 억제제이기 때문에 먹어봤자 어차피 치료가 안된다". 그러니 아예 먹지 말자는 의견이 있고(한번 먹으면 죽을 때까지 먹어야 한다는 주장), 복용을 해야 한다는 입장은 "고혈압 약은 치료제다. 안 먹으면 위험하다"는 의견을 제시한다.

그런데 이 두 가지 의견은 모두 공통의 모순을 갖고 있다. '치료'의 모순이다. '복용하자'는 입장이라면 약이 치료제가 아니나 억제제이므로 약을 복용하면서 혈압을 낮추고 그 사이에 환자 스스로 치료에 전력을 기울여야 한다고 투명하게 말하면 된다. '복용하지 말자'는 입장이라면 고위험군의 환자는 약이 아니면 당장 억제할 방법이 없으니 우선 약을 복용하면서(죽을 때까지 먹을 수도 있고, 완화가 되면 복용을 멈추거나 쉴 수도 있다) 서서히 근본적으로 자가치료를 유도하여 완치에 이르게 하자는 긍정적인 해법을 역시 '투명하게' 제시해야 할 일이다. 역시 결론은 간단하다. 혈압수치가 너무 높아서 의사가 약 처방을 내릴 경우는 복용을 해야 한다. 약을 복용하면서 자가치료를 병행하고 혈압수치가 다시 일정기간 정상을 유지하면 의사와 상의하여 약을 줄이거나 끊는 방법이 가장 현명하다. 고혈압 약은 감기약처럼 치료제가 아니라 억제제다. 약 복용의 찬반 양론이 이 팩트만 인정하면 논란은 쉽게 가라앉을 수 있다.

그간의 논란은 고혈압 약을 무조건 치료제라고 단정하면서 복용만이 유일한 치료라고 주장해 온 일부 의사들의 억지주장이 문제였고, 한편 고혈압약은 한번 먹으면 평생 복용해야만 한다고 주장을 해온 또 다른 일부 의사들의 억지주장이 문제였다. 그래서 나도 약을 먹기 시작했고 동시에 자가치료를 시작했다. 고혈압 약은 만병통치약이 아니라 맷돌의 역할을 하는 약일 뿐이기 때문이다.

족저근막염

&

우울증

족저근막염

발은 몸의 지도다. 인생은 발이 나아가고 멈출 때 함께 가고 멈춘다. 딱 한 뼘 밖에 안되는 발은 몸의 마지막 피곤을 받아내는 보루다. 목주름에 나타나는 나잇살보다 발바닥의 지친 각질은 세포의 노화를 훨씬 더 정직하게 드러낸다. 몸이 차면 발부터 차가워지고 발이 차면 몸이 차가워진다. 족저근막염을 방치하면 통증이 종아리를 타고 올라가서 잠을 이루지 못할 정도로 스트레스를 받는다. 이 병은 종종 허리 디스크나 하지정맥류의 증세와 혼동되기도 한다. 통증을 못 느끼는 간이나 내장기관도 문제가 생기면 족혈이 아프다. 나이를 먹을수록 발 마사지나 발 지압이 중요한데 요즘 마사지 샵은 돈이 되는 아로마나 전신마사지를 선호하여 발마사지를 해주는데 인색하다. 평소에 천덕꾸러기 신세인 발은 샵에서도 환영받지 못한다. 그래서 발은 발의 주인이 챙겨주지 않으면 낭패를 본다.

내 친구 명식이네 부인과 딸은 스페인 여행을 다녀온 뒤로 족저근막염에 시달렸다. 20대인 딸은 오른쪽 발바닥 중앙의 옴폭 들어간 부분에 통증이 생겼고, 부인은 발바닥의 중앙과 발꿈치 안쪽 부분에 증세가 심해져서 잘 걷지를 못한다.

"얘가 날라다니잖아요. 자유여행이라서 온종일 딸을 따라 걷고 뛰다가 하루해를 보냈어요."

"엄마가 잘 못 따라와서 제가 짐을 더 많이 들고 걷다가 체중이 한쪽으로 몰려서 발병이 생긴 것 같아요."

엄마와 딸은 서로를 원망하고 있지만, 다행히 여행은 즐거웠는지 더 이상 탓하지는 않는다. 그러나 족저근막염을 앓아 본 경험이 있는 나는 그네들이 가여워졌다. 어쩌면 불치병에 걸린 것이기 때문이다. 족저근막염은 한번 생기면 평생 완치가 어렵다. 피부와 근육 안쪽의 깊숙한 곳 인대에 붙은 섬유 다발에 한번 염증이 생기면 찢어지고 흩어져서 치료를 해도 자주 재발한다. 나는 극심한 스트레스에 시달리며 온몸이 신경통으로 아플 때 오른쪽 발바닥 뒷꿈치에 근막염이 발생했다. 1년을 넘게 동네 한의원에서 침을 맞고 치료를 받았지만 통증 부위가 발바닥이라서 침을 놓기도 어려웠다. 자상한 여원장님이 침놓고 맛사지하면서 지극정성으로 치료해준 덕분에 통증은 가셨지만 날이 차고 몸이 피곤하면 가장 먼저 발바닥이 아파온다.

서울아산병원의 질병백과사전에 따르면 족저근막염의 치료법은 수술과 비수술의 보존치료가 있는데, 약 2~3개월 간 족저근막염 보조기로 밤사이에 족저근막을 스트레칭 된 상태로 유지시켜 놓으면 증상을 완화시킬 수 있다고 설명하고 있다. 또한 통증이 아주 심한 급성기에는 족저근막의 테이핑 요법과 실리콘으로 제작된 발뒤꿈치 컵을 병용하면 효과가 있으며, 근막과 아킬레스건을 스트레칭하거나, 마사지, 족욕 등의 물리치료를 병행하면 효과를 높일 수 있다고 밝히고 있다. 나는 40대 후반에 족저근막염이 발생한 후로 지금까지 몇 가지를 치료방법으로 채택하고 있다.

첫째, 신발이다. 딱딱한 굽의 구두를 버리고 운동화를 신는다. 검정색 계열의 단순한 스타일을 신으면 어느 장소에나 어울릴 수 있어서 부담이 없다. 오목발이나 평발인 경우 족부 보조기를 추가로 처방받아서 착용하면 문제가 없다.

둘째, 족욕을 자주한다. 따뜻한 체온과 물은 염증을 완화시키는 특효 약이나 조금도 다름없다. 가능한 날마다 시간을 정해서 20분 정도 족욕을 하면서 발을 주물러주면 발이 고마워 하고 기뻐한다. 시간의 흐름에 따라 족저근막염의 통증이 사라진다.

셋째, 운동요법이다. 발을 혹사시키는 운동은 지양하고 대신 자전거 타기, 수영, 가벼운 산책 등 발을 편안하게 하는 운동을 하는 것이 좋다. 특히 오래 서있는 동작은 통증을 악화시킨다. 장시간 주방에서 요리를 하거나 몇 시간씩 선 채로 무엇인가를 하는 행위는 삼가야 한다. 생활 속에서 직업에 따라 발 사용 여부가 다르기 때문에 이러한 권장 사항을 지키기는 것이 쉽지는 않겠지만 노력하기를 바란다.

넷째, 우울증을 잡는다. 우울증과 족저근막염은 상관관계가 높다. 우울이 깊어지면 몸 안의 염증 수치가 높아지고 그 여파는 잇몸 통증과 신경통, 족저근막염으로 이어진다. 수면활동을 방해하는 스트레스를 줄이고 스스로 자존감을 높일 수 있는 독서와 명상 등에 집중하는 생활습관이 필요하다. 우울하면 제일먼저 치통이 생기고 발바닥이 아프다는 신호를 보낸다.

다섯째, 동네 단골 한의원을 확보한다. 몸이 피곤하고 근육이 뭉치면 족저근막염도 재발한다. 마음 편하게 의지할 수 있는 단골 한의원을 정해놓고 불편할 때마다 침을 맞고 물리치료를 받으면서 발바닥을 치료해주면 예방과 치료를 병행할 수 있게된다.

여섯째, 발바닥이 급성으로 많이 아프면 망설이지 말고 주사용법을 시술해야 한다. 일반 통증외과보다는 족저근막염을 전공으로 하는 외과를 찾는 것이 중요하다. 이 경우 보통 초음파 사진을 찍고 의사가 정확히 근막염이 형성된 부분에 주사를 해야만 효과가 있다. 스테로이드 주사 요법은 흔히 치료가 잘 안되는 환자에게만 사용되는 방법이다. 초음파를 찍는 이유는 주사를 할 때 발 뒤꿈치 지방층의 위축이 발생되지 않도록 주사에 정확을 기하기 위해서다. 이 주사요법도 자주 반복하게 되면 근막이 파손될 수 있기 때문에 응급상황에만 이용하는 것이 좋겠다.

발이 행복하면 마음이 따뜻하고 몸이 행복하다. 족저근막염은 풀타임을 사는 현대인에게 흔히 발생하는 성인병이 되었고 잘 낫지를 않는다. 그렇다고 절망하여 병원에만 의존하지 말고 열심히 자가치료를 하면 완치는 어렵더라도 90%이상 통증을 완화시킬 수 있다. 족저근막염은 평생 발을 만지고 족욕하고 아끼면서 살라는 신호다. 아무렇지 않게 사용하고 외면했던 자신의 발을 오늘, 가만히 들여다보고 꼼꼼이 만져보라. 발이 곧 얼굴이라는 마음으로.

우울증에 대한 소고(小考)

WHO를 비롯한 세계보건기구나 각종 국제 통계기구의 조사에 의하면 한국인의 행복도가 OECD 국가 중 최저를 밑돌고 있다. 우울증은 뇌가 아픈 병이다. 뇌가 우울하면 즐거울 때 분비되는 세로토닌과 도파민, 노르에피네프린의 분비량이 줄어든다. 우울증은 예나 지금이나 인간이 감당하기 어려운 불치병에 해당된다. 옛날에는 동네마다 머리에 꽃을 꽂고 헤벌쭉 웃으며 골목을 누비고 다니는 미친 여자나 시도 때도 없이 소리를 지르고 울다가 웃는 미친 남자들이 동네마다 있었다. 지금은 그들이 모두 정신병원에 수용되어서 볼 수가 없을 뿐이지 급성 우울증 환자는 시대를 막론하고 항상 우리 곁에 존재했다.

우울증은 부정적인 성격이나 유전적 요인도 따르지만 지금은 성인병처럼 환경적 요인이 크게 작용한다. 하루종일 같은 일을 반복하는 전문직은 물론이고 환자만 보는 정신과 의사들조차 우울증 유발의 적합한 대상일 뿐이니, 우울증은 누구나 언제든 걸릴 수 있는 현대병이라고 할 수 있다. 건강보험심사평가원의 통계에 의하면 정신과 전문의들은 매년 한국인의 약6%인 300만명이 업무와 학업, 가정불화와 가사 등에 지장을 받을 정도의 우울증을 경험하지만 막상 우울증으로 병원 진료를 받은 사람은 51만명으로 17%에 불과하다고 보고한 바 있다. 이들은 한국사회의 불안을 떠안고 있는 시한폭탄이나 다름이 없어서 가정과 학교, 사회에서 여러 가지 불안증을 유발하고 있는 셈이다. 우리 한국인, 특히 남성들은 유교적 전통에 따라 감정을 자제하고 언어표현도 외향적이지 못해서 마음의 고통을 속에 쌓아두고 있는 경향이 있다. 한번 깊은 우울이 오고 여성 호르몬이 증가하게 되면 불면의 밤이 찾아온다. 불면증은 우울증을 수반하고 이를 극복하기 위해 과음하거나 수면제를 상복하게 되면 어느새 합병증이 온다. 합병증의 증세는 너무나 참혹하여 일일이 열거하기 힘들다. 그러나 한번 인내심을 갖고 우울증의 합병증세와 기본적으로 자가진단을 할 수 있는 우울증의 증세를 함께 살펴보자.

첫째, 나는 우울증인가? 우울증이 밑으로 가라앉게 되면 의기소침과 절망이 반복되고 표면으로 치받치게 되면 분노나 짜증으로 떠오른다. 우리나라의 남성들은 대개 후자에 속한다고 전문의들은 진단하고 있다. 보름 이상을 일이 손에 잡히지 않고 우울과 짜증이 반복되거나 취미생활도 멀리하면서 실어증에 걸린 것처럼 드라마나 보고 게임에 몰두하게되면 우울증을 의심해봐야한다. 불면의 날이 일주일 이상 지속되고 직장생활도 싫증이 나서 기피하거나 지각과 무단결근이 발생하면 이 또한 우울증 진단을 받아야 한다. 매사에 짜증을 부리고 기분이 가라앉는 것이 반복되거나 가슴에 불이나고 돌이

걸려있는 것처럼 무거우면 이른 바 홧병(火病)을 의심해야 한다. 우리나라의 고유한 우울증 증세인 홧병은 남성보다 여성에게 더 많이 발생하고 있고, 미국의 정신과협회에서는 이를 한국의 문화적 배경에 기인한다고 해서 '문화결함증후군'으로 명명하고 있다.

둘째, 우울증은 의처증이나 의부증을 수반한다. 배우자에게 깊은 실망감을 느끼거나 분노가 쌓이면 복수를 다짐하게 되고 피해망상증을 겪게된다. 또한 배우자의 행동과 관계없이 오랫동안 자존감의 상실을 겪게되면 자신의 모든 불행이 상대방 배우자 때문에 형성된 것이라고 믿게되어 배우자가 자신을 배신하는 등의 행위가 망상증으로 고정된다. 망상증은 상상하는 모든 것이 실제 현실에서 이루어진 것이라고 믿기 때문에 매우 위험하다. 만약 의처증에 걸린 남편이 망상증을 앓게되면 자신의 상상을 실제 현실로 믿게되어 배우자의 모든 행위를 망상증에 맞추게된다. 언제든 시도때도 없이 배우자에게 전화를 해서 누구를 만나는지 어디를 가는지 체크하고 모임이 있을 때는 데리러 오기도 하는 등 모든행위를 의심하고 검열한다. 베우자의 부정(不貞)을 의심하게 되면 실제이든 아니든 모든 답변을 부정(否定)하게 되고, 언어와 신체 폭행을 수반하며 심지어 살인에 이르게 된다. 많은 전문의들은 한번 의처증이나 의부증에 걸리면 이혼을 하거나 죽어야만 낫는다고 진단하고 있다. 불치병이란 뜻이다. 의처증은 역사적으로 오래된 질병이다. 세익스피어의 4대 비극작품 중 하나인 오델로에서도 주인공 남자가 의처증에 걸려서 부인을 목졸라 죽이는 장면을 묘사하고 있을만큼 널리 오랫동안 많이 퍼져있는 병이다. 내 주변의 지인 중에서도 이십대 초반부터 육,칠십대에 이르기까지 의처증이나 의부증에 걸려서 폭행과 살인을 저지르고, 정신병원에 수감된 사람들이 있을 정도로 흔한 병이다. 그럼에도 불구하고 한국사회에서 체면문화로 인해 쉬쉬하고 감추는 관행이 만연한다.

셋째, 우울증은 자살과 묻지마 살인 등 사회문제를 야기한다. 한국인들은 미국인들에 비해 자살을 고려하거나 시도하는 경우가 2배 정도에 이를 정도로 자살지수가 높다. 여기에는 문화 차이가 존재한다. 미국인과 유럽인들은 어릴 때부터 자신의 감정을 솔직하게 표현하는 가정문화를 갖고 있고, 학교에서 에세이 작성과 토론을 통해 스스로의 뜻을 상대방에게 전달하는 교육을 받아서 우울증을 건강하게 해소하는 사회적 체계를 작동시킬 수 있다. 이 때문에 우울증이 높아도 그만큼 해소 시스템에 의존해서 자살을 줄일 수 있는 것이다. 한국의 남성들은 마음의 아픔을 겉으로 드러내는 것이 남자답지 못하다는 문화를 갖고 있고, 여성은 자기주장이 명확하기 보다는 겸손하고 음전한 태도가 칭찬받는 문화에 젖어 있는 경향이 있다. 패미니즘이 도입되고 여성의 주장이 활발해지는 추세에도 불구하고 수백년 동안 내려 온 유교의 영향이 그만큼 강하다고 할 수 있다. 그러므로 감정이 억압돼 있고 표현을 잘 안하기 때문에 자살징후가 나타날 정도가 되어야 알아차리고 병원을 찾는 경우가 많다. 또한 병원에 와도 이런 성향이 뚜렷하게 나타나서 의사들의 진단과 치료를 어렵게 한다. 그 결과 우리나라는 OECD 국가 중 10년 째 자살률 1, 2위를 다투게 되었고, 그 중 10대 청소년과 65세 이상 노인 층의 자살률은 부동의 1위를 지키고 있다. 이로 인한 손실과 사회적 불안은 경제불안의 요소로 등장하고 있다.

우울증과 그에 따른 합병증을 극복하려면 어떻게 해야할까? 자살이 급증하고 묻지마 살인이 빈번해지고 있으며, 모든 연령층에 나타나는 환자의 증가에 대한 대책이 절실하게 필요하다. 많은 전문가들의 처방과 제언이 있지만 종합적으로 시스템을 바꾸려는 움직임은 찾아보기 힘들다. 이는 확고한 미래비전과 체계적인 시스템의 변화를 필요로 하고 있음을 의미한다.

첫째, 의료 시스템을 마련해야 한다. 우울증을 신종 코로나 바이러스처럼 국가적 재난으로 인식하고 중앙정부나 질병관리본부 차원의 상설 대책기구를 만들어서 체계적으로 대응해야 한다. 아울러 초중고 학생들이 배우는 보건교과서나 도덕 교과서 등에 대단원으로 다루어서 조기교육을 통해 우울증을 인식하고 예방하는 습관을 형성하도록 해야 한다. 건강보험심사평가원의 의료수가 대상에 전 연령층의 우울증 치료에 대한 범위를 확대하고 보건소와 국공립 의료원 등 공공의료기관에 우수한 정신과 의료팀을 의무적으로 구성하여 누구나 쉽게 우울증 치료의 혜택을 받게 해야 한다.

둘째, 교육 시스템을 혁신해야 한다. 자신의 감정을 효과적으로 표현하고 논리적으로 상대방을 설득시킬 수 있는 토론수업이 가능하도록 현재의 단위제 교육과정을 과목 선택권을 보장하는 학점제로 바꿔야 한다. 이를 위해 국가교육과정을 전면 개편하고 개편의 권한을 교육부에서 국회로 옮겨 민의를 수렴하고 선진국의 학점제를 가져오도록 해야 하며, 교육선진국들의 사례처럼 수능을 고교 졸업이수시험이나 대입 자격고사로 전환해야 하고, 교육대학과 사범대학을 폐지하여 교육청이나 교육대학원에서 학사 후 과정으로 학점제에 맞는 유연하고 다양한 과목을 가르칠 수 있는 교사를 양성해야 한다.

셋째, 경제적 지원책을 마련해야 한다. 대기업의 공익지원에서 우울증 치료에 대한 연구와 활동, 관련 의료시설의 확충을 대상 분야로 포함시켜서 지원의 연속성을 유지하게 된다면 정부의 관료적 대책보다 훨씬 효율성을 갖게 될 것이다.

우울증으로 국내외의 많은 인사들이 유명을 달리했다. 영화배우 장국영과 마를린몬로, 최진실과 정다빈, 이은주, 역사 속의 사도세자, 정치인과 이름 모를 주부들…. WHO는 "세계인의 죽음 가운데 자살로 인한 죽음은 전쟁에 의한 수치보다 높고 살인에 의한 수치보다 훨씬 높다. 그리고 자살률은 꾸준히 증가하고 있다"고 보고하고 있다. 먼나라 남의 일이 아니다.

8

암에

걸리지 않은

사람은 없다

암세포는 정상 세포와 달리 생체 조직의 기능을 무시하고 제멋대로 증식한다. 인체는 하루 평균 800~4,000여 개 정도의 암세포가 생성되고 소멸된다. 인간은 누구나 암에 걸리는 것이다. 이 중 25%의 사람은 암세포가 무한 증식하여 우리가 아는 '암에 걸리는 것'이다. 누가 왜 암에 희생되는지 간접적인 원인은 밝혀지고 있지만 진짜 근본적인 원인은 알 수가 없다. 예컨대 흡연은 암을 불러일으키는 가능성을 많이 내포하고 있지만 그 자체가 암덩어리는 아니다. 중금속이나 방사능이 암 발생에 미치는 영향이 심각하지만 피해를 입은 사람 중에 누구는 암에 걸리고 누구는 걸리지 않는다. 음주가 간에 미치는 영향이 심각하지만 과음하는 사람 중에 간암에 걸리는 사람이 있고 걸리지 않는 사람이 있다. 감기를 근본적으로 치료하지 못하는 것처럼 암치료에 대해서 현대의학은 아직 갈 길이 멀다. 암에 있어서 자신은 안전하다고 자신있게 말 할 사람은 지구상에 아무도 없는 것이다. 누구든지 내일이나 한달 후 쯤 암에 걸릴 수 있다.

그러나 아마도 성인들에게 죽음보다 무서운 것이 무엇이냐고 묻는다면 아마 암에 걸리는 것이라고 답할지 모르겠다. 내게도 묻는다면 그렇게 대답할 것이다. 국립암센터에서 고위과정을 공부할 때 병원의 공간에서 가장 많이 마주치는 사람들은 암환자들이었다. 그리고 암인지 여부를 진단받기 위해 진료실 앞에서 기다리는 사람들의 불안한 표정이다. 이미 건강검진이나 동네 병원에서 암으로 의심되는 흔적을 발견하고 조직검사까지 받고 온 경우가 많아서 십중팔구 예비암환자이기 십상이다. 암센터의 휴게실에서 잠시 잠을 청하던 때 꾸었던 어느날의 꿈장면을 잊을수가 없다. 국립암센터의 뒷동산에서 수백명의 암환우들이 어깨동무를 하고 잔치를 하고 있었는데 그들의 어깨에서 어깨로 길게 손을잡듯이 푸른 칡넝쿨이 연결되어 있었다. 함께 노래를하고 춤을 추었지만 말할 수 없이 슬픈감정이 들어서 흐느껴 울다가 잠이 깨었다. 개꿈이었다. 그러나 그 어두운 배경과 그 속에서 생명처럼 푸르게 빛나던 칡넝쿨의 이미지는 오래오래 기억에 남아있다.

현대의학이 발달해서 인간복제의 시대가 곧 열릴것이라고 하지만 의학은 아직 갈 길이 멀다. 감기나 고혈압, 당뇨같은 흔한 질병의 치료법은 물론이고 신종 코로나 바이러스 같은 원시질병도 치료법을 개발하지 못했다. 암은 더욱 근본적인 치료법이 없다. 백신도 개발하지 못했다. 미지의 세계다. 그래서 암에 대한 이해와 오해는 더욱 어렵고 처방은 오만가지다. 암을 치료하는 의사들조차 암이 무서워 매년마다 종합검진을 철저히 받는다. 일찍 발견해서 수술하거나 약물치료를 통해 전이를 막고 재발을 방지하는 방법 밖에는 없는데 그것도 조기발견을 해야만 가능하기 때문이다.

내 아버지는 칠십세에 위암이 발생하여 위 절제술을 받았다. 딱 점 하나 크기의 암세포로 의심되는 이상세포가 위 하단에 찍혀있는 사진을 놓고 보호자로서 부분절제를 요청해봤지만 충남대병원의 암센터 주치의는 매뉴얼대로 위의 3분의 2를 절제하는 수술을 선호했다. 이겨먹을 수가 없었고 아버지는 위절제술을 받았다. 그나마 전이가 안되어 아버지는 85세가 넘도록 건강을 유지하고 있다. 만약 위를 절제하지 않았다면 어떻게 되었을까? 역사에 가정이 없다지만 위 절제술을 하지 않고 그대로 두었다면 여러가지의 예측이 가능할 것이다. 첫째, 그냥 자연치유가 될 수도 있을 것이다. 둘째, 그 상태를 유지한 채 죽을 때까지 하시던 일상을 지속할 수도 있을 것이다. 셋째, 병이 악화되어 전이가 되고 많은 고통을 수반하면서 결국은 사망하였을 것이다. 그렇다. 어떻게 예측하든지 상상일뿐이다. 아마 내 짧은 상식으로는 병이 악화되고 통증이 심해지면서 합병증으로 사망할 확률이 지배적이었을 것이라고 본다. 수술을 선택한 것은 잘한 일이었다. 다만 지금까지 남는 아쉬움은 내시경으로 국부만 도려내는 부분절제술을 선택해도 좋았을 것이라는 미련은 남는다. 그러나 그것도 상상의 산물일 뿐이다.

당시에는(지금도) 위 절제술이 유행했고, 증세에 따라 국부절제술을 시술하는 병원은 서울의 모 대학병원뿐이었는데 그 병원도 지금은 국부절제보다 위 전체나 3분의 2를 절제하는 수술을 선호한다. 수술 후 5년 생존률에 목숨을 걸다시피하는 우리나라 암병원의 관행은 세계 최다의 위절제수술 통계를 전가의 보도처럼 자랑하지만, 환자의 증세에 따른 다양한 수술법의 개발에는 무관심한 편이다. 세계적으로 암진단과 수술이 우수한 한국의 의료진이라고 평가를 받지만 새로운 환자 맞춤형 수술방법의 개발에는 아무래도 소극적이라고 생각된다. 의사들 탓만은 아닐 것이다. 정부의 재정지원이 인색하고 연구비 투자는 열악한 편이며 심평원의 의료수가 책정도 경직되어 있는 편이니 어디에서 무엇부터 개선해야 할지는 산넘어 산이다.

우리나라 인구의 4분의 1은 암에 걸릴 수 있다. 넷 중 하나이니 가족이나 친지, 지인 중에 암환자가 없는 경우는 드물 것이다. 내 주변의 친구나 친지, 지인 중에도 암환자가 있다. 신장과 간, 폐와 담낭 등에 암조직이 발견되어 고통을 받는 사람들이 있어서 지켜보는 나도 많이 괴롭다. 오래 살수록 암에 걸릴 확률도 높아진다. 일컨대 장수를 선물로 받으면서 암도 페키지로 받는다고 표현할 수 있다. 암은 남녀별로 발생 종류가 좀 다른 편이지만 남성들은 2017년 기준으로 볼 때 위암, 폐암, 대장암, 전립선암, 간암 순으로 발병률이 기록되고 있다. 여성에게 잘 발병되는 암은 유방 암, 자궁 암, 갑상선 암이다. 특히 유방암은 건평원에 따르면 그 증가율이 세계에서 가장 높은 편에 속한다. 참고로 한국은 암검진이 세계에서 가장 발달되어 있는 나라다. 그만큼 암의 조기발견도 빠른 편이다.

암뿐아니라 다른 병증도 남녀간의 차이가 있다. 여성은 남성보다 오래 살지만 병치레하는 기간은 더 길다. 한국 여자의 기대수명 85.1

세는 남자의 기대수명 78.5세보다 6.5세나 더 길다. 여성들이 남성들보다 오래 살고싶어한다. 그러나 건강수명은 여자가 73세로 남자의 69.5세와 겨우 3.5세로 그 차이가 좁혀진다. 건강수명은 전체 기대수명에서 질병이나 부상 등으로 병치레하며 힘들게 사는 노후 기간을 뺀 수명을 말한다. 기대 수명까지 살 때 병치레로 고생하는 기간이 남자는 평균 5.6년이지만, 여자는 8.9년이나 된다. 한국 여성들은 오래 살지만 가사나 육아 등으로 바빠 병원을 잘 찾지 않아 건강을 잘 챙기지 못하기도 한다. 일반적으로 남성은 죽음에 이르는 중병을 앓고, 여자는 잔병을 많이 앓는 편이라고 할 수 있다. 남성은 중증 질환을 조심하고 여성은 평소 건강관리를 잘 챙기는 것이 중요하다고 전문가들은 조언한다. 오래사는 것은 텔로미어의 DNA 염기서열과 관계가 깊다. 텔로머레이즈는 일반 세포에서는 발현되지 않으며 생식세포나 줄기세포, 암세포에서 활성화된다. 암세포는 텔로머레이즈를 사용한 끊임 없는 세포분열로 다른 세포보다 수명이 길다. 이런 이유로 암세포에 있는 텔로머레이즈를 억제하는 약물을 항암제로 사용하기도한다. 반대로 암세포가 아닌 줄기세포에 텔로머레이즈를 사용할 경우 노화를 억제할 수 있어 관련 연구가 진행되고 있다. 말하자면 암세포는 죽음과 노화를 극복한 셈이다. 얄미운 세포다. 암은 인간뿐 아니라 다른 동물들에게도 비슷한 수치로 발생한다. 암발생률은 인간의 25%, 개의 20%, 흰돌고래의 18%에서 나타나고 바다거북 등에서도 비슷하게 발병한다. 만약 본인이나 가족이 암에 걸린다면 어떻게 해야할까? 조언하기 힘든 부분이지만 조심스럽게 말을 꺼내본다.

첫째, 암은 다른 어떤 중증병에 비해 걸릴 확률이 높은 편이라는 것을 확인하자. 특별히 본인이 잘못해서 걸린것이라는 죄책감을 심어주는 것은 금물이다. 평생 맑은 공기를 마시며 살았던 법정스님도 폐암으로 열반했다.

둘째, 치료는 의사에게 맡기지만 치료 범위를 정하는 것은 환자와 보호자의 책임이기도 하니까 신중히 상의하되 무엇보다 환자 본인의 의사를 존중해야 한다.

셋째, 수술범위를 정하거나 방법을 논의할 때도 환자의 의지와 의사가 존중되어야 한다. 더욱 말기암이라면 수술보다 호스피스 치료를 선호할 수도 있다. 가족의 체면이나 원망을 면하기 위해 치료의 범위와 방법을 정하는 것은 안될 일이다.

넷째, 병원치료보다는 민간요법을 택하고자 할 때도 의사의 진단과 병 증상을 무시해서는 안된다. 가능하다면 병행할 수도 있지만 최후에는 어느 하나를 택할 때 본인의 선택에 후회가 없는 마음을 갖고 결정하도록 해야 한다.

다섯째, 말기암을 앓게 되면 일상생활을 어떤 방식으로 진행해야 할지 고민해야 한다. 영국 태생의 미국 신경과 의사이자 작가인 올리버 색스 뉴욕대 교수는 흑색종 암에 걸려 82세로 사망할 때 6개월간 대중매체를 끊고 사랑하는 사람들을 만나면서 회고록을 썼다. 법정스님은 말기 폐암으로 고생하시면서도 하시던 일살생활을 유지했다. 조용한 혼자만의 시간을 가지면서 생을 마감할지 하던 일을 계속하며 일상생활을 보낼지 결정하는 일은 치료보다 훨씬 더 중요하다.

9

섹스의

이해와

오해

킨제이 보고서

킨제이보고서를 기점으로 인류의 성은 있는 그대로의 실체에 접
근하는데 성공했다. 앨프래드 킨제이 교수는 본래 아메리카 혹벌의
짝짓기 연구로 명성을 얻은 사람이다. 사람들의 시선과 달리 혹벌들
은 각기 다른 교미행위를 한다는 것이 밝혀졌고, 그렇다면 인간의 성
행위도 다양성을 갖고 있지 않을까 하는 의구심이 일었다. 동물의
성행위에서 인간의 성행위에 대한 시사점을 얻은 것이다. 킨제이는
1930년대 당시 인디애나대학교 동물학과 교수로 재직하면서 록펠러
재단의 후원으로 성에 관한 학문적 연구에 몰두했다. 킨제이보고서

는 위키백과사전에 따르면 1948년에 5,300명의 남성 표본조사 결과를 바탕으로 한 첫 번째 보고서인 〈남성의 성생활〉을 출간했다. 워델 포메로이와 클라이드 마틴 등과의 공저로 발표된 이 책에서 킨제이는 조사 대상 중 4%의 남성이 평생을 동성애자로 일관했고, 37%의 남성이 쾌락을 동반한 동성애 경험을 최소 1회 이상 가진 것으로 나타났다고 발표해 극소수 남성들만의 전유물로 여겨지던 동성애에 대한 미국인들의 편견을 깼다. 두번째 보고서인 〈여성의 성생활〉은 5,940명의 여성의 조사 결과를 바탕으로 하였고, 1953년에 출간되었다. 그는 이 두 책에서 킨제이 등급이라는 개념을 도입해 인간의 성적 지향성이 이성애자, 동성애자, 양성애자, 무성애자 등 연속성을 갖고 있다고 규정했다.

킨제이는 연구의 대가를 톡톡히 치뤘다. 당시 미국과 소련은 냉전시대를 구가하고 있었고, 미국에 공산주의자가 널려있어서 색출해야 한다는 공화당 매카시 의원의 마녀사냥으로 미전역이 출렁거렸다. 수많은 사람들이 공산주의자로 몰려서 체포당했고, 로젠버그 부부는 FBI에게 소련간첩의 누명을 쓰고 사형을 당해 세계인의 가슴을 놀라게 했다. 아인슈타인과 찰리 채플린을 비롯한 명사들도 공산주의자로 매도되어 곤욕을 치뤘다. 킨제이보고서는 교회세력과 보수주의자들의 눈총을 받았고 매카시는 마침내 킨제이 교수를 공산주의자로 몰아서 청문회를 여는 등 온갖 탄압을 가했다. 록펠러 재단은 연구비를 중단했고 킨제이 교수의 위대한 성혁명 연구사는 그렇게 막을 내렸다.

킨제이보고서가 나오기 전까지 인류의 성지식은 무지 그대로였고 말 그대로 성은 신의 영역이었다. 자위를 하거나 정상체위가 아닌 후배위 등 다른 체위로 성교를 하면 모두들 성당에 가서 고해성사를 하고 사도신경을 백번씩 외우는 벌을 받았다. 영국에서는 동성애가 발각되면 감옥에 보내졌다. 학교에서 성교육은 이루어지지 않았고 교회는 피임을 금지했다. 킨제이보고서는 음지에서 행해지는 인간의 섹스를 햇빛 한가운데로 이끌어냈다. 인간은 보노보노 원숭이처럼 발정기 없이 섹스하는 동물이고 영장류 가운데 가장 성적인 존재다. 섹스와 사랑은 인간의 존재를 이어가게 하는 원동력이었지만 동시에 금기였다. 킨제이 교수는 이와 같은 금기를 깨면서 인간의 적나라한 성적욕구와 행태를 보고서에 담아서 스스로 위험을 초래했다. 그러나 킨제이 보고서가 없었다면 인류의 성적 개방과 진보는 아마 100년 뒤로 후퇴했을 것이다.

섹스에 대한 이해

섹슈얼리티(Sexuality)는 성행위에 대한 인간의 성적 욕망과 성적 행위, 그리고 이와 관련된 사회제도와 규범들을 뜻한다. 문화콘텐츠 용어 사전에 따르면 섹슈얼리티는 욕망의 차원을 넘어 인간의 성 행동뿐만 아니라 인간이 성에 대해 가지고 있는 태도, 사고, 감정, 가치관, 이해심, 환상, 성의 존재 의미 등의 모든 것을 포함한다. 현대에 이르러 성은 학습된 사회문화의 영향을 받게 되었다. 학교의 성교육은 물론이고 속도가 빠른 인터넷의 음란물, •대중매체와 TV의 드라마 등 모든 것에서 영향을 받는다. 20세기 후반에 이르러 성은 여성해방주의에 힘입어 생물학적인 규정을 떠나 젠더 개념을 갖게 되었다. 세계보건기구(WHO)는 여성의 건강에 대한 항목에서 섹스와 젠더의 차이를 "섹스는 남녀를 구분하는 생물학적·육체적 특성이고, 젠더는 특정 사회에서 남자와 여자에게 적합하다고 여겨지는 사회적 역할·행위·활동·자질을 각기 의미한다"고 설명했다. 즉 자·웅(雌雄, female·male)은 섹스의 범주이고, '남자다운·여자다운(masculine·feminine)'은 젠더의 범주이다.

성정체성의 분류도 다양하게 설정되었다. 성정체성의 종류는 남성 정체성, 여성 정체성, 젠더퀴어적 정체성으로 분류되고, 성정체성이 신체성별과 일치되는 것을 시스젠더, 성정체성이 신체성별과 반대인 것은 트랜스젠더로, 시스젠더에도 트랜스젠더에도 속하지 않는 성정체성은 젠더퀴어라고 명칭했다. 퀴어축제는 단순히 동성애자 파티가 아니라 이렇게 다양한 성정체성을 가진 사람들의 축제를 말한다. 성적지향에 대해서도 여성애, 남성애, 다성애, 범성애, 무성애, 양성애, 동성애(레즈비언, 게이), 다자연애(폴리아모리) 등으로 규정하였다. 이 모든 행위의 분류는 일찍이 킨제이보고서의 연구에서도 도출된 바 있다.

재미있는 것은 무엇이 성인가? 어떤 행위가 정상적인 성행위인가?에 대해서도 직업군에 따라 그 견해가 각기 다르게 나타난다는 점이다. 성에 대해서 생물학자는 '자연스러움'이라고 해석하고, 신학자는 '율법에 따른 금기'라고 설명하며, 정신분석가는 '고결하고 정숙한 상태'라고 미화한다. 어린이들은 성행위를 힘들고 고통스런 행위로 인식하고, 중딩들은 포르노 같다고 상상하며, 청년들은 남녀 간의 친목행위로 언급하고, 명상가들은 인내심을 시험하는 장애로 생각하기도 한다. 미국의 정신의학회(DSM)는 성적건강(Sexual health)에 대해 신체와 정서, 사회적 안녕을 유지한 상태(WHO)라는 개념을 넘어서 성기능 장애와 변태성욕의 장애 준거를 제시하고 있다.

성기능 장애의 기준은 성욕장애(성욕감퇴, 성적혐오), 성적흥분장애(남성발기부전, 여성의 성적흥분 장애-섹스리스), 오르가슴 장애(남·여성의 오르가슴 장애, 조루증), 성교통장애(성교 통증, 질경련증) 등으로 나뉜다. 이러한 장애는 신체적 요인이 있을 수 있으나 대개는 심리적 요인에 의한다. 대부분의 성기능 부전은 발기할 수 없거나 발기를 지속할 수 없는 남성의 발기부전과 성교시 흥분이나 오르가슴을 느낄 수 없는 여성의 불감증으로 나뉘어진다. 전문치료사들이 구분하는 성기능 부전의 유형을 살펴보면 성적 흥분이 어려운 성욕감퇴, 정상적인 성적 자극에도 오르가슴을 느낄 수 없는 불감증, 성교시 여성의 질 근육이 수축하여 성교가 어렵거나 불가능한 질경, 심한 통증을 느끼는 성교불쾌증, 남성의 경우에는 발기부전 또는 발기해서 다른 방법으로 오르가슴을 느낄 수 있지만 여성의 질 안에서는 오르가슴을 느낄 수 없는 사정성음위, 질 안에 들어간 후 곧 사정해버리는 조루 등이 있다.

대부분 이러한 기능장애들은 불안 또는 성행위 및 성교시 상대자에 대한 부정적인 감정 때문에 생기며, 또한 성관계 외의 다른 감정적인 갈등도 성기능 부전을 초래할 수 있다. 적절한 치료는 성행위시 생기는 긴장을 이완시킴으로써 불안을 극복하고 기능부전을 완화시켜주지만 이러한 치료의 성공여부는 기능부전의 종류와 개인에 따라 차이가 많다. 특정한 신체적 원인에 의한 기능부전은 반드시 의학적인 치료를 받아야 한다. 알코올 중독, 내분비 질환, 신경계 질환 등이 가장 많은 성기능부전의 신체적 원인이다. 심한 정신질환이나 인격장애에 의한 성기능부전은 전문적인 정신치료를 받아야 한다.

변태성욕은 특정한 소수의 대상이나 행위, 상황을 포함하는 성적 충동, 환상, 행동이 정상범위를 벗어나 매우 강하고 반복적으로 지속되는 행위 등을 가리킨다. 노출증, 물품음란증, 마찰도착증, 관음증, 성도착증, 성적 가학증, 의복물품관련 음란증, 소아기호증, 성적 피학증 등을 들 수 있다. 예를 들면 관음증은 다른 사람의 성행위를 엿보거나 다른 사람이 옷을 벗는 것을 보고 성적 흥분을 느끼는 인간의 성적인 행동으로서 어느 정도까지는 거의 모든 사람이 관음증을 지니고 있다고 볼 수 있고, 인간을 비롯한 대부분의 동물이 여러 형태로 자신의 성적 매력을 과시하는 것은 성적 유혹과 짝짓기 행위에서 정상적인 것이지만, 엿보기가 단순히 성적 유혹의 한 요소가 아니라 성적 만족을 얻을 수 있는 유일하거나 주요한 원인이 될 정도면 관음증은 비정상적인 행위로 여겨진다.

성도착증은 유아기 또는 소년기의 잘못된 성적 행동으로 생겨 성인이 되어도 비정상적인 방법으로 성적 만족을 얻게 된다. 성도착증의 종류에는 여성의 물건에서 성적 만족을 찾는 것, 성적 흥분을 위해 남성이 여성의 옷을 입는 것, 괴로움을 당하거나 괴롭힘으로써 성적 만족을 얻는 것, 사춘기 이전의 아이와의 성행위나 공상으로 성적 흥분을 얻는 것, 노출증, 관음증 등이 있다. 이를 치료하기 위해서는 자신의 행동을 성찰하고 혹시 장애가 있거나 변태성 도착증이 있다면 의사의 진단을 받아 빨리 치료해야 한다. 장애나 변태를 방치할 경우 성생활의 불행과 범죄행위로 이어질 수 있기 때문이다. 지금은 대중매체에 섹스에 대한 정보가 넘치는 세상이지만 정작 본인이 가져야 할 섹스의 방향이나 정체성은 전혀 모를 수 있다. 청소년이나 성인에게 모두 성교육이 필요한 이유다.

첫째, 성교육과 섹스교육은 무엇보다 자신의 성행동 때문에 초래할 수 있는 문제를 예방하기 위해서다. 자신의 성행동이 어떤 의미를 가지고 있는지 문제가 무엇인지를 알아야 한다.

둘째, 종교나 전통윤리에서 강조하는 순결논리나 이중기준을 극복하기 위해서다. 자유로운 연애와 서로를 존중하는 사랑은 제도와 종교에 따라 비난하거나 매도를 당하지 않고, 어떤 환경에서나 존중받아야 할 기준이되어야 한다. 나에게 그러한 기준이 있어야 남들에게도 나의 섹스와 사랑을 인정받을 수 있다.

셋째, 인간의 성욕을 자연스럽게 인정하고 합리적인 출구를 찾기 위한 노력을 기울여야 한다. 그것이 제도 속의 결혼이든 영혼이 깃든 사랑이든 연애이든 간에 자신이 성적인 존재이며 타인도 그러하다는 것을 전제로 여길 때 출구를 찾을 수 있다.

넷째, 피임과 질병예방 등 성교와 사랑의 문제에 대한 길라잡이 교육을 소홀히 하지 않고 잘 준수하고 실천하는 예의가 필요하다.

섹스에 대한 오해

섹스는 혼자서 할 수 있는 자위를 포함하여 상대방과 나누는 성적 교감을 말한다. 사랑은 섹스를 수반하기도 하고 그렇지 않기도 하다. 인간은 섹스 없이도 살 수 있지만 사랑 없이는 살수 없는 존재이기 때문이다. 성과 사랑에 대한 몇가지 오해가 남녀 간에 있을 수 있다.

예컨대 첫눈에 반하는 사랑이 진짜 사랑이다? 충분히 그럴 수 있다. 첫만남에서 그 사람의 머리 위로 후광이 비쳐서 결혼에 골인했다는 사람들이 있다. 문제는 지속성이다. 수십년을 함께 살아야 하는 결혼생활에서 성적흥분과 사랑의 감정을 유지하는 것은 에베레스트 산을 오르는 것보다 힘들 수 있다. 산을 오를 때 베이스캠프를 설치하고 구간마다 작전을 세운다. 예산과 장비, 인력이 필요하다. 연애와 결혼도 똑 같다. 시간과 돈, 체력이라는 3대요소가 수반되어야 한다. 사랑할 때는 가슴이 아프지만 결혼을 하면 머리가 아픈 법이다. 안타깝지만 사랑과 결혼에서 장기적으로 성공하려면 진실한 감정만 갖고는 한계가 있다. 후광도 커플 중 한쪽이 애정 결핍증을 느끼거나 외로워지면 빛깔이 바랜다. 사람은 외로움을 타면 타인의 친절과 애정이 그리워진다. "화장실 갈 때 가방을 들어줘서," "오랜 시간 내 얘기를 경청하고 공감해줘서," "차 문을 열어주고, 걸을 때 인도 안쪽으로 나를 에스코트 해줘서," "전화 할 때마다 반가운 감정이 담뿍 담긴 목소리로 반겨줘서," 기존의 파트너를 두고 다른 파트너를 만난 동기에 대해 공통적으로 말하는 대목들이다. 연애하고 사랑하는 것이 얼마나 힘든지를 알 수 있다.

애정의 감성도 뇌의 화학작용으로 2년이면 감퇴한다. 그래서 본질은 유지하되 사랑의 구간마다 그 형태가 달라질 수 있다는 것을 수용할 줄 알아야 한다. 뜨거운 애욕의 시기를 거쳐서 낭만적 사랑에 이르고, 아이들을 키우고 중년이 되면 '우애적 사랑'으로 승화되는 것이 자연스럽다고 전문가들은 조언한다. 상대방에 대한 애정을 유지하는 것은 어느 한쪽의 의지만 갖고는 불가능하다. 남자는 분위기 넘치는 모닝섹스를 하고 싶은데 여자는 머리손질을 하고 싶어한다. 이러한 엇박자가 반복되면 부부는 한쪽이 원하는 바가 아니어도 자동으로 섹스리스 커플로 분류된다. 여자는 분위기 있는 조명과 섹스기구를 준비하고 성적 환타지에 빠져서 종일 남자를 기다렸는데 남자는 소맥으로 지친 심신을 달래고 싶어하면 사랑의 분위기는 금세 신기루가 된다. 애정생활을 유지하는 것은 고도의 정치적 행위가 아니면 불가능하다. 정기적인 커플 회담과 대화, 화기애애한 분위기와 적절한 긴장감, 믿음직스러우면서도 귀여운 이미지를 확보한다고 해도 상대방의 흥미가 다른 쪽에 있거나 섹스에 무관심한 권태기로 접어들면 애정은 자위로 풀어야 하는 딱한 처지가 된다. "가족과 무슨 섹스를…" 이런 자조섞인 농담이 괜히 나온 것이 아니다. 왕처럼 아무 때나 내키면 섹스를 할 수 있는 시대나 처지가 아니고, 어쩌다가 한눈을 팔다 들키면 죽음인 세상에서 사랑은 먼 나라의 잊혀진 전설이 될 수 있다.

남자는 자신감 넘치는 성기를 가지면 성생활이 활기를 찾을 수 있다고 믿고 성기확대 수술을 했는데 여자는 성교통증과 질경련을 호소하며 아예 섹스의 문을 닫게된 경우가 흔하다. 목욕탕에서나 흔들어대고 뽐내보지만 아무도 쳐다보지 않는다. 허무한 인생이 된 것이다. 사실 남자 입장에서 남자의 성기만큼 오해를 불러일으키는 물건도 세상에 흔치 않다. 오해의 배경에는 이유가 따른다. 통계적으로 한국남자들의 성기 길이와 굵기는 '작고 굵지 않다'. 통계기관마다 다르지만 종합해보면 세계에서 가장 크다는 콩고 남자는 18센티, 유럽에서 가장 길이가 길다는 프랑스 남자는 평균 16센티, 미국과 영국은 13센티, 독일은 14센티, 러시아는 13센티, 중국은 10센티, 아시아에서 제일 큰 일본이 11센티이고 아시아의 최저 사이즈는 아무래도 북한과 한국의 9센티이다. 물론 발기상태의 평균 크기다. 페니스의 굵기는 길이와 대충 비례하기 때문에 그 면에서도 한국 남자의 성기는 볼품이 없다. 그러니까 자꾸 음경확대 수술에 현혹되는 것이다. 다행히 성행위에서 요구되는 만족감을 위한 성기의 강직도 만큼은 국제적으로 중간정도여서 '작은 고추가 맵다'는 속담이 빈말은 아니었다고 볼 수 있다.

진짜 성교육을 제대로 받았다면 성기의 크기와 굵기가 섹스에 미치는 영향이 크지 않다는 것을 알 수 있다. 여성의 성기는 신축성이 뛰어나서 페니스의 길이와 굵기에 딱 맞춰서 작동한다. 페니스가 크면 넓게 벌어지고 작으면 작게 오므려져서 여성 입장에서는 크든작든 별 문제가 되지 않는다. 페니스가 너무 크면 오히려 작은것만 못하다. 지나치게 페니스가 길고 크면 자궁벽을 치고 질이 늘어져서 쾌감이 떨어진다는 여성도 있다. 페니스가 발기상태에서 5센티 정도면 정상적인 성행위를 하기에 아무런 장애가 없다. 대부분의 한국 남자들은 아무리 작아도 5센티 정도는 유지한다. 만약 4센티 이하의 크기여서 섹스가 잘 안된다고 여기면 의사의 상담을 받아 볼 필요는 있다. 아름답고 뜨거운 섹스를 원한다면 평등한 영혼과 낭만적인 분위기를 나누기를 바란다. 그게 답이다.

자위에 대한 호기심과 의문은 백문백답을 낳아서 혼미할 정도다. 결론적으로 말하자면 성인남녀의 자위는 개인차가 있지만 한달에 두세번 정도면 충분하고, 자위를 할 때 사정을 하는가 여부도 개인의 건강 상태에 따라 차이가 있어서 적절한 인내심이 수반되어야 한다. 자위를 너무 자주하고 자위의 쾌감을 강화시키기 위해 포르노에 집착하면 도박중독증후군처럼 뇌에 중독의 방이 만들어져서 건강에 적신호가 켜질 수 있다. 일반 성인영화와 야동(포르노)은 질적으로 많이 다르다. 성인영화는 스토리를 따라가면서 성기가 직접적으로 노출되지 않는 섹스 장면에서 간헐적으로 흥분을 일으키기 때문에 포르노처럼 끊임없이 자극을 주지는 않는다. 포르노보다 성인영화를 보는 편이 낫다는 뜻은 아니다. 스스로 판단하라는 것이다. 자위 역시 신이 인간에게 준 쾌락이기 때문에 그 자체도 성행위라고 할 수 있다.

성에 대한 의문과 답은 청소년에게는 보건수업의 선생님이 계시고, 성인들에게는 풍부한 독서, 연인과 대화하기 등 경로가 많다. 중요한 것은 사랑이 수반되지 않는 섹스는 공허하다는 사실이다. 자위를 해도 스스로 자신의 몸과 마음을 어루만지며 자신과 대화를 하는 것이 좋고, 연인과 섹스를 나누고자 할 때도 역시 사랑의 마음과 대화가 선행되어야 할 것이다. 세상에 사랑을 줄 수 없을만큼 가난한 사람도 없고 사랑을 받을 수 없을만큼 부자인 사람도 없다.

10.

선택하는

노년의

삶

늙음과 죽음의 서(序)

불멸의 욕구는 죽지 않고 영원히 살고자 하는 인간 내면의 파토스를 반영한다. 이집트의 파라오들은 부활을 꿈꾸며 살아생전 자기가 잠들 피라미드를 세웠다. 진시황은 삼천동자 동방삭에게 영원히 사는 비결을 물었고 1천명의 동남동녀를 동쪽으로 보냈으나 다시는 돌아오지 않았다. 그들의 집단탈출은 영구미제 사건으로 역사에 기록되었다. 신라의 문무왕은 죽어서 바다에 묻혀 호국용으로 부활하였고 할리우드는 해마다 피라미드에서 죽은 미이라를 불러낸다. 순장풍속이 있는 가야왕국의 백성들은 아침에 눈을 뜨면 가장 먼저 왕의

안부를 물었다. 왕이 죽으면 한마을의 모든 백성을 줄 세워 선별해서 어린애로부터 노인에 이르기까지 수십명을 골라내서 왕과 함께 산 채로 묻었다. 작가 김훈은 순장이 무서워 날마다 신라로 귀순하는 가야인들의 슬픈 역사를 우륵의 가야금 얘기를 소재로 한 현의 노래에 기록하고 있다. 왕족으로부터 명망가와 유명인이 묻히는 영국의 웨스트민스터 사원은 불멸의 꿈을 간직한 이야기의 요람이다. T.S 엘리어트, 윌리엄 워즈워드, 세익스피어, 찰즈 디킨스, 제인 오스틴, 과학자 뉴턴, 찰즈 다윈 등 천여 명의 영혼들은 지금도 우리 살아있는 사람들에게 끊임없이 자신들의 얘기를 들려준다. 왕들은 웨스트민스터 사원에서 대관식을 올리고 죽으면 웨스트민스터 사원에 묻혔다.

흡혈귀를 그린 영화 드라큐라 백작은 잊을만하면 리메이크된다. 인간이 세상에서 가장 처음 맛본 음식은 무엇일까? 태어나서 처음 먹은 것은 엄마젖이고 자궁에 착상한 후 영양공급조차 안되는 처음 3일간 아기씨가 맛본 것은 엄마의 자궁을 파고들어 먹은 피였지 싶다. 뱀파이어 전설은 인간 내면에 깊이 숨은 피의 신화를 노래하고 있다. 피는 불멸의 욕구를 내포한다. 신비로운 아즈텍 문명을 건설한 마야인들은 피칠을 한 태양신의 사원에 펄펄 살아 움직이는 인간의 심장을 바치기 위해 인신공양을 업으로 삼았다. 1만명에 가까운 포로들을 모두 죽여서 심장을 공양한 적도 있다. 제상의 피가 마르면 태양이 멈추고 세상의 종말이 온다고 믿었던 종교 때문에 마야는 미쳤다. 자국의 청년들에게 축구를 시켜서 최종 토너먼트에서 승리한 팀원들의 심장을 제상에 올릴 때 마야국의 심장도 함께 멎었다. 불멸의 욕구 때문에 민족이 말살되었다.

죽고 사는 것이 마음대로 안되는 인간에게 노화는 저주였고 패배였다. 노화는 세포의 감소와 재생불가로 설명되는 의학의 원리를 넘어 저승의 신화와 부활의 종교를 만들어냈다. 인간은 왜 늙을까? 언제든 죽는 인간에게 노화의 끝에 오는 죽음은 축복일까? 소멸일까? 단세포에서 출발하여 다세포로 분화성장하고 장수동물로 기록된 인간에게 죽음은 언제나 반갑지 않은 손님이었다. 인간이 60세가 되면 본래 자신이 갖고 있던 모든 세포는 감소되고 장수의 비밀을 담은 텔로미어 DNA는 줄어들어서 재생 능력이 떨어진다. 텔로미어가 손실되면 유전정보는 사라지게되고 텔로미어의 손실로 분열을 멈춘 세포는 분열이 정지되면서 죽음이 찾아온다. 심장정지는 세포의 소멸로 완성된다. 생물학적으로 노화와 죽음은 텔로미어의 손실과 세포분열의 정지로 설명된다. 죽음의 진실은 별로 신비하지 않고, 죽었다 살아온 인간의 얘기는 항용 전설이나 신화에서 발견된다. 그러나 1만년 전 산채로 얼어붙은 빙하 속의 맘모스에서 세포를 재생시켜 복제하고자 하는 유전공학이 선보이면서 한국에서도 줄기세포의 기적과 부활의 이적을 기대하는 백성들의 염원이 서울대 황우석 박사의 개 복제 성공 신드롬으로 들끓었다가 이내 물거품처럼 사그러들었다.

현대과학이 미이라의 세포를 복제하여 이집트의 파라오를 불러내고, 백악기에 날던 익룡을 서울 상공에 다시 띄울 수 있는 날이 올지도 모른다. 그날이 오면 부활하여 다시 세상의 공기를 마시고자 수백명의 사람들이 천문학적인 비용을 지불하면서 냉동인간이 되었다. 현대판 미이라다. 그들의 앞날에 축북이 있기를 진심으로 빌 뿐이다.

선택하는 노년의 삶

노인의 나이는 몇세로 규정할 수 있을까? 이건 참 의외로 쉽지가 않다. UN은 노인의 나이를 별도로 규정하지 않아서 나라마다 별도로 노인의 나이를 규정하고 있다. 대략 많은 나라들이 65세를 기준으로 노인의 나이를 정하고 있다. 내가 사는 동네의 동사무소에 65세 이상 어르신 운전면허 반납 캠페인이 적힌 프래카드가 나부낀다. 그에 따르면 나도 법적인 노인이 될 날이 그리 멀지 않다. 65세가 되면 지하철을 공짜로 탈 수 있는 '지공거사'가 될 수 있고 이론적으로 지하철이나 버스의 노약자석에 앉을 수 있는 특권이 생긴다. 그렇지만 75세 이상 생존률이 세계에서 가장 높은 1위로 등극한 우리나라에서 65세 노인들은 노인의 나이를 70세로 올려야 한다고 설문조사에서 많이들 답변했다. 물론 노령연금은 65세 이상이면 받는 것을 전제조건으로 말이다. 노인이 정신적 재산인 조선시대에 비해 노인이 재앙으로 치부되는 현대에 노인문제는 래디컬하고 난해하다.

노인의 연령을 65세로 정한 것은 속설에 의하면 독일을 세운 철의 재상 비스마르크 때문이라는 말이 있다. 비스마르크는 독일을 통일하고 경제를 안정시키기 위해 1889년 세계에서 최초로 노령연금 제도를 수립하였다. 당시 노령연금은 65세의 장수노인에게 지급되었다. 그 당시 독일인의 평균연령은 몇세였을까? 놀랍게도 49세였다. 2019년 우리나라 보건복지부의 OECD 보건통계에 따르면 한국인의 기대수명은 82.7년으로 OECD 회원국 평균 80.7년보다 2년 길다. 기대수명이 가장 길다는 일본과는 1.5년 차이가 난다. 참고로 한국인의 평균 수명은 남자 77세 이상, 여자 84세 이상으로 매우 높은 편이다. 그러나 15세 이상 인구 중에서 "본인이 건강하다고 생각한다"고 응답한 비율은 29.5%에 그쳐서 OECD 국가 중 가장 적었다. 호주(85.2%), 미국(87.9%), 뉴질랜드(88.2%), 캐나다(88.5%) 등 오세아니아와 북미지역 국가에서는 조사 대상 10명 중 9명이 '본인은 건강하다'고 응답한 것으로 나타났다.

우리나라 국민은 암에 의해서 인구 10만 명당 165.2명이, 순환기계 질환에 의해서 147.4명이, 호흡기계 질환에 의해서 75.9명이 사망하고, 치매에 의해서도 12.3명이 사망한다. 우리나라의 자살 사망률은 인구 10만 명당 24.6명으로 OECD 국가 중에서 리투아니아(26.7명) 다음으로 높지만, 청소년 자살률은 여전히 1위를 유지하고 있다. 우리나라 청소년 자살률은 OECD 회원국 평균 자살률보다 3배나 높고, 2018 청소년 통계에 의하면 청소년(9~24세) 사망원인 중 1위는 자살이었다. 우리나라 65세 이상 노인들의 자살률도 OECD 회원국 중 가장 높은 것으로 나타났다. 보건복지부와 중앙자살예방센터가 발간한 '2019년 자살 예상백서'에 따르면 노인 자살률은 우리나라가 58.6명 이상으로 OECD 회원국 평균 18.8명보다 높다. 성별에 따른 자살률은 남성이 34.9명, 여성이 13.8명이다. 남성은 여성보다 자살률이 2.5배 더 높고, 전체 자살 사망자 수에서 남성(8922명)이 차지하는 비율은 71.6%다. 이는 여성 자살자 수 3541명(28.4%)과 비교해 볼 때 약 7:3의 비율이다. 그러나 응급실을 찾은 자해와 자살 시도자는 남성 12,843명에 비해 여성이 15,482명으로 남성보다 더 많았다. 현대의학이 아니라면 여성 자살자 수치가 더 올라가야 한다. 60대의 자살률은 2016년 34.6명에서 2017년 30.2명으로 감소 추세지만 자살자의 수는 50대가 2,568명으로 가장 많았다. 자살률은 대체로 연령대가 높을수록 증가하는 것으로 나타났다. 자살의 동기는 연령대별로 각기 다르다. 31세~50세는 경제적 곤란, 51~60세는 고독이나 정신적 어려움, 60세 이상은 가난과 병약, 육체적 어려움 등이다.

노인이 되는 것은 쉽지 않다. 상식적으로 생각할 때 노인이 된다는 것은 암발병률과 노환의 가능성이 높아지고 자살이나 고독사의 가능성이 높다는 말과 비례한다. 빈곤율도 높다. 재산이 적든 많든 욕심이 많은 자식을 만나면 다 털리고 사기 당한다. 2020년 1월 tvN에서 방영된 인기 드라마 사랑의 불시착에서 늙어 뒷방을 지키는 재벌이 부인에게 이렇게 말하는 장면이 나온다.

"여보 돈이 크게 많은 부자는 상속인이 있을 뿐이지 자식은 없는 것이라는 말이 있네"

맞다. 재산문제는 재벌만이 아니다. 주머니를 탈탈 털면 코 묻은 돈이라도 나올까봐 늙은 부모를 닦달하는 자식은 도처에 널려있다. 모든 노인에게 공통된 난관이다. 그런면에서 자식이 없는 노인은 자식이 있는 노인보다 한결 고민이 적을 수 있다. 무자식이 상팔자라는 말이 헛말이 안된 세상이 되었다. 누구에게나 노인의 삶은 고난의 연속이 될 수 있지만 최소한 피해를 즐기기 위한 선택은 본인에게 달려있다. 다음에 제시하는 대안을 독자와 함께 고민해볼 수 있다면 영광이겠다.

첫째, 유머있는 삶을 선택해보자. 1997년 사망 당시 122세였던 프랑스의 할머니 잔 칼망은 유머가 넘치는 여성이었다. 그녀는 프랑스 남부 아를에서 태어나고 자랐는데 13세 소녀일 때 그곳에 머물렀던 화가 반 고흐를 만난 적도 있을 만큼 오래 살았다. 장수의 비결은 웃음과 유머였다. 유머는 자신은 물론이고 남들에게도 긴장감을 해소하고 스트레스를 줄이는 가장 좋은 비결이다. 2020년 현재까지 세계에서 가장 오래 산 장수노인 20여 명 중 남성은 두명 뿐인 것을 감안하면 여성의 세포재생 능력은 놀라운 일이지만, 무엇보다 여성이 남성보다 오래 사는 것은 쉴새 없이 수다를 마다하지 않고 웃으면서 타인을 수용하는 마음 때문이다. 대부분의 나라에서 여성들이 가장 좋아하는 남성 스타일은 외모가 아니라 유머다. 유머가 넘치는 생활을 하는 노인 남성은 할머니들에게도 인기가 높다는 것을 항상 명심하자.

둘째, 돈이 있는 삶을 선택해보자. 많은 노인들은 죽을 때 장례비를 걱정한다. 죽어서도 품위를 지키고 싶어서다. 그렇게 하려면 얼마가 있든 남은 재산관리에 최선을 다해야 한다. 자신이 죽을 때까지 먹고 살 최소한의 자산은 누구에게도 주지 말고 남겨야 한다. "재산을 분배하지 않으면 자식에게 맞아죽고 분배하면 버림받아 거지가 된다"는 말이 있다. 절대로 틀린 말이 아니다. 그런데 균형을 유지하기가 말처럼 쉽지 않다. 사업에 실패한 자식이 손을 벌리면 종자돈마저 내주는 것이 우리나라 부모들이다. 재산을 합리적으로 분배하고 최소한을 남겨도 그마저 털릴 수 있다. 그래서 연금이 중요한 것이다. 남은 집 한 채는 어서 빨리 이 글을 읽는 순간 은행으로 달려가서 모기지론 연금으로 넘기는 것이 현명하다. 현금은 생존비와 의료비를 제외하고 모두 노령연금 혜택을 월마다 별도로 받을 수 있는 은행상품으로 전환하는 것도 현명한 방법이다. 이렇게 남은 재산을 재구조하면 자식과 사이에 정만 남게되어 최소한의 예의를 지키고 품위유지를 할 수 있다.

셋째, 요양원에 걸어 들어가 보자. 대부분의 노인들은 죽을 때까지 자식을 바라보다가 사지를 못쓰게 되면 자식에게 싹 다 털리고 시설이 열악한 요양병원 다인병실에 반강제로 실려가서 입원한 후 자신과 타인의 똥오줌 냄새 속에서 생을 마치게 된다. 자신의 건강 상태를 체크하여 기력이 쇠하고 죽음이 머지않았다고 판단되면 호스피스를 겸한 비교적 시설이 좋은 요양원에 입원하는 것이 가장 바람직한 방법일지도 모른다. 전원생활을 좋아하면 교외의 조용한 시설을 찾고, 도시생활을 유지하고 싶으면 도심 속의 시설이 괜찮은 요양원을 선택할 수 있다. 단 관리비가 부담이 될지라도 가급적 1인실을 사용해야만 인간적 품위를 지킬 수 있다. 일본이나 독일은 복지법으로 모든 요양시설 병실을 1인실로 설치하도록 규정하고 있지만 한국은 그렇지 않다. 부부가 함께 살다가 배우자가 사망하면 그 때가 요양원에 들어갈 적기일 수 있다.

넷째, 적게 먹고 섹스도 절제하고 명상하면서 언제든 죽음을 받아들일 수 있는 마인드를 가져보자. 인도에서 파생된 어느 불교 종파는 남성들의 나이가 60세를 넘으면 모두 출가를 한다. 숲과 굴을 찾아가 명상을 하고 남은 생애를 검박하게 살면서 죽음을 맞이한다. 내가 추정하기로는 지금의 절은 출가하여 순례하는 남성들의 임시거처가 근원이 되었다고 본다. 인간은 늙을수록 단맛을 찾고 몸에 좋은 음식을 구하려고 든다. 생존본능이다. 그러나 분열이 감소된 세포 수와 길이가 짧아지는 텔로미어를 생각하면 소식과 절제가 답일수 있다. 소식을 하면 오히려 텔로미어의 길이가 늘어나서 장수할 가능성이 높다. 늙어도 적극적으로 성생활을 하라는 세간의 지침은 한계가 있다고 생각한다. 뭐든지 자유의지가 중요하지만 고령이 되어 환경적 여건이 어려움에도 불구하고 성욕을 부추기면 상대방이 없거나 원하지 않는데도 욕망만 높아져서 정신이 혼탁해지기 마련이다.

다섯째, 혼자 사는 연습을 마다하지 말아보자. 의식주를 여성 배우자에게 의지하는 남성노년은 추하고 불쌍하다. 평생 부인에게 밥을 의존했다면 더욱 홀로서기를 연습하고 실천해야 한다. 부부는 죽음이 갈라놓을 때까지 함께 사는 것을 허락받지 못할 수도 있다. 특히 이혼하거나 부인이 먼저 세상을 떠나면 남은 남편은 누구에게 의식주를 의지할 수 있을까? 자식들에게 의존하는 것은 비루하고 짐이 된다. 스스로 간단한 요리를 하고 밥은 하루에 한끼만 먹고 두끼는 간단한 간식으로 채워도 건강에는 무리가 없다. 일찌감치 홀로서기를 연습하면 가볍고 홀가분하며 상쾌한 일상을 보낼 수 있다. 그렇게 살면 무엇보다 부인이나 연인에게 칭찬을 받고 때로 러브 러브한 에로스를 선물로 받는 날도 찾아올 수 있지 않을까? 사랑받기가 그리 쉬운가.

여섯째, 죽음을 받아들이는 연습을 해보자. 나는 2019년 소천한 엄마에게 살아계실 때 미리 죽음을 연습하도록 여러 번 대화를 나누었다. 다른 형제들이 그런 결례가 어디 있겠느냐고 핀잔을 했지만 당사자인 엄마는 진지하게 경청하고 배웠다.

"엄마, 옛날에 함께 살던 가족이나 지인의 영혼이 찾아오고, 엄마의 마음이 그들을 대하기가 마음에 편하면 따라가도 돼요"

"응 얼마 전에도 그들이 왔었어. 함께 가자는 것을 안 따라갔었지, 전보다 그 사람들의 얼굴이 편해 보였어"

"그래요. 죽음이 임박하면 엄마도 스스로 임종을 알게 돼요. 밝은 빛이 보이면서 그 빛을 따라가도 될 만큼 마음이 기울면 빛을 따라가요. 그러면 그분들이 마중을 나올거고 엄마는 다른 세상으로 가게돼요."

엄마는 임종 며칠전에 서울에 있는 나를 불렀다. 전에 없는 진지한 목소리로 장남인 나를 찾았다. 부모를 잘 모시고 있는 둘째가 형을 생각해서 올 필요없다고 말렸다. 그러나 무언가 꼭 엄마가 나를 보고자 한다는 본능이 있어서 세종시의 엄마에게 KTX를 타고 달려갔다. 음식을 섭취하고 침대에서 누어있던 엄마가 간신히 일어나서 내 손을 잡고 가족의 안부를 물으면서 "사랑한다"고 말했다. 겨우 30분을 만났고 엄마의 손을 쥐고 평안해 보이는 눈빛을 마주한 후 나는 상경했다. 그게 마지막이었다. 엄마는 내가 돌아간 후 곧바로 병원에 입원하여 3일만에 돌아가셨다. 임종을 지켜 본 막내동생은 임종 직전까지 의식과 눈빛이 살아있는 엄마를 안아주었고, 엄마는 죽음을 받아들였다. 엄마는 나와 말을 나눈 후 입원해서는 말을 못하셨다. 고개를 끄덕이거나 눈빛으로 대답은 해도 말할 기력은 없었던 듯 하다. 나는 엄마가 지상에서 마지막 말을 나눈 사람이 되었다. 돌아가신 후 삼우제를 지내고 온 날 새벽에 꿈을 꾸었다. 살아생전 가장 아끼던 고운 한복을 입고 함박 웃음을 웃으며 나와 함께 잔치상을 마주하는 꿈이었다. 머리끝부터 발끝까지 전신의 모습을 보여주셨다. 그날 나는 책장에 이렇게 적었다.

"부모라고 쓰고 엄마라고 읽다".

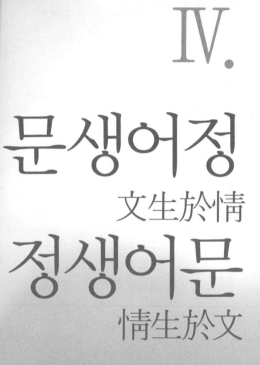

IV.

문생어정
文生於情

정생어문
情生於文

1

문생어정

정생어문

주역에 문생어정(文生於情), 정생어문(情生於文)이라는 글귀가 있다. "글은 생각에서 나오고 생각은 글에서 나온다"는 뜻이다. 공부는 지성의 산물이지만 공부하려는 마음은 감성의 산물이다. 리딩(reading)은 지성을 만들고 지성이 쌓이면 라이팅(writing)을 할 수 있다. 인생은 리딩에서 시작하여 라이팅으로 완성된다. 라이팅은 감성의 결과물이다. 보통교육에서 공부는 공부하려는 마음으로 이어져야 하고, 공부하려는 마음은 다시 공부로 이어져야 한다. 이 지성과 감성의 순환고리가 바로 '교육'이다.

발도로프 학교는 아이의 기질을 크게 네 가지로 구분했다. 새로운 것에 대해 호기심이 많은 사람, 슬픔을 잘 느끼는 사람, 느린 사람, 화를 잘 내는 사람이다. 발도로프 교육은 아이들의 모자란 면과 신체조건, 지적 수준과 환경의 차이를 온전하게 보완해주기 위한 철학을 담고 있다. 온전히 자기자신으로부터 피어나는 아름다움을 스스로 발견할 수 있는 교육적 목표를 설정한 것이다. 발도로프 교육과정을 들여다보면 학습과정 자체에 이러한 문제의식이 담겨있다. 그러나 우리나라의 국가교육과정을 들여다보면 호기심이 많은 아이는 내신점수 따기와 수능정시에 실패할 확률이 높고, 슬픔을 잘 느끼는 아이는 반장이 되기 어려우며, 느린 아이는 왕따가 되기 쉽고, 화를 잘 내는 아이는 학교폭력 가해자로 몰리기 십상일 것이다.

어떻게 하면 우리는 스스로 지성을 쌓고 서로의 감성을 나누는 교육을 만들 수 있을까? 이 문제는 초중고에 국한되지 않는다. 대학교육도 사실상 대부분의 대학이 학생의 선택권을 보장하는 학점제가 아닌 교수중심의 단위제 교육과정 방식을 운영하고 있다. 지금 우리나라의 교육 현실은, 교육부가 아이들의 시간표를 짜주고 교사의 손에 가르쳐야 할 교과서를 쥐어 준 다음 수능과 내신을 통해 서열화한 아이들을 대학교수에게 보내는 시스템을 강화시키고 있다. 일제(日帝)가 버리고 간 교육과정과 입시를 전승가보(傳承家寶)처럼 모시고 있다.

수능정시 강화와 국영수 단위제 교육과정을 공고히 한 청와대와 교육부의 관료들에게 사약을 내리거나 유배를 보내야 할 판국이다. 그들이 기꺼이 잔을 받지 않으면 국민이 대신 마실 수 밖에 없을 것이다. 늘 그랬다. 발도로프 교육을 꼭 닮아야 한다는 뜻은 아니다. 발로도프 교육에 비추어 우리의 미래교육과정과 입시에서 무엇을 변화시

187

IV.
문생어정
文生於情
정생어문
情生於文

켜야 할 것인가를 고민해보자는 것이다. 중등교육에서 중학교 1학년 때부터 국영수 과목을 재학 중 2개 학기 정도만 필수로 하고 나머지 학기에서는 선택이나 선택심화과목으로 편성하여 매학기 이수를 폐지하고 그 여백을 생활교육을 강화하는 과목으로 채우기, 교사의 학력을 석사급으로 상향해주기, 일본 등 선진국들처럼 수능을 응시하지 않고도 대학에 진학할 수 있는 길을 열어주기, 대학강사 모두를 무기계약직으로 전환하기, 교장보직제를 도입하고 장학사들이 승진해서 학교로 돌아가지 않게 하기, 학생회를 법적기구로 만들기. 꿈이라도 꾸어보자.

현재, 아이들이 어느 대학의 무슨 전공에 응시할 지를 결정하는 일도 아이 본인이나 대학이 아닌 교육부와 고등학교 교사의 몫이다. 수능정시가 확대되면 그러한 기제는 더욱 강화될 것이다. 아니, 차라리 편해질 수도 있다. 그냥 아이를 학원에 보내고 과외를 받게 하고 교육부가 시키는 대로만 하면 만사 편해질 수 있다. 그렇게 배운 아이들이 미래사회에 어떻게 살아갈지 예측하는 일은 어렵지 않다. 그런 방식으로 공부해온 지금의 중년세대를 들여다보면 알 수 있다. 베이비부머 세대가 걸어 온 길…, 부동산 투기로 청년들의 주택구입 희망을 영원히 꺾어 버리기, 꼰대 부모로 살아가기, 나라야 망하든 말든 권력게임에 취한 판검사들, 입시와 교육과정을 박정희 시대로 돌린 청와대 담당자와 교육부장관, 미래세대는 그런 우리 중년들의 누추한 삶을 그대로 답습할 것이다. 교육계의 앞날은 미세먼지가 낀 하늘처럼 불투명하다. 나만의 생각인가.

2.

엄마야

누나야

방학(放學)살자

189

IV.

문생어정
文生於情

정생어문
情生於文

대부분 1월 중순에 짧은 방학을 했던 학교들은 설 연휴가 지나면 잠깐 등교하고 2월 한달 긴 겨울방학에 들어간다. 방학은 본래의 뜻이 방학(放學 ; 공부를 손에서 놓다)이지만 부모와 아이들에게는 긴장의 연속이 될 수 있다. 초등학생에게는 체험학습과 학원수강이 기다리고 있고 중고생에게는 학년을 앞당겨 선수학습을 준비하는 과외 등이 기다리고 있다. 어떻게 해야 만 내 자녀를 학습경쟁에서 뒤떨어지지 않게 할까? 엄마 걱정은 끝이 없다. 이 근심거리는 사교육 여부와 관계없이 공통으로 형성되는 엄마의 가슴앓이다. 한국에 태어난 교육형벌이다. 부모 탓이 아니다. 교육제도와 교육정책이 근본부터 썩어 문드러진 탓이다.

그렇지 않다면 해답이 어디에 있는지 누구 말해보라. 하기야 이런 푸념도 하세월이지 다 부질없다. 잠시 타임머신이라도 타보자. 세종 때 정원 200명으로 운영된 성균관은 양반 자제라 하더라도 생원·진사의 자격을 가진 자라야 입학할 수 있고, 정원이 부족할 경우에는 사학생도(四學生徒) 등 기타 지원자를 입학시켰다. 유생은 문과(文科) 및 생원·진사의 초시(初試)인 한성시(漢城試)와 향시(鄕試)에 합격한 자와 관리 중 입학을 원하는 자로 한정했으니 성균관은 명실공히 조선시대 최고의 인재 양성기관이었다.

충신과 간신이 모두 성균관에서 배출되었고 어제의 동무가 내일의 적으로 맞서는 숙명의 요람이기도 했다. 수양대군 세조에 저항하여 단종 복위를 꾀하다가 처형당한 성삼문과 사육신, 그 반대편에 섰던 신숙주는 성균관에서 동문수학한 친구들이다. 성균관 유생들의 공부생활은 고단했다. 새벽부터 밤늦게까지 공부하고, 암기식 공부와 토론식 수업을 병행하였다. 때로 임금님이 밤늦게 방문하여 그들과 터놓고 학문을 논하기도 했으니 자연 유생들의 자부심은 높기만 했다. 성균관 학생들은 공부만 한 것이 아니다. 데모도 열심히 했다. 권당(捲堂) 즉 성균관 기숙사 방을 비운다고 하여 유생들이 임금에게 저항할 때는 손에서 책을 내려놓고 우르르 뛰쳐나가 집단시위를 했다. 때로 대전 앞에 몰려가 상소문을 올리고 주야로 농성했다. 주자학을 이념으로 삼은 유생들이니 시위의 내용은 대체로 충의를 지키자는 것이었지만, 경우에 따라서는 당파의 사주를 받아 시대에 역행하여 수구 꼴통보수의 역할을 자처하기도 했다.

사면(赦免)을 이루지는 못했지만 기묘사화(1519년) 때는 유생들이 목숨을 걸고 충신 조광조의 목숨을 살려달라고 집단시위를 했고, 1902년에는 성균관 유생 신채호 등이 이하영 등의 매국적 음모를 규탄하며 처벌을 상소했다. 그러나 동학 교도들이 간절한 마음으로 교주 최제우의 신원운동(伸冤運動)을 펼칠 때는 유생들이 민중을 등지고 동학 탄압을 주장하는 집단 상소를 올리기도 했다. 고귀한 전통과 자가당착이 충돌하는 지점에서 역사는 눈물을 흘렸다.

성균관 유생들이 관 내외 문제로 불만이 있을 때 시위를 하느라고 관에서 모두 물러가는 것을 권당(捲堂)이라 했고, 권(捲)은 '거두다'는 뜻이니, 오늘날의 방학(放學)과 그 뜻이 비슷하다. 데모하려고 쉬는 것은 아니지만 지루한 일상의 공부를 떠나 잠시 '손에서 학문을 놓다'는 뜻이 방학이니 방학(放學)은 학생들에게 천국의 시간이나 다름이 없었다. 시위와 방학은 청년학생들의 오랜 전유물이다. 생각해보면 3.1 만세독립운동과 4.19 의거는 청소년들의 집단시위로 촉발되었다. 방학은 유익하고 학생들이 스스로 결정한 임시방학은 위대하다.

우스개 얘기이지만 필자가 조치원고등학교(지금의 세종고등학교)에 재학하던 학창시절 우리 학생들은 두발을 바리깡으로 깨끗하게 밀어대는 선생님들에게 대항하여 전교생이 수업을 거부하고 학교 담장을 넘어 미호천 쪽의 제방 길로 말들처럼 뛰어 도망갔었다. 시위는 하루 만에 진압되었고 이튿날 우리는 운동장에서 선생님들에게 전교생이 영화 '말죽거리 잔혹사'처럼 두들겨 맞았다. 엉덩이가 터지도록 매를 맞으면서도 의연하고 씩씩했던 학생회장 선배가 얼마나 자랑스럽던지 지금도 그 얼굴이 생생하게 떠오른다. 2005년에 고교생들이 서울 광화문에서 두발자유화를 외치며 촛불시위를 하는 장면이 9시 뉴스의 머리기사를 장식하던 것을 생각하면, 당시 지방의 작은 학교인 조고 (조치원고) 두발자유화 촉구 집단 탈출 시위야말로 촛불시위의 원조가 아닌가 싶다. 내 모교가 자랑스런 단 하나의 이유다.

내 어릴 때는 방학 때마다 지금의 대청댐에 잠긴 충북 문의면 외가를 찾았다. 금강은 늘 햇빛 속에서 빛났고 물자라와 어른 팔뚝만한 물고기가 언제든 불쑥 고개를 내밀었으며, 전설 속의 물뱀은 저편 강둑 끝까지 헤엄쳐갔다. 종업식이 끝나자마자 내 살던 연기군 서면 청라리를 등지고 외가로 달려가 개학 전날까지 머물렀다. 물살이 급하고 풍경이 아우라진 금강에서 하루종일 감시하는 외할머니를 따돌리고 외사촌들과 물놀이를 하던 추억은 동화 속 이야기만 같다. 그 추억 때문에 필자는 평생 '강변살고' 있다. 강변에 살지는 못하지만 가슴 속에 늘 강변을 들여놓고 사는 기쁨을 누리니, 이것이 바로 "엄마야 누나야 강변살자"다.

자, 방학이다. 학원수업과 과외로 벌써부터 방학을 반납한 아이들도 있겠지만, 그러나 그 속에서도 아이들로 하여금 캠프와 자연, 영화와 연극, 여행과 놀이를 누리도록 그 가슴들에 한가득 모험심을 살게 하자. 엄마야 누나야 방학 살자. 제발.

3.

교과서

국정화는

시대의 퇴행

금기 욕망 부르는 국정화

소녀의 애틋한 그리움이 담긴 최순애의 오빠생각은 금지곡이었
다. 조선총독부가 뜸부기나 기러기가 무서워 노래를 금지시킨 것은
물론 아니다. 조선백성들이 오빠생각을 애창하는 꼴을 못 본 것이다.
유신시대에는 오빠생각의 기러기가 왜 북에서 오느냐고 시비한 사정
당국의 반공 노이로제 일화가 지금껏 회자되고 있다. 요즘 우스개 얘
기로 말하자면 기러기는 최초의 종북동물인 셈이다.

"긴 밤 지새우고 풀잎마다 맺힌"으로 시작하는 아침이슬은 유신
정권의 폭정을 풍자한 것으로 규정하여 금지곡이 되었지만 이 노래

는 유신과 아무 상관이 없다. 아침이슬은 1970년에 작곡되고 유신은 1972년 10월에 선포되었기 때문이다. 유신이 발표되기도 전에 만들어진 노랫말을 나중에 발표 된 유신을 의미한다는 이유로 금지시킨 것은 시대의 퇴행 현상이다. 금기(taboo)는 독재자의 은밀한 욕망을 실현하는 역사적 나이테에 비유할 수 있다. 독재가 깊어지면 백성이 절망하고 희망을 잃은 백성은 노래밖에 할 것이 없다. "새야새야 파랑새야 녹두밭에 앉지 마라 녹두꽃이 떨어지면 청포장수 울고 간다"는 동학혁명의 노래가사에는 조선 백성들의 절망이 담겨있다. 눈물의 노래다. 당연히 이 노래 역시 금지곡이다.

돌이켜보면 역사 교과서 국정화 논쟁은 사실 논쟁이 아니었다. 뭘 해보자고 쟁론을 하는 것이 논쟁인데 일명 국정화 문제는 대통령의 일방통행과 그에 반대하는 지성집단의 반대 목소리만 있었다. 수많은 논거를 차치하고 그러므로 이 문제는 통치행위이며 그 통치에 저항하는 지식인 집단의 저항정신(revolution)이 대립하는 시대의 불운이다. 여러 주장에도 불구하고 국정화에 찬성하는 입장을 보면 딱 하나다. 검정은 무조건 안된다는 것이다. 국정화에 반대하는 쪽은 국정화가 역사를 왜곡하는 것이라고 규정한다. 양쪽의 속내가 어떤지는 잘 모르겠지만 시간이 갈수록 그 본질이 명징하게 드러났다. 정부와 새누리당은 일찌감치 논쟁을 접어두고 금지와 탄압의 몽둥이를 들어 반대하는 지식인들을 겁박하기 시작했고, 지식인들은 국정화 행위를 반민주 행위로 단정하기 시작했다. 해묵은 민주 대 반민주의 전선이 형성되었고 끝을 모르는 전쟁의 칼끝은 2016년 국회의원 총선과 2017년 대선의 고지를 향해 달려갔다. 그리고 정권이 바뀌었다. 대통령은 국회에서 국정화 강행을 천명하였고, 서울대를 비롯한 여러 대학의 교수들이 집단 시국선언을 하기에 이르렀다. 전교조 교사들은 2만 명이 넘는 대규모 국정화 반대 교사 시국선언을 조직하였다.

국정화 문제는 논쟁을 넘어 탄압과 저항의 길목으로 들어섰다. 교육부는 시국선언을 조직한 전교조 집행부를 고발하고 서명한 교사들을 징계하겠다고 발표했다. '국정화 반대'는 금지곡처럼 금기어가 되었다. 교수들은 정부의 탄압행위를 진시황의 분서갱유(焚書坑儒)로 비유하며 집단으로 반발했다. 통치자의 눈에 비친 지식인 집단의 저항은 금기를 어기는 불온한 행위일 뿐이다. 정책은 실종되고 이성은 증발했다. 분노와 탄압이 맞선 자리에 정치가 들어 설 여유는 없다. 선생님들이 반대하는 역사교과서 국정화에 학생들이 찬성을 보낼 리 없고 교수들이 시국을 걱정하는데 국민들의 마음이 편할 리 없다. 박근혜 대통령의 통치와 국회의 정치는 금지곡이 판치고 금기의 깃발이 난무하던 유신시대로 퇴행하였다.

195

IV.

문생어정
文生於情

정생어문
情生於文

교과서 제도의 독과점

우리나라 초·중등 국가교육과정은 교육부장관이 초·중등교육법 제23조 제2항에 의거하여 고시하는 '교육부 독과점' 체제를 유지하고 있다. 지방의 교육청과 학교현장의 자율성을 일부 보장한다고 하지만 초·중·고 교육과정의 전체 교과목 및 단위 수는 국가교육과정이 정한 규정에서 자유롭게 가감할 수 없음을 감안하면, 실제로 획일화된 교육과정을 운영하는 셈이다. 교과서 체제는 중등의 경우 김영삼 대통령 때부터 대체로 검인정의 틀을 유지해 왔다. 국정과 검인정의 차이를 굳이 설명할 필요도 없이 검인정 교과서 체제는 사회적으로 별 이견이 없는 주제였다. 따지고 보면 한국의 검인정체제는 국정과 다를 바가 없다. 모든 내용을 교육부가 심의하고 있고, 교과서 심의제를 통해 출판사들의 생사여탈권을 쥐고 있기 때문이다.

국가교육과정의 변천은 미군정 시대의 생활교육 위주의 교육과정에서 시작하여 민주주의 공화국 시대에는 교육과정의 가치를 민주주의 교육에 두었고, 이후 군사정권 시기에는 반공과 질서 확립이 교육과정의 목표가 되었으며, 이후 정권의 특성에 따라 글로벌, 녹색성장, 창의인성, 민주시민, 창조교육 등 기본적 가치와 목표로 바뀌어 대두되었다. 이와 같이 검인정이라 해도 교육과정과 교과서는 정권의 이데올로기적 요구에서 자유롭지 못하다.

나는 2004년부터 2013년까지 교육부 교육과정심의회 위원을 역임했다. 한국에서 가장 많이 교육과정 심의에 참여한 사람 중에 하나다. 그래서 나는 검인정이라고 해서 국정보다 자유롭거나 다양성을 보장받지 못한다는 것을 잘 안다. 그러므로 정말 좋은 교과서 체제는 말할 것도 없이 자유발행제다. 그러나 국민 의식과 정치적 상황이 자유발행제를 감당하지 못하고 있다. 차선책인 검인정 교과서 체제가 국정과 다른 장점이 있다면 제작 과정에서 다양한 교사 집필진을 통해 학생의 요구와 의견을 반영하고 수렴할 수 있다는 점이다. 집필 과정조차 관료지배에 놓인 국정과 본질적으로 다른 점이다. 민주주의의 요체는 결과에 집착하지 않고 과정의 투명성을 보장하는데 있다.

학생들에게 물어보라

국정화 논쟁에서 빠진 담론이 있다면 학생의 의견에 관한 부분이다. 교과서를 제작할 때 학생의 의견을 반영하는 방식이 국정과 검인정은 본질적으로 다르다. 물론 교육과정 요목에서 정한 집필기준은 국정이나 검인정이 똑같이 적용 받는다. 문제는 집필과정이다. 검인정은 집필진이 학생의 의견을 수렴하여 집필할 때 상당한 독자성을 갖는다. 요목을 따르되 정권의 이데올로기나 정부의 시책보다는 학생의 요구를 반영하게 된다. 직접 학생을 가르치는 교사 집필진이 집필의 과정에서 관료의 통제를 받지 않기 때문에 가능한 일이다. 민간 출판사들이 현장의 실력 있는 유능한 교사들을 집필진으로 영입하는 이유는 그만큼 학생의 의견수렴 방식을 중요시 여긴다는 증거다. 학생들이 싫어하는 교과서가 잘 팔릴 리 없기 때문이기도 하다. 이에 관한 논리는 이미 교학사의 한국사 교과서 채택률 0%대 사건에서 입증되었다.

반면 국정교과서는 이런저런 눈치를 볼 이유가 없다. 집필과정에 관료를 배치하여 시시콜콜 간섭하고 정권의 입맛에 맞춘 내용을 집필하도록 종용할 가능성을 배제할 수 없다. 그 체제에서 민주적인 사고를 갖고 있는 유능한 교수, 교사 집필진의 확보는 난망한 일이다. 국정화를 꼭 추진해서 성공하고 싶다면 그 교과서를 쓸 학생들에게 물어 볼 일이다. 어떤 방식으로든 학생의 의견은 존중되어야 하고, 학생을 가르치는 교사들의 의견 역시 엄중하게 수렴해야 한다. 정부와 여당이 용공이니 좌경화니 하면서 빨갱이 타령을 하고 국정화가 마

197

IV.

문생어정
文生於情
정생어문
情生於文

치 대한민국 역사 바로 세우기의 유일한 방법이라고 홍보할 때 우리 미래를 책임질 학생들의 얼굴은 까맣게 잊고 있지는 않았는지, 한중일 삼국의 국제경쟁에서 경제와 군사력은 그들에게 못 미쳐도 당당한 민주주의 건설에 모범과 우위를 보였던 대한민국의 국가정체성이 역사교과서 국정화 작업으로 인해 모래성처럼 무너져 내릴 때 그대들은 역사 앞에서 어떻게 책임을 질수 있을지, 물어보고 싶다.

학생들을 사랑하지 않고 염두에 두지 않는 국정화 시도는 분명 시대의 퇴행이었다. 학생이 빠진 국정화 시책에는 미래가 담겨있지 않다. 역사책을 국정화 해도 역사는 국정화 되지 않기 때문이다. 과거 치열했던 역사교과서 논쟁을 되돌아보고 반면교사로 삼았으면 좋겠다.

행복한
삶의
온도

4.

학교폭력

내 아이

지키기

199

IV.

문생어정
文生於情

정생어문
情生於文

아이들이 쓰는 유서는 슬프다

아이들이 쓰는 유서는 슬프다. 죽음의 끝자락에서 엄마 아빠를 불러보며 '사랑한다'고 외치는 마지막 구절이 가슴에 사무친다. 고통과 고독의 터널 끝에서 자살로 이어지게 하는 따돌림과 학교폭력은 무엇일까? 지속적인 구타와 언어폭력, 매를 때리는 일진 아이들도 무섭지만, 2차 가해를 서슴지 않는 급우들과 은근히 3차 가해에 빠져드는 선생님들의 시선은 절망을 더욱 부채질 한다. 왕따 피해를 모르는 것은 부모님뿐이다. 학급의 아이들은 눈치를 차리고도 모른 척 하거나 함께 가해한다. 선생님께 도움을 청하면 피해자를 부적응아로 본다. 선생님들은 때리는 아이와 맞는 아이 모두를 문제아로 본다. 양비론이다. 사실, 어떻게 신고해야할지 구체적으로 절차를 배운 적도 없고, 피해를 아는 친구들이 돕고 싶어도 체계적으로 신고하는 방법을 훈련받지 못했다. 혹 부모님이 알아서 학교에 호소해도 피해자 편을 시원스럽게 들어주었다는 말을 들어 본 적이 없다. 생활주기(Life Cycle)가 담긴 스무평 교실은 어느새 지옥으로 변한다. 마음 둘 데가 없다.

일부 언론은 학교폭력이 발생하면 모든 책임을 교사에게 미룬다. 아예 피해자 부모의 입을 빌려 교사들이 '안보고 안듣고 말하지 않는' 3불통의 존재라고 규정하고 교사를 은폐의 주범으로 몰고 있는 듯하다. 어떤 신문은 상담사만 많이 배치하면 해결될 수 있다고 진단하였다. 교사가 왜 수동적인지 어떤 전문성이 필요한지, 대안 제시는 찾기 힘들다. 자살한 아이들에게는 공통점이 있다. 그들은 상담실 근처에 가보지도 못했고, 가해자를 학교폭력자치위원회에 세워보지도 못했으며, 승진 길을 포기하면서 자신을 돕는 교사를 만나지도 못했다. 그러니, 이러한 대책은 그저 늘 공허할 뿐이다.

대안은 늘 가까이에 있다. 교사의 자발성과 학교민주화다. 교장의 임명제로 운용되는 학교폭력 '책임교사제'(동료들은 그가 누구인지 대체로 모른다)를 교무회의에서 직접 뽑도록 선출제로 바꾸면 공공성과 책무성이 확보되어 지도가 공정해질 수 있다. 전교에 1명밖에 없는 생활지도 교사를 3~4명의 전담 네트워크제로 전환하여 운영하면 지도의 투명성과 효율성을 높일 수 있다. 민간단체에서 연수한 학교폭력 관련 지도사를 배치하고, 예비교사 양성과정의 커리큐럼에 학교폭력 과목을 정식으로 신설해야 한다. 지금처럼 상담관련 과목에서 50%를 학교폭력

내용으로 채우면 허용해주는 땜질식 처방은 한계가 있다. 또한 교육관료와 학교장의 은폐·축소를 최소화하기 위해 교육청에 '학교폭력 민간 감시관제'를 두어야 한다. 이는 정부와 학교가 당장 지금부터 적용할 수 있는 장치들이다.

학교폭력, 초기단계가 중요하다

학교폭력은 여전히 세간의 관심사다. 국민은 교육계에게 해답을 요구하고 있다. 모두들 해답을 기다리고 있다. 교육부장관은 관료의 입만 쳐다보고 교장은 교육청의 지시를 기다리지만, 아이들은 교사만 바라본다. 아이들 눈에 온통 들어오는 것은 선생님의 얼굴뿐이다. 그래서 어쩔 수 없이 교사가 중요하다. 학교폭력은 교사가 해결할 때 가장 효과적이라는 뜻이다. 선생님들은 어떻게 해야 할까? 교사가 학교폭력 발생 초기에 문제를 풀지 못하고 시간을 끌게 되면 필연적으로 가해자 아이들과 그 부모들이 똘똘 뭉쳐 사건을 축소하고 은폐하려는 속성을 나타낸다. 그 중 가장 흔한 사례가 교사의 시각과 관점을 흐려놓는 일이다. 피해자 아이와 가해자 아이들 사이에 오갔던 온·오프라인 대화를 조작하여 역으로 담임교사에게 피해자 아이를 모함하는 문건을 제공하는가 하면, 학부모들은 "맞은 아이가 문제가 있다", "맞을만한 짓을 했다더라"는 식으로 합리화를 해가며 교사와 학교장을 압박하고 회유한다. '양비론'의 부작용이다. 교사와 교장이 양비론을 펼치게 되면 학부모는 교육청으로 교육부로 뛰어가고 그

201

IV.
문생어정
文生於情
정생어문
情生於文

래도 문제가 안풀리면 추적60분 등 언론에 호소하게 되면서 일은 일파만파로 번지게 마련이다. 다양하고 복잡한 학교폭력을 지도할 때 그 대응 방식도 상황과 여건에 따라 다르게 전개되어야 한다. 학교폭력 발생시 일반적인 대응절차와 폭력 관련 대상 중심의 대응방안, 폭력 수준별 대응 방안 등을 중심으로 정리해보자.

첫째, 사실여부 확인이다. 아이와 대화를 통해 사실여부와 정황 등을 확인하되 시간, 장소, 형태, 지속성의 여부, 가해자 인적사항 등 구체적이고 상세하게 확인하고 기록해 놓아야 한다. 사실여부 확인 단계에서는 아이가 구체적으로 말을 하지 않을 경우에는 문제 발생 당시의 상황을 잘 알고 있는 아이의 친구 등을 만나서 확인하는 것도 하나의 방법이다. 이 경우에는 아이의 친구에게, 다른 사람들에게 이 사실을 말하지 않도록 주의를 주는 것도 잊지 말아야 한다.

둘째, 증인 및 물증확보다. 사실여부가 확인이 되면 증인이나 물증을 확보하여야 한다. 신체폭행인 경우에는 아이의 상처부위를 촬영하고, 의사의 진단서 등을 확보하여야 한다. 아이의 가까운 친구들의 진술을 확보하고 가능한 그 내용을 녹음해 두는 것도 필요하다. 자필 진술서를 확보해 두는 것도 좋은 방법이다. 가능한 사건을 목격한 친구들을 많이 확보하는 것도 필요하다. 특히 아이의 친구들과의 면접과정에서 같은 폭력을 지속적으로 행했는지의 여부를 확인해 두어야 한다.

셋째, 가해자 및 부모 면담이다. 가해자를 만나거나 가해자 부모를 만났을 때에는 나타날 수 있는 여러 가지 반응의 형태를 미리 고려하여야 한다. 첫 만남에서부터 먼저 감정적으로 대하거나 무조건적으로 죄인취급을 한다든가 해서는 안된다. 가해자 측에서 나타날 수 있는 반응은 대체로 몇 가지 형태이다. 아이들끼리 장난치다가 그런 것을 가지고 뭘 그러냐는 등 대수롭지 않게 생각하는 유형, 자신의 아이들은 절대로 그런 아이가 아니라는 발뺌형, 오히려 모든 원인이 피해자에게 있다고 하는 책임전가형 등이 있고, 많지는 않지만 순순히 사과를 해오는 유형도 있다. 가해자나 가해자 부모들을 만날 때 잘못에 대한 인정을 받아내는 것이 가장 중요하다. 가해자나 가해자 부모를 만날 경우에는 경험이 많은 동료교사에게 도움을 청하는 것이 필요하고 그 동안 확보된 증거를 준비해 가는 것도 중요하다. 증거물들을 처음부터 제시하기 보다는 상황에 따라서 사안에 맞는 증거를 제시하여야 하며, 증인들에 대해서는 비밀보장이 필요하다. 이 단계에서도 면담 이후에 상세하게 기록으로 남겨야 한다.

이와 같이 초기단계에서 교사와 부모가 물증 위주로 사건을 해결하려고 한다면 빠른 시간 내에 대화와 타협, 사과가 이루어질 수 있다. 사과와 배상이 원만하게 해결되면 징계를 할 필요가없어진다. 피해자 중심주의 관점을 갖고 문제를 해결하도록 하는 것이 매우 중요하다는 뜻이다.

203

IV.
문생어정
文生於情
정생어문
情生於文

학교폭력의 위기 상황 대처 모니터링

학교폭력의 모니터링은 학교폭력의 위기 상황, 즉 딜레마에 봉착했을 때 피해자와 가해자, 상담자, 교사, 학부모, 자원봉사자 등이 즉각 대처할 수 있는 가이드 항목이다. 학교폭력의 해결에서 무엇보다 중요한 것은 상담자의 대응 능력이다. 상담자는 사건이 발생하면 현장에서 즉시 지도하고 상담할 수 있는 능력을 길러야 한다.

• 피해자를 위한 모니터링

학교폭력의 물증 확보는 모니터링이 중요하다. 모니터링은 학령기에 맞게 작성하도록 지도해야 하며, 평소에 지도를 잘하면 문제가 발생했을 때 대처하기가 비교적 용이하다. 피해자 학생을 처음 접했을 때의 지도방법을 숙지하자. 이는 피해학생의 마음을 공감하며 다음과 같이 피해자 학생이 가져야 할 마음가짐과 태도가 무엇인지를 유념하자.

[마음가짐]

·나는 가해자 아이들의 폭력이 정말 잘못되었다고 생각한다.

·나는 성격에 문제가 있어서 폭력을 당한 것이 아니다.

·나는 혼자가 아니다. 학생을 도와주는 친구·가족·경찰이 있다.

·나는 가해자들을 신고할 것이다. 신고하는 것은 참으로 용기 있는 행위다.

·나는 피해 입은 내용을 치밀하게 기록하는 것은 지혜로운 일이다.

[관찰·기록·신고 요령]

·언제부터, 무슨 이유로, 누가, 어떻게, 얼마나 심하게 괴롭혔는지를 생각한다.

·생각한 내용을 육하원칙에 따라 날마다 일기 등에 기록 한다.

·특히 괴롭힘 당한 내용은 구체적으로 기록한다.

·상담실에 신고할 때는 반드시 피해사실을 기록한 것을 가지고 간다.

· 생활지도부의 신고함을 이용하거나 상담실의 상담신청서를 이용할 수 있다.

· 마음 편하게 보건실을 찾아가 어디가 왜 아픈가를 설명한다.

· 외부 상담기관의 신고전화, 인터넷을 사용하여 신고한다.

[가해자가 따로 남거나 보자고 할 때 대처요령]

· 가해자가 방과 후에 어디로 오라고 하면 절대 가지 않고 즉시 신고한다.

· 길목을 지키고 있을 경우를 대비해서 부모에게 마중 나오라고 전화한다.

· 본인이 못할 경우 가장 친한 친구에게 대신 신고를 부탁한다.

[금품을 빌려달라고 강요할 때]

· '없지만 부모님께 말씀드리고 빌려주겠다.'고 한다. 가해자는 부모에게 알려지는 것을 두려워한다. 사실상의 거절 표현이다.

· 자꾸 강요하면 부모님과 교사에게 즉시 알린다.

· 어쩔 수 없이 강탈당할 때는 친구가 목격할 수 있도록 한다.

· 강탈당할 때의 정황과 느낌을 꼭 기록해둔다

[신체폭행 및 언어폭행을 당했을 때]

· 누가 언제 왜 어떻게 폭행했는지를 상세하게 기록한다. 기록은 증거가 된다.

· 폭행을 당한 즉시 병원(언어폭행은 정신신경과)의 진단서를 발부 받는다.

· 폭행사실을 증언할 수 있는 친구의 증언물(녹음, 기록, 대필 등)을 준비한다.

[일기, 신고서 등 작성 요령]

· 일기는 구체적으로 작성하되 자신의 마음을 감성적으로 표현해야 한다.

205

IV.

문생어정
文生於情

정생어문
情生於文

· 신고서는 객관성을 중시하고 피해 및 가해의 행동을 하나하나 구체적으로 표현한다.

여기에서 중학교 3학년 학생이 작성한 일기를 약간 재구성한 예문을 살펴보자.

나는 오늘 점심시간에 베란다에 끌려가서 3학년 1반의 연지, 하영, 미래에게 둘러싸여 폭행을 당했다. 어제 하영이가 가져오라는 삼 만원을 가져오지 못했다는 이유다. 먼저 연지가 4교시가 끝난 12시10분에 나를 보고 잠깐 베란다로 나오라고 했다. 내가 따라 나가자 하영이와 미래가 어디선가 나타나서 함께 따라왔다. 그 아이들이 순식간에 나를 에워싸고 때렸다.

"즐, 네 해골바가지를 부숴놓겠어. 어떻게 3만원도 없니!"- 연지

"너, 네 사진에 검은 테 붙이고 병풍 앞에서 향냄새 맡고 싶니?"-하영

"또 담임에게 이를래? 옥수수(이빨)를 뽑아놓겠어!"-미래

나는 울면서 돈이 없다고, 담임에게 말하지 않겠다고 말했지만 애들은 계속해서 때렸다. 연지가 나의 오른쪽 뺨을 두 대나 때려서 입에서 피가 났다. 입안에 폭탄이 터진 것 같았다. 하영이는 나의 앞 머리카락을 세 번이나 잡아 쥐고 흔들었다. 다 합치면 새끼손가락 굵기만큼이나 머리카락이 빠졌다. 머리카락이 빠질 때는 정신을 잃을 것만 같았다.

나는 계속 네 번이나 '말 안할게'를 반복하며 빌었지만 세 명 모두 내 뺨을 돌려가며 두 대씩 더 때렸다. 내 볼은 토마토처럼 부어올랐다. 하영이는 돌아서는 나의 등짝을 재활용 박스에 있는 콜라 캔으로 두 차례나 찍었다. 나중에 집에 와서 보니 어떻게 찍혔는지, 속옷까지 구멍이 뚫리고 등에 피멍

이 들었다. 죽고 싶다. 내일도 그 애들이 교실에 들어와서 나를 찾을 텐데…

- 혜영이의 일기

• 피해 친구를 위한 모니터링

피해친구를 위한 모니터는 협동학습을 할 때처럼 상대방을 배려하는 마음과 친구에게 협조하고자하는 심리가 요구된다. 마음가짐은 정의롭고 행동은 치밀해야 한다.

[마음가짐]

· 나는 친구의 학교폭력 피해를 절대로 방관하지 않는다.

· 나 역시 친구처럼 언제든지 피해를 입을 수 있다.

· 나는 가해자를 말릴 힘은 없지만 그들의 행위를 몰래 기록할 수는 있다.

· 나는 친구를 위해 친구 부모님과 선생님에게 신고할 수 있다.

· 나는 친구를 위해 대신 상담전화를 할 수 있다.

· 나는 친구를 돕기로 한 다른 친구들과 힘을 합칠 수 있다.

[관찰, 기록, 신고 요령]

· 친구의 피해 사실을 '언제 무슨 이유로 누구에게 어떻게' 맞았는지 기록한다.

· 친구의 피해 사실을 기록할 여유가 없으면 핸드폰에 구체적으로 녹음해 놓는다.

· 교사, 상담기관에 신고할 때는 가급적 기록이나 녹음한 증거물을 함께 제출한다.

·기록, 녹음. 증언은 그 자체가 법적으로 중요한 증거가 된다.

·가능한 한 피해 사실을 다른 친구들에게 알리고 기록물에는 함께 사인하게 한다.

• 피해 학생의 친구가 학교당국, 상담기관, 경찰에 신고하기

피해자가 적극적으로 피해를 호소하고 신고에 나서기는 쉬운 일이 아니다. 그러므로 친구들의 단합된 행동과 용기가 필요하다. 친구들이 피해자에게 "신고하는 것이 보복을 당하지 않는 확실한 방법이다"라고 설득하고, 신고할 때는 반드시 증거물(기록, 녹음)을 지참하도록 한다. 이 경우 친구들이 대신 신고해도 무방하다. 교사에게는 서로 싸운 것이 아니라 피해를 당한 것이라는 사실을 반드시 증언한다. 가능한 한 많은 친구들이 함께 증언한 내용을 첨부하여 신고하면 더욱 좋다.

• 신고사항 작성 요령

학생의 피해 상황을 누가, 언제, 어디서, 무엇을, 어떻게, 왜라는 육하원칙에 최대한 부합하게끔 기술하여 신고를 하면 있었던 사실을 정확하게 파악하는데 도움이 된다. 그리고 피해를 본 학생의 감정 상태와 가해 학생의 인적사항과 가해 상황을 구체적으로 표기한다면 더욱 객관화가 될 것이다. 또한 피해 상황을 목격한 학생의 증언서는 반드시 필요하다.

• 증언서

증언(證言)은 제3자가 자기의 견문 그 밖의 지각에 의해 경험한 구체적인 사실이며 전문적인 경험을 쌓아 알 수 있었던 것도 증언이 된다. 이러한 증언은 문자로 표기해도 증거 자료 중의 하나가 된다. 이 때문에 증언서는 상황을 정확하게 기술하는 것이 중요하다.

· 누　가 : 나. 2학년 3반 16번 김승비와 같은 반 이길진
· 언　제 : 2013년 11월 15일(金) 오후12시 30분
· 어디서 : 지킴이학교 매점 뒤 폐휴지 처리장 옆에서
· 피해자 : 2학년 3반 23번 김학영이가
· 가해자 : 2학년 5반 김영성, 2학년 7반 김재건, 김익진, 2학년 1반 임재
　　　하에게
· 피해목격 : 약10분 동안 주먹과 발길질, 깨진 사진액자로 마구 두들겨 맞
　　　는 것을 보았다
· 피해 상황

김학영은 무릎을 꿇고 세 번이나 그만 때리라고 울면서 호소했으나, 김영성은 주먹으로 학영이의 복부를 4번 때리고 발길질로 무릎을 2번 세게 찼다. 김재건은 학영이의 머리를 사진액자틀로 3번 내리쳐서 이마에 피가 흐르게 했으며, 익진이는 얼굴에 침을 2번 뱉으며, '씨발놈'이라고 욕을 했다. 임재하는 "그만 5만원 갖고 온다고 약속해라"고 어르며 학영이의 멱살을 잡았다. 학영이는 얼굴에 피투성이를 하고 울먹이며 "미안해, 잘못했어! 돈 가져올게."란 말을 세 번이나 반복했다

· 뒷마무리

우리는 학영이를 수돗가로 데려가 씻기고 곧바로 보건실에 가서 상처를 치료받게 했다. 보건선생님이 다친 상처를 보며 어떻게 된 것이냐고 물어

서 학영이는 폐휴지 창고에서 넘어져 다친 상처라고 거짓말을 둘러댔다.
수상하게 여긴 보건선생님이 방과 후에 이길진을 불러 상담을 하는 바람
에 김학영의 학교폭력 피해가 밝혀졌다.

-기록자: 2학년 3반 김승비, 이길진

가해자 지도를 위한 모니터링

학창시절 가해 경험이 있는 학생은 20세가 되기 전까지 전과자가
될 수 있는 확률이 상당히 높다. 폭력서클에 가담하여 가해를 경험한
학생은 24세가 되기 전에 약 90%가 전과 1범 이상을 기록한다(청소년
폭력예방재단, 2004). 그러므로 가해 학생에 대한 발견과 선도 프로그램
을 적용하는 일은 학교폭력 지도에 있어서 매우 중요한 일이다.

[가해 학생을 만들 수 있는 부모의 태도 유형]
학부모는 학생을 누구나 잘 양육하고자 한다. 그러나 어쩔 수 없
이 학생의 생활과 교육에 무관심하거나 방치하기도 한다. 가해 학생
들의 학부모가 어떻게 양육하느냐에 따라 학교폭력 발생 빈도는 달리
나타난다. 학교폭력 빈도가 높게 나타나는 학부모 자녀교육 태도와
자세을 살펴보자.
대체적으로 가해학생의 학부모는 자녀교육을 방치하고 있다. 당
당하게 아이를 지도하지 않고 아이의 요구를 무조건 수용한다. 이기
적이고 이해심 부족한 아이로 자신만의 주장을 고집한다. 과정보다

는 결과를 중시하고 아이의 부족함을 개발하는 것 보다는 다른 집 자녀와 비교하면서 아이의 자존감을 허약하게 만든다. 이들은 타인 앞에서 자녀의 잘못을 무조건 감싸지만 폭력적인 가정교육을 병행한 다. 학교폭력에 노출되면 합리적이고 이성적으로 문제를 보려하지 않 고 '너도 그렇게 해' 라고 하거나 '내가 책임져'준다고 한다.

[가해 아이를 선도하는 방법]

학생은 아직 인지 능력이 부족한 시기이다. 올바름과 그름의 판 단 기준이 잘못 되었을 수도 있다. 그리고 감정에 휩쓸려 좋고 나쁨 을 격하게 판단하기도 한다. 한 순간의 학교폭력이 학생의 미래를 다 치게 하지 않도록 섬세한 배려가 필요하다.

가해 학생을 만나기 전에 올바른 선도를 하기 위해 피해자 부모 나 상담자는 피해 학생의 진술서와 친구들의 증언서를 차분하게 분 석할 필요가 있다. 그리고 가해를 하게 된 원인을 찾아내며 대화한다. 학생이 왜 따돌리는 가해 집단에 속하게 되었는지 스스로 그 이유를 묻게 한다. 가해 학생의 잘못을 무조건 감싸기보다는 잘못된 점을 지 적하여 가해 학생이 문제를 인지하도록 한다. 가해 아이게 끝까지 그 어리석음을 일깨우는 메시지와 관심을 전달한다.

피해 학생의 고통에 대해 함께 검증하고 역할극 등을 통해 치료 를 부과하고 공격적 에너지를 긍정적 에너지로 승화시키도록 이끌어 주어야 한다. 대인 관계 심성훈련, 상담교육 프로그램 참가, 취미 활 동 장려하는 것이 도움이 된다.

211

IV.

문생어정
文生於情
정생어문
情生於文

외국의 학교폭력 대책

선진국의 학교폭력은 한국의 왕따처럼 문화현상으로 나타나는 것이기보다는 총기 등에 의한 사고와 교사에 대한 폭력 등 문제현상이 깊다고 할 수 있다. 선진국의 안전과 예방 등 학교에서의 대응방법을 살펴보자.

• 미국의 사례

미국 일리노이아주 211학군에서는 학생, 학부모, 교사, 지역이 함께 참여해서 학칙을 만드는 풍토를 세웠다. 학칙 속에는 아이들의 생활주기를 고스란히 담았다. 일부러 자치를 학습하지 않아도 생활 속에서 자치가 이루어진다. 이렇게 학칙을 만들 때부터 학생회·교사회·학부모·지역인사들이 모두 참여하여 정한 규정은 학생뿐 아니라 교장·교사·지역사회까지 지켜야 할 의무를 폭넓게 담는다. 지역의 주민들은 학칙에 명시된 순회 시찰 교육(경찰서, 소방서에서 선도 교육 연계 프로그램 마련 등)에 기꺼이 응하여 학교교육이 360도 전방위 생활교육이 될 수 있도록 참여한다.

※ 미국 일리노이아주 211학군의 학칙의 예.

9학년 벤과 메리는 5달러씩을 걸고 몰래 즐겼던 벤과 메리는 다음 주까지 방과 후에 이용할 수 있는 교내의 실내 농구장 출입을 금한다. 내기 체스를 한 대가를 치렀다. 제이콥은 기말시험 면제 혜택을 받을 수 없다. 동급생인 이스트 제닝에게 상습적으로 폭언을 퍼부은 제이콥은 리포트로 대체할 수 있었던 기말시험을 직접 봐야 한다는 벌칙을 통고 받았다. 그 결과 자칫하면 섬머스쿨에 출석하는 신세가 될지도 모른다. 9학년 여학생을 성희롱한 11학년 제임스는 학생회 주최 졸업댄스 파티 참가를 불허한다. 하급생 줄리엣에게 외설을 일삼았던 제임스는 가장 무거운 벌칙에 해당되는 졸업댄스 파티를 놓치게 되었다. 제임스는 한동안 연애하기는 틀린 것 같다. 학교폭력 신고를 받은 교감은 12시간 내에 학칙에 따라 당국에 신고해야 한다. 소방 벨을 누른 아이의 교육을 의뢰받은 소방서장은 일주일에 2시간의 소방교육을 실시해야 한다.

미국의 한 고등학교 교실에서 흔히 일어나는 풍경이다. 학교행정가가 통고하는 학칙 위반에 대한 벌칙내용은 하나같이 아이들에게는 단호하고 아픈 생활영역에 속한다. 학칙이 포괄하는 범위는 곧바로 자신이 몸담고 있는 생활의 범위(life cycle)에 해당되기 때문이다. 물론 학칙제정에 학생회가 여론조사를 하면서 주체적으로 참여한다.

미국은 안전(safety)을 위주로 하는 대책을 마련하고 있다. 미국은 학교에서 일어난 학교폭력, 특히 총격 피해의 비극을 연속으로 경험했다. 이런 경험을 통하여 미국의 학교폭력과 학교위기에 대한 개입의 방향성은 안전을 더 철저히 하는 방향(tighter security)으로 흐름이 정착되었다. 어떤 학교는 경찰이 아예 상주를 하고 있으며 간혹 금속 탐지기를 통해 학생들의 무기 소지를 검색하고 있다. 여전히 많은 학교는 폭력 학생에 대해 사건 발생 후 정학·퇴학·치료명령 등과 같은 후속 조치를 명령하고 있다.

213

IV.

문생어정
文生於情

정생어문
情生於文

• 노르웨이, 영국, 스웨덴, 노르웨이의 학교폭력 대책 사례

　미국이 무기소지, 인종문제, 약물문제 등으로 학교폭력의 잔혹성
과 위기가 상대적으로 중대한 상황에 있다면 유럽 국가들은 훨씬 더
안전한 학교환경을 갖고 있다고 보는 것이 나을 듯싶다. 유럽의 여러
나라가 어떻게 학교폭력에 대응하고 있는지 살펴보자.

[노르웨이의 왕따 예방]

　노르웨이에서 실시한 왕따 예방 프로그램(Bullying Prevention Program)
은 대체로 학교에서 발생하는 학교폭력을 감소, 예방하는데 목적을
두고 실시되었다. 학교 당국이 적극적으로 학생들의 동료관계를 개선
하고 학교를 안전하고 즐거운 장소로 만들 책임이 있음을 강조하였다.
또한 학교의 환경을 재구성하고 바람직하지 않은 학생의 행동과 태도
를 감소시키고 사회적 관계와 친사회적 행동을 향상시키고자 하였다.

[영국의 ABC 정책]

　영국 정부는 학생들 간의 Bullying을 학교 내의 폭력으로 규
정했으며 대표할 만한 정책에는 반 왕따 캠페인(Anti Bullying Campaign)
의 초기 대응을 이용한 ABC 정책이 있다. 정확한 관찰, 즉각적인 보
고, 연대책임 및 가해자와 피해자에 대한 공정한 처리 등이 이 정책
의 특징이다. 영국은 bullying과 관련된 학생들을 위한 별도의 교육
시설로 정서장애학교라고 하는 것을 운영한다. 정서장애학교(Secondary
Support Unit: SSU와 Red-Balloon)에는 Bullying 가해자와 피해자를 치료,
치유하는 두 종류의 기관이 있다.

215

IV.
문생어정
文生於情
정생어문
情生於文

[스웨덴의 기초학교학습지도요령]

스웨덴은 약속과 합의라는 교육적 의미에서 학칙을 신중하게 마련하고자 하는 노력을 게을리 하지 않고 있다. 스웨덴에서는 1969년부터 이러한 공동학칙의 제정과 운영을 학부모 대표와 학생대표를 포함한 학교운영협의회에서 토의할 것을 '기초학교학습지도요령'이라는 법적 규정을 통해 체계적으로 마련하고 있기까지 하다.

• 청소년 성매매와 부모의 생활지도

어린이 티가 아직 가시지 않은 여중 1학년 성미는 '원조교제'라는 핑계로 성폭행을 당했다. 낯모르는 아저씨에게 두 차례나 몸을 팔고 40만 원을 받았고, 그 돈은 고스란히 매춘을 시킨 친구들 손에 들어갔다. 인터넷에 원조교제 매춘을 하겠다는 의사를 밝히고, 그에 응한 아저씨를 소개한 친구들은 성미의 몸을 팔고 받은 40만 원의 화대를 몽땅 챙겼다. 성미가 함정에 빠진 것은 컴퓨터 때문이다. 자신의 집에 있는 pc가 고장 나서 사용할 수 없게 된 성미는 친구 미림이네 집에 가서 ppt를 작성했다. 그런데 공교롭게도 사용하던 중에 컴퓨터가 다운되었고, 그 책임은 성미에게 돌아갔다. 이튿날 수리를 하려면 20만 원이 필요하다는 미림이의 말에 성미는 고민에 빠졌다. 저녁식사 자리에서 성미는 엄마와 아빠를 흘끔흘끔 쳐다보며 조심스럽게 컴퓨터 수리비 얘기를 꺼냈다. 무심코 듣고 있던 아빠가 벌컥 화를 냈다.

"그건 네 책임이 아니야, 어떻게 컴퓨터가 정상적으로 사용하던 중에 고장이 나니? 어차피 망가져 있던 것이 틀림없다. 수리비 ·20만 원도 미림이가 뒤집어씌운 거야. 그 애는 정말 질이 나쁜 아이구나.

성미 너는 그냥 있어. 돈줄 필요 없다."

"엄마가 뭐라고 했니? 미림이 같은 나쁜 친구들 사귀지 말라고 했잖아. 왜 또 그 애랑 어울리니? 하라는 공부는 안 하고 미림이네 집에까지 가서 컴퓨터를 해? 내가 못 살아."

사실 성미의 부모님은 신중하지 못했다. 아이가 컴퓨터 수리비용을 요청했으면 부모님은 두 가지 측면에서 문제를 분석했어야 옳았다. 한 가지는 문제의 동기를 파악하는 것이고, 다른 한 가지는 결과에 대해 책임져주는 것인데 성미의 부모님은 돈을 달라는 동기(motive)에 대해서는 올바른 판단을 했으면서도, 결과 즉 돈 문제에 이르러서는 나 몰라라 한 것이다.

동기를 파악하고 교육적 훈계를 했으면, 미림이네 부모님과 전화통화를 하여 어떻게든 결과에 대해 책임을 지는 자세를 보여주었어야 했다. 그런데 부모는 책임을 회피했다. 자녀 상담에서 '완결구조'는 그래서 중요하다. 무엇이든 아이가 문제를 제기하면 그 문제에 대해 최종적인 답을 해주어야 한다. 성미의 부모님은 답변으로 돈을 주든지, 돈을 못 주면 못 주는 상태에서 그 문제의 해결자가 되었어야 옳았다. 자녀 상담의 완결구조란 Yes든 No든 상대방이 수용할 수 있는 답을 주는 것이다. 교사의 생활지도 역시 마찬가지다. 완결구조가 중요하다. 10대에 학교폭력 가해자 경험을 한 아이들이 20대로 성장하면서 절반 이상이 전과자가 된다는 한 전문조사기관의 통계가 떠오른다. 안타까운 일이다.

5

공짜로

먹는

대한민국

스펙공화국의 청춘으로 살기

"어차피 만점짜리로 준비해와요. 그래도 그래머(Grammar) 들어가면 허점이 많아요. 더 해야되요". 스펙 얘기다. 얼마전 우리나라에서 가장 잘 나간다는 재벌급 어학원 간부들과 함께 한 식사 자리에서 그들이 털어 놓은 불만이었다.

입사를 위한 서류 응시에서 토익, 토플, 텝스 만점짜리를 뽑아도 면접을 해보면 모자란 점이 드러나기에 요즘은 아예 추가로 토익 스피킹과 글쓰기(Writing)를 별도로 요구한다고 한다. 평범한 어학원이 재벌급 회사로 성장한 배경에는 이와 유사한 대기업의 입사시험 풍토가 있기에 가능한 일이었다. 정부 역시 여기에 일조하고 있다. 교육부가 정한 퇴출 대학의 최대 요건은 취업률이다. 무슨 짓을 하든 취업률만 높으면 '좋은 대학'이 된다. 대학의 피눈물나는 구조조정은 학문의 발전과 무관하다. 학과의 개폐는 취업률에 달려있다. 물론 취업률이 높다고 해서 비 명문대학이 명문대학이 되는 것은 아니다, 그건 별도다. 그러므로 대학들은 대학서열화 고착과 취업률 신드롬의 이중고에 시달린다. 기업과 정부의 욕망에 끝없이 질주하다가 학문은 무너졌고 자칫하면 퇴출대학이 되는 시대에 학문의 권위는 누추해졌다. 이 스펙과 관련해서 오래 전 고려대학교 3학년생 김예슬양이 대학을 그만두는 사태가 벌어졌다. 김예슬은 "자신은 스펙사회 속에서 인간의 길이 무엇인지 찾기 위해 대학을 그만두게 되었다"고 하면서 대자보를 통해 "국가와 대학은 자본과 대기업의 인간 제품을 조달하는 하청업체"라고 비판하였다. 올해도 일부 고교생들이 수능시험을 거부하면서 언론을 통해 대학 무용론을 주장했다.

이제 한국의 대학에서 전공의 국가경쟁력을 기대하는 것은 허망한 일이다. 21세기가 요구하는 인문학적 소양을 기르는 것은 더 웃기는 일이 되었다. 교양과 전공이 사라져버린지 오래다. 그 자리에 들어선 것은 오로지 영어공부와 공무원 시험이다. 스펙은 학력과 학점, 토익 점수 외 영어 자격증, 그 밖의 관련 자격증들을 총칭한다. 대부분의 기업들은 이 스펙들을 바탕으로 구직자를 평가한다. 이 스펙은 대한민국 대학생들 사이에 하나의 보증수표로 작용하며 최대의 부담 요소로 작용하고 있다. 스펙은 시간과 돈으로 만들어진다. 보통 수재급에 해당하는 학생들이 토익, 토플, 텝스를 800점 이상, 높은 등급에 도달하려면 2년정도의 시간이 소요되고 학원비며 교재비용이 최소 500만원 이상이 필요하다. 여기에 최근 기업이 요구하는 토익 Speaking과 Writing을 충족시키려면 어학연수는 필수다. 1년정도 영어권 국가에 유학을 다녀오려면 최소 3천만원에서 5천만원은 기본이다. 이렇게 대학수업을 전폐하다시피 영어 스펙을 쌓아도 취업은 바늘구멍이다.

기업은 그럴수록 만족하지 않고 취준생들에게 더 완벽한 스펙을 요구할 뿐이다. 가만히 앉아서 '완제품'을 먹겠다는 뜻이다. 스펙의 여파는 대한민국의 젊은이들에게 연애와 놀이와 결혼을 포기하게 만들었다. 설상가상으로 주택구입의 희망마저 반납해야 한다. 젊은이들이 절망 때문에 아픈 것이 아니라 희망이 없기 때문에 아픈 것이다. 연애를 못하니 결혼도 포기해야 하고, 천신만고 끝에 결혼을 해도 기업체에서 사원들에게 끊임없이 스펙을 또 요구하니 출산은 꿈도 못 꿀 일이다. 연애와 결혼과 출산, 이 세가지를 포기하게 만드는 나라에서 교육은 언감생심(焉敢生心)이다. 이 비극적 사태를 초래한 것은 정부와 기업, 대학의 고모가 있기에 가능한 일이다. 그들은 공범이다.

우리 국민들이 비교적 호감을 갖지 않는 일본마저 기업들이 대학생들에게 스펙을 요구하지 않는다. 인·적성을 최대한 고려하여 신입생을 뽑고 입사 후에 자체 비용을 들여서 훈련을 시킨다. 정부가 강요한 것도 아니지만 스스로 그렇게들 한다. 교육의 영역을 보호해주기 위해서다. 선진국이란 그런 것이다. 답이 없는 것은 아니다. 중등교육과 대학입시의 분리, 대학교육과 기업선발 기제의 분리, 인문학적 소양과 실증력 넘치는 교육과정, 현장경험이 풍부한 교수인력의 확보,

219

IV.

문생어정
文生於情
정생어문
情生於文

마음껏 놀 수 있는 중등 교육과정 등을 즉각 도입해야 한다. 젊은이들이 가슴 뜨겁게 연애할 수 있는 캠퍼스를 만들었으면 좋겠다.

대학입시와 중등교육과정 개혁이 답
① 외국과 한국의 입시제도 어떻게 다른가

우리나라 입시제도를 논할 때마다 단골로 등장하는 메뉴가 '학부모 이기심'이다. 정부가 천문학적인 광고비를 들여서 학부모 이기심을 비꼬는 공익광고까지 내고 있는 마당이다. 땅은 좁은데 인구는 많고 어차피 경쟁은 불가피하니 입시는 필요악이라는 뜻이다. 정말 그럴까? 정부는 정책을 잘하려고 하는데 학부모들의 경쟁심이 아이들을 사교육시장으로 몰아넣고 있는 것일까? 교육선진국의 입시를 살펴보면 공통점이 있다.

첫째, 중등교육이 대학입시에 종속 당하지 않는다.

둘째, 대학의 인문계열을 진학할 때 수학 성적이 결정적으로 당락을 좌우하지는 않는다.

셋째, 국가보다는 대학이 선발의 자유를 갖고, 동시에 대학도 한국처럼 국영수같은 지필고사로 줄을 세워 선발하지 않는다.

그러나 한국은 다르다. 입시 때문에 초등학교 때부터 온 국민이 사교육에 매진하고 수학을 못하면 문과 학생도 대학을 못가며 대학들은 어리석게도 정부가 수능과 내신을 통해 아이들을 일등급부터 구등급까지 줄을 세워주면 거지가 배급받듯이 서울대를 필두로 죽 줄서서 나눠 갖는다. 그런 현실이니 대학도 발전을 못한다. 특정 대학을 지목해서 미안하지만 교수평가와 학과 구조조정으로 난리법석을 피우는 J대에게 할 말이 있다.

"백년을 해봐라, 그러면 J대가 연·고대되나?"

J대를 조롱하는 것이 아니다. 정부와 대학이 짜고 치듯이 지금의 입시구조를 유지하면 대학서열은 영원히 바뀌지 않는다는 뜻이다. 무엇이 문제인지 외국사례를 살펴보자.

외국 대학입시 제도의 특징을 살펴보는 일은 만성적으로 입시교육에 시달리는 한국의 현실에 비추어 유용한 일일 것이다. 교육선진국들이 우리나라처럼 수학을 못하면 누구나 원하는 대학을 갈 수 없는지, 수능 같은 국가입시제도가 존재하는지, 대학들이 1등부터 꼴찌까지 서열화하여 입시에 반영하는지 궁금하다.

이 장에서는 간략하게나마 미국, 프랑스, 독일, 영국, 일본, 중국의 사례를 살펴보기로 한다. 이 장에서 소개하는 내용은 필자가 전에 KBS 뉴스팀의 요청으로 정리해서 전달하여 보도에 도움을 준 바 있다. 사전적인 의미는 daum 백과사전, 워키 백과사전 등을 활용하였다.

221

IV.

문생어정
文生於情
정생어문
情生於文

②서구 사회의 입시는 자격고사 형태

미국은 국가수준의 입시제도인 SATI과 SATII를 운영하고 있다. 미국 대학수학능력시험(SAT)은 미국 대학입학시 고려하는 요소 중 하나이며 여러 개의 시험을 통칭한다. SAT에는 SATI 논리력 시험(SAT Reasoning Test)과 SATII 과목별 시험(SAT Subject Test)이 있다. 과목별 시험에서는 대략 4과목 정도의 심화과목을 보아야 한다. SATI과 SATII는 학과목 문제풀이식인 한국의 수능과 달리 지능검사형의 성격을 지닌다.

SAT는 연간 8회 정도 실시한다. 복수 응시가 가능하니까 사실상 문제은행 방식이다. SATＩ은 응시선택권을 보장하고, SATⅡ에서는 대학별로 외국어, 수학, 과학, 문학 4과목 중 문이과의 성격에 따라 2과목을 선택할 수도 있다. 이 경우 인문계 전공의 대학을 진학하는 입장에서 굳이 수학이나 과학을 선택할 필요는 없을 것이다. 반면에 이공계를 진학할 경우 굳이 문학이나 외국어를 선택할 이유도 없다. 대부분의 대학은 응시서류에 SATＩ의 성적을 첨부하게 하여 반영하지만 특별한 경우 SATＩ을 전혀 반영하지도 않고 입학사정관제에 의해 선발하기도 한다. 입학사정관제는 미국에서 처음 시작하여 지금은 여러 나라가 시행하고 있는 보편적인 선발방식이다.

만약 자녀를 미국에 유학시킬 요량이라면 미국의 대학들은 보통 한국의 내신을 신뢰하지 않는다는 것을 알아야 한다. 보통 유학시험 점수나 SAT 점수를 요구한다. 그러므로 고등학교 입학 시점에서 유학 여부를 조기에 결정하지 않으면 대비하기 어렵다는 것을 인식해야 한다. 최근 미국 내 한국 유학생의 숫자가 10만 명을 넘어 세계 최다 수치를 기록하며 비싼 유학비와 생활 문제 등 부작용이 거론되고 있으므로 신중을 기해야 한다.

미국의 초기 이민족인 앵글로색슨족은 기독교 가치와 서유럽 백인혈통을 미국의 주요대학에서 양성하며 앵글로색슨족을 사회의 주류인 엘리트층으로 키워갔다. 미국은 1900년 초까지는 다른 나라의 대학들처럼 라틴어, 대수학, 영어 등 시험 성적과 학업능력을 통해 신입생을 선발하였다. 그러나 1920년대에 들어와 후발 이민주자이면서 교육열이 높은 유대인들의 합격이 급증하기 시작했고, 그 비율이 하버드대 20%대, 콜롬비아대 40%대 등 폭등하기 시작했다. 이러한 현실은 미국의 주류인 기독교이면서 백인인 상류층에게 큰 위협이 되었고, 이를 사회적으로 저지하기 위한 방편을 생각해냈다. 바로 시험 외의 전형 방법인 입학사정관제를 도입한 것이다. 입학사정관은 지원자의 성격, 지도력, 집안 환경 등 성적 외의 잠재력과 리더십을 본다는 명분하에 앵글로색슨족을 대거 합격시키고 유태인을 탈락시키는 계기를 마련했다. 그렇지만 세월이 흐르면서 입학사정관제는 변모를 거듭했다. 제2차세계대전을 거치며 미국 사회에 인종 성별 간 다양성과 통합성이 요구되었고 신입생 또는 장학생 선발 시 소수 인종과 여학생을 배려하는 분위기가 조성되면서 입학사정관제가 소수민족의 대학입성을 위한 역할을 하였다. 이후 미국의 초중등교육과 대학입시 분리 정책이 자리 잡으면서 입학사정관제는 미국의 보편적인 입시제도로 발전하였다.

아이비리그 대학들의 경우 SAT와 9~12학년까지의 고교 내신 성적 특히 AP과정 이수결과와 에세이, 특별활동, 교사의 추천, 심층면접 등 다양하게 전형기준을 제시한다. 이러한 자료들에 바탕하여 입학사정관들이 심층검토와 논의를 통해 합격 여부를 결정하기도 한다. 교육격차 해소를 위해 빈곤층과 소수민족을 우대하는 특별한 제도를 마련하는 등 다각적인 방식이 적용된다. 한국의 입학사정관제는 2004년에 작성한 '2008 이후 대입개선안'에서 처음으로 등장하여 2007년 노무현 대통령의 참여정부에서 교육부 신규사업예산으로 도입되었다. 이 예산은 당시 이주호 국회의원의 요구로 교육부가 20

223

IV.
문생어정
文生於情
정생어문
情生於文

억원의 예산을 편성하였고, 이명박 정부가 들어서서 이주호가 교육수장이 되면서 본궤도에 올랐다.

미국의 입시가 유연한 것은 무엇보다 고등학교 교육과정과 대학입시가 분리되어 있기 때문이다. 연방에서는 중등교육에서 꼭 배워야할 9개 정도의 교과군만 제시한다. 교육의 구체적인 내용과 커리큘럼 (curriculum)은 주 교육위원회나 교육구에서 정하고 교과서는 모두 인정제이며 출판사가 내용을 수정할 수 있다. 뿐만 아니라 단위학교의 교사들은 학생평가에서 절대평가를 적용하고 그 방식 또한 자유롭다. 이러한 현실에서 한국처럼 전국단위 내신 총점을 반영하는 것은 불가능하다. 미국의 입시문화는 분권과 자율, 교사의 평가권이 만들어 낸 교육문화다. 미국의 입시제도는 제도와 문화의 산물이다. 한국의 경직된 입시제도로 아이들이 신음하는 것 역시 한국의 정치권과 교육계가 만들어 낸 인재(人災)임을 인식해야 할 것이다.

프랑스의 바깔로레아 (Baccalauréat)는 대입자격을 위한 자격고사형이다. 바칼로레아를 합격한 학생은 대학입학자격이 주어지며 절대평가제이다. 약칭으로 bac이라고도 부른다. 바깔로레아는 논술 및 철학 시험을 필수로 한다. 나폴레옹 시대인 1808년에 시작되어 약 200년에 가까운 역사를 가지고 있고, 철학과 논술 시험문제는 학생뿐만 아니라 전 국민의 관심사가 되고 있다. 시험 출제는 주로 현직 고교 교사들이 하고 있다. 바깔로레아는 영국의 A-레벨이나 미국 고등학교 졸업시험과 마찬가지로 표준화된 합격 증명서가 있다. 이를 통해 특정한 영역의 직업이나 대학 입학, 또는 전문 자격증이나 훈련을 받기 위해 쓰인다. 바깔로레아는 중등학교 마지막 해에 거의 모든 학생들이 시험을 본다.

　한국에서 자녀를 프랑스로 유학 보낼 경우 국비로 학비를 지급하는 프랑스 사회의 복지 특성상 학비 걱정은 크게 하지 않아도 되지만 살인적인 생활비와 최근 나타나기 시작한 인종차별 등 적응이 그렇게 쉽지만은 않다. 프랑스 유학이 높은 유인 요소에도 불구하고 많은 제한이 있는 이유이다.

　프랑스의 바칼로레아는 학생들의 대입 수학 능력을 판단하기 위한 것이므로 이론상 리세에 다니는 학생은 리세 과정이 끝나면 바칼로레아를 칠 수 없다. 또한 원칙적으로 대학입학 자격시험인 바칼로레아에 합격하면 점수에 관계없이 별도의 선발절차 없이 원하는 대학과 학과에 입학할 수 있다고 보면 된다. 합격률은 전체 응시생의 약 70%이므로 자격시험의 성격으로 규정할 수 있다. 일반대학 제도와 별도로 최고 고급관리 경영자나 최고 엔지니어 등 엘리트 양성을 위한 그랑제콜이 있다. 프랑스 엘리트층의 상당수가 그랑제콜 출신이다.

　미국 고등학교 졸업장과 달리 바칼로레아는 리세의 졸업 시험이 아니다. bac이란 말은 바칼로레아의 각 시험을 지칭하는 표현으로도 쓰인다. 가령 le bac de philo은 철학 영역 시험을 뜻한다. 이 영역은 자신의 학습 분야와 상관없이 모든 학생이 쳐야 한다. 프랑스에는 세 가지 바칼로레아 영역이 있다. 일반 바칼로레아(baccalauréat général), 전문 바칼로레아(baccalauréat professionnel),기술 바칼로레아(baccalauréat technologique)가 있어서 각 영역마다 전문화된 커리큘럼을 갖고 학생의 선택에 따라 치러진다. 그러나 어떤 경우에는 바칼로레아 대신 특별 시험을 쳐서 대학에 입학할 수도 있다. 프랑스의 바깔로레아 철학

225

IV.
문생어정
文生於情
정생어문
情生於文

시험은 세계적으로 유명하다. 바칼로레아 철학 논술문제의 예로는 다음과 같다.

스스로 의식하지 못하는 행복이 가능한가? / 우리가 하고 있는 말에는 우리 자신이 의식하고 있는 것만이 담기는가? / 예술 작품은 모두 인간에 대해 이야기하고 있는가? / 우리는 과학적으로 증명된 것만을 진리로 받아들여야 하는가? / 권리를 수호한다는 것과 이익을 옹호한다는 것은 같은 뜻인가? / 무엇이 내 안에서 어떤 행동을 해야 할지를 말해 주는가?

한국의 일반적 논술과 달리 광범위하고 주관적인 글을 쓸 것을 요구하며 독창성을 중시한 것이 특징이다. 고교 교사들이 주관하는 바칼로레아는 교사들이 자신들의 교육을 제자들이 얼마나 이수했는가를 주체적으로 측정한다는 의미에서 독보적이다.

또한 다양한 대학의 종류에 따라 바칼로레아는 계열별로 분화된다. 문·이과 적성별로 선택이 가능하며 계열에 따라 과목선택권을 보장, 7~8개중 3~5개의 과목을 선택할 수 있다. 즉 진로에 따라 수학이나 프랑스어조차 선택이 가능하다. 학생들은 기본적으로 불어, 문학, 철학, 외국어, 역사, 지리 등을 선택한다. 특이한 것은 프랑스의 바칼로레아는 대학입시를 위한 자격고사이지만 그 주체가 고등학교 교사들이다. 대학입학의 도구가 아닌 고등학교 교육과정을 얼마나 충실히 이행했는가를 측정하여 '고교교육을 책임'지는 차원에서 시험을 주관한다. 이러한 용도로 인해 바칼로레아는 단순한 입시제도가 아닌 취업의 중요한 기준으로도 쓰인다. 꼭 대학을 진학하지 않더라도 바깔로레아를 통과하면 프랑스 사회가 어엿한 성인으로 인정하여 취업에도 가산점을 주는 것이다.

프랑스는 중앙정부에 의한 교육행정 체제를 갖고 있고 교사들이 국가공무원이지만 대부분의 세부적인 교육내용은 단위학교의 자율성에 의존하고 있다. 바깔로레아가 고등학교 교육과정을 측정하는 것이지만, 자격고사로 자리매김하면서 고등학교 교육이 대학입시에 종속되는 것을 방지하고 있다. 그 때문에 중등교육이 입시를 위한 도구로 악용되지 않는 것이다.

독일의 아비투어(Abitur)는 자격고사형이다. 8개 기본과목 중에서 3~4개 정도를 희망 따라 선택하는 과목선택권을 보장하고 있다. 수학은 아예 선택과목이다. 대학에서도 전공별로 선택과목을 적용한다. 독일의 학생진로는 초기에 정해진다. 초등학교 졸업생의 50%는 일반 인문계 고교인 김나지움에 입학하고, 30%는 레알슐레에 진학하며, 20%는 하우스프트슐레르로 간다. 독일에서는 모든 학교가 주정부인 렌더(Länder)의 책임 아래 있으며, 초등교육과 중등교육 체제가 전국적으로 통일되어 있지 않다. 그러나 모든 주에서 국민교육은 8~9년제로 되어 있다. 이 단계 다음에는 초등학교 교사와의 상담과 부모의 요청에 따라 학생들은 레알슐레, 김나지움, 초등교육의 연속인 하우프트슐레 중 하나에 진학하게 된다.

김나지움에 입학하는 학생들이 대개는 아비투어에 합격하여 4년제 대학에 진학한다. 그 밖에 기술학교나 단기대는 래알슐레나 하우프트슐레 출신들이 진학하는 편이다. 어린 시절에 평생의 진로가 결정되는 것이다. 하우프트슐레에 진학하는 학생들은 언어·산술·지리·역사·과학·음악·미술·체육 등을 계속 공부한다. 일반적으로 남학생에게는 산업미술을, 여학생에게는 가정학을 가르친다. 하우프트슐레에서 4~5년간 교육을 받은 뒤에는 도제훈련으로 들어가게 된다. 레알슐레에서는 학생들에게 일반 교육, 예비 직업과정, 영어교육을 실시한다. 16세가 되면 학생들은 공부를 마치고 직업학교에 입학하거나 도제훈련으로 들어가게 된다. 반면에 김나지움은 고등교육에 대비하여 엄격한 대학준비교육을 시킨다. 프랑스의 리세나 영국의 그래머스쿨과 마찬가지로 김나지움은 학업 능력이 가장 뛰어난 학생들을 위한 학교이며, 학생들은 9년 내내 언어·수학·자연과학·사회과학을 강조하는 교육과정을 이수하기 위해 열심히 노력해야 한다. 김나지움에서 성적이 나쁜 학생은 하우프트슐레로 전학하기도 한다. 또한 16세가 되면 김나지움을 중도에서 자퇴하고 직업학교에 입학할 수 있다. 김나지움의 학생은 고등학교 졸업시험인 아비투어(Abitur)를 치르고 고등학교 졸업증서를 받아야만 대학에 진학할 수 있다. 아비투어의 내용은 학생들이 학교 초기에 배웠던 고전어·현대어·수학·과학 등으로 구성되어 있다.

이러한 조기 진로의 선택 덕분에 중등교육이 입시로 인한 파행을 맞이하거나 입시 사교육 경쟁이 발생하지 않는다. 아비투어(Abitur)는 독일이나 핀란드의 2차 교육인 고등학교 과정을 마칠 때 보는 시험이다. 아비투어의 공식 명칭은 '대학 입학 종합 자격' 또는 '고등교육 전체적 원숙도 자격'으로 번역된다.

아비투어는 고교 졸업의 자격증이자 동시에 대학입학시험의 의미가 있다. 2005년의 경우 40만 명이 이 시험에 합격했다. 많은 사람들이 이를 미국의 고교 졸업장과 비교하지만, 사실은 미국의 대학교들이 발행하는 연합자격에 가깝다. 많은 주에서 13년의 교육과 연합 자격을 요구하며 이게 있으면 3년 만에 학사를 얻을 수 있다. 아비투어의 학습 수준은 국제 바칼로레아(International Baccalaureate) 자격 프로그램이나 고등 배치 시험(Advanced Placement tests)과 비교할만하다. 이것은 독일 모든 주의 김나지움의 유일한 자격증으로서 졸업을 허락하며, 이것이 있으면 대학에서 바로 공부를 시작할 수 있다. 아비투어의 중요성은 대학입학에 쓰인다는 것을 넘어서 날로 증가하고 있다. 은행 등 직업에서 도제과정의 전제조건으로 아비투어를 요구한다. 아비투어가 단지 졸업자격이 아니라 개인의 위상에 관한 것으로 활용되고 있는 것이다.

영국은 자격고사형인 중등졸업자격고사(GCSE)를 본다. 시험에서 영어와 수학은 필수다. 그러나 물리, 화학, 외국어, 역사, 지리, 심리학 등 8개 중에서 대략 4개 정도를 선택할 수 있어서 과목 선택권을 보장하고 있다. 개학의 형태별로 다양하게 가중치를 적용하기 때문에 한국처럼 수학을 못하면 결정적으로 상위권 대학을 진학하지 못하는 일은 발생하지 않는다. 영국 또한 진로 선택이 조기에 이루어지고 초중등 교육에서 교사의 교육과정 및 평가권이 자율화되어 있으므로 입시로 인한 수업의 파행은 없다. 초등은 아예 교과서도 교사가 편집하여 쓸 수 있을 정도로 교사에게 교육의 전권을 부여하고 있다.

그러나 영국은 한국과 같이 대학을 진학하려는 학생 모두가 똑같은 시험을 치러야 하는 제도를 가지고 있지는 않다. 영국 대학 입학 제도의 핵심은 각 대학 개별 학과에서 정하는 최소 입학 허가 기준에 있다고 해도 과언이 아니다. 대학에 진학하려는 학생들은 의무교육 기간인 만 16세까지의 중등 교육과정을 마친 후 2년간의 대학 입시 준비 과정인 에이레벨(A level: Advanced level) 과정에서 보통 세 과목을 선택해 집중적으로 공부하고 GCE(일반교육 수료증) GCSE 등의 시험을 치른다. 최소 입학 기준은 에이 레벨 과목에서 어느 정도의 성적을 받아야 지원할 수 있는가를 각 대학교 해당 학과에서 제시하는 것을 말한다.

많은 영국의 대학들은 에이 레벨 과정 뿐 아니라 국제학교(international school)의 교육 과정인 국제 바까로레아(internationalbaccalaureate), 직업교육 과정인 GNVQ 등을 이수한 경우도 에이 레벨 수준과의 비교 자료를 토대로 입학 사정에 고려하기 때문이다. 따라서 영국학생들은 자신이 지원하고자 하는 대학교의 해당 학과에서 에이 레벨 성적만을 인정하는지 아니면 그 외의 다른 교육 과정을 이수한 결과도 인정해주는 지를 우선 확인해야 한다. 영국도 우리나라와 같이 복수지원 제도를 운영하고 있다. 대학 입학 공통 원서에 최대 6개 대학의 학과를 기입할 수 있는 것이 보통이지만 의과나 수의과 대학에 지원하는 학생들은 최대 4개 대학에만 복수 지원할 수 있다. 기본적으로 오래전부터 가정의 사회경제적 위치가 학업성취도와 대학진학률에 크게 영향을 미치고 있다. 중등학생들은 주요 단계 3이 끝나는 14세에 영어 수학 과학의 국가학력시험을 치르고, 의무교육 마지막 단계인 주요단계 4가 끝날 때 중등교육 수료 자격시험(GCSE)을 치른다. 이 시험은 학교에서 과목별로 교사가 평가하는 내신성적을 반영시켜 A부터 G까지 등급별로 구분하여 C이상 받은 과목이 5과목 이상이면 통과된다. 재미있는 것은 옥스퍼드나 케임브리지 대학의 경우 기본적으로 우수한 학생들이 지원하므로 심층 인터뷰에 의해 당락이 결정되기도 한다. 계층적인 고려를 하는 측면도 있다. 학생들의 학업성취도와 대학진학률이 가정의 사회경제적 지위에 크게 영향을 받고 있음을 어느 정도 당연하게 받아들이는 분위기이다. 귀족의 자녀가 다니는 명문사립고 출신 학생들이 옥스퍼드나 케임브리지의 진학률도 압도적으로 높은 것도 이러한 이유 때문이다. 영국의 사회 문화를 반영한 것이다.

영국 유학은 나름대로 메리트가 있다. 대학 수학 연한이 대략 3년이면 완료되고 석사는 1년, 박사는 출석하지 않고 논문을 내서 졸업하는 형태이며, 초중등 교육은 열린교육 형태로 아이들에게 가능한 한 스트레스를 주지 않는 교육체제를 구비하고 있다. 유학 과열 현상을 앓고 있는 현실에서 영국 유학은 향후 미국 유학보다 경쟁력을 가질 전망이다.

231

IV.
문생어정
文生於情
정생어문
情生於文

③ 비슷하게 보이나 서로 많이 다른 아시아 입시

일본은 본고사형 대학입시센터고사를 전국단위로 치른다. 일본의 입시제도는 한국의 입시와 본질적으로 다르다. 대학입시센터고사는 각 대학마다 문제내용 방식이 다른 입시형태이다. 일종의 문제은행인 대학입시센터를 운용, 각 대학마다 자체 입시양식과 유형을 갖고 있다. 이러한 방식은 일본의 입시 문화를 반영한다. 일본은 한국처럼 모든 대학의 지망생이 한꺼번에 입시를 치르는 체제가 아니다. 어느 고등학교를 입학하느냐에 따라 대략 지원해야 할 대학이 정해진다. 학생은 그에 맞춰 적절하게 진학을 준비하면 된다. 한국처럼 획일적으로 줄세우기 하는 구조는 아니다. 게이오나 와세다 대학 등 일부 명문사립대학의 경우 자체 학교의 설립목적에 맞는 인재를 우선 선발한다는 취지에 따라 재단 계열학교 출신을 우대하는 것으로 유명하다. 대개는 명문 사립대의 경우 재단법인 계열로 유치원, 초등학교까지 보유하고 있어 유아기부터 맞춤형 엘리트로 육성하는 체제를 유지해 오고 있다. 사회적으로 비슷한 부류의 계급끼리 질적 경쟁을 하는 구조라고 보면 된다. 때문에 한국의 학생들이 게이오나 와세다에 유학하고 싶으면 보통 두 가지 케이스(case)를 유념하면 된다. 외국어고나 자사고 출신들은 두 대학의 무시험 입학사정관제를 노크해볼 필요가 있고, 일반고 출신은 직접 일본에 가서 해당 대학의 본고사에 합격하면 된다. 자국의 입시 문화 방식 그대로 한국 학생들을 선발하는 것이다.

대학입시센터고사는 5개 교과에서 교과별로 1개 과목씩을 선택하여 3개 과목 정도 본다. 과목선택권을 보장하는 것이다. 5개 교과는 일본어, 외국어, 수학1, 수학2이며 문과는 세계사, 일본사, 사회, 윤리, 정치경제 등을 포함하고, 이과는 물리, 화학, 생물, 지학 등을 본다. 한국의 198,90년대 고등학교 교육과정과 입시는 바로 이 일본형을 거의 그대로 가져온 것이다. 지금의 우리나라 4,50대 학부모들은 이것이 무슨 뜻인지 금방 알아챌 것이다. 그러나 일본은 대입제도의 다양화로 고등학교 교육이 입시에 종속당하는 경우가 한국보다 심하지는 않다. 국가시험인 대학입시센터고사를 반영하는 대학은 국립대를 포함하여 50%정도 밖에 되지 않는다. 예를 들면 일본의 도쿄

대는 수학을 중시하여 국가고사를 반영하는데 비해 도꾜대와 더불어 일본의 3대 명문이라 불리는 와세다 대학교나 게이오 대학의 문과 지망생들은 국가고사를 반영하지도 않고 자체에서 출제하는 일본어와 영어 등을 보고 진학한다. 수학을 보지 않아도 되는 것이다. 일본의 대학들은 그 밖에 특별전형과 입학사정관제에 의해 시험절차와 별도로 다양한 전형을 배치한다. 다양한 방법으로 인재들을 영입하고 있는 것이다.

중국의 수학능력고사는 선발고사형이다. 한국의 수능처럼 단1번의 기회가 주어진다. 수학, 외국어, 어문은 필수이고, 문이과별로 과목이 달라진다. 문과는 정치, 역사, 지리를 보고, 이과에는 물리, 화학, 생물이 포함된다. 어떻게 보면 한국의 수능에 가깝다. 이 시험을 까오까오(高考·고등교육 고시)라고 한다. 이 시험은 1년에 1차례 6월 7~9일 3일간 전국각지에서 치러진다. 베이징 상하이판 두 도시 출제는 다르지만 점수는 같은 것으로 취급한다. 하지만 북경대학 등 명문대학들은 본고사도 치른다. 우수한 학생의 경우 이 같은 선발제도를 거치지 않고 고교내신만으로 직접 선발하기도 한다. 이 같은 혜택은 국가 중점 고등학교나 시 중점 고등학교 학생 등 지정된 명문학교 학생에게만 기회가 주어진다. 중국은 중학교쯤 되면 벌써 여러 형태의 중점학교를 운영하여 등급화하고 있다. 그러므로 명문 중고등학교인 중점학교 학생들이 선발고사에서도 우세를 보이고 추천입학에서도 혜택을 입는다.

그러나 중국은 특별전형을 제외하고는 고등학교 내신을 반영하지 않는다. 넓은 땅에 각 지방의 다른 환경이 내신제를 감당할 수 없는

233

IV.
문생어정
文生於情
정생어문
情生於文

환경적 조건을 갖고 있기 때문이다. 목적한 바는 아니지만 그 영향으로 대입제도에 따라 고등학교 교육과정이 지나치게 파행되고 종속당하는 현상이 한국처럼 심하지 않은 것이다. 한국 학생들이 중국에 유학 할 경우 많은 부분에서 공산국가답지 않은 계급적 신분적 차별을 느낄 수 있다. 중국은 기본적으로 공산당원이 아니면 자녀가 좋은 대학에 진학하기 어려운 것이 현실이다.

한국의 수능은 세계적으로 그 유례를 찾을 수 없을 정도로 획일적이고 복잡하며, 100% 줄 세우기로 점수화하는 방식이다. 수능은 단시응시이고 사실상 과목선택권이 없다. 과목선택권이 없는 것은 고교 교육과정이 국가단위제 교육과정으로 학생이 시간표를 짜서 선택할 수 없는 체제를 반영하기 때문이다. 향후 복수 응시하도록 개선하겠다는 방침을 세웠지만 수능이 문제은행이 아니기 때문에 난이도 조정이 어려울 것이다. 정말 복수응시가 가능한지는 다시 한 번 검토해봐야 할 일이다.

수능의 보완책으로 수시와 특별전형, 입학사정관제를 내놓고 있다. 그러나 그 모든 과정에서 영어와 수학이 반드시 중요하고 마지막 단계에서 수능 영역의 최저치 등급을 제시하고 있기 때문에 결국 국영수 성적이 모든 것을 좌우한다. 그러므로 대입제도에 따라 중고등학교 교육과정이 종속되고 파행될 수밖에 없다. 한국에서 우수한 아이들의 '우수성'을 정해주고 대학에 보내주는 요인은 무엇일까? 다음 몇 가지를 생각해 볼 수 있다.

첫째, 우수성을 결정하는 외적 요인에는 두 가지가 있다. 하나는 일반 인문계 고교생들의 내신과 수능 우등생, 다른 하나는 특목고이다. 특목고도 대원외고와 서울 과학고부터 시작하여 일등부터 꼴찌까지 쭉 줄을 세웠다. 이 두 가지가 우수성을 결정짓는 요인이다. 이들이 SKY를 가고 그 다음부터 대학을 줄 세워 선택한다. 대학이나 학생이 결정할 문제가 아니고 거의 신성불가침이다.

둘째, 수학이다. 우수성을 입증하려면 수능에서 수학을 잘해야 한다. 이른 바 일류라고 하는 한국의 대학들은 엄밀히 따지면 수학영재들이 모인 곳이다. 문학에 적성이 있고 습작을 좋아하는 아이가 서울대 국문과에 진학하려면 문제풀이식 수학공부에 전념해야 한다. 우리나라 수학자들은 수학을 잘하면 다른 과목도 잘 할 수 있다는 형식도야설을 맹신하고 있지만, 형식도야설은 이미 국제적으로 공신력이 높은 각종 수학학회에서조차 그 신빙성이 의심되었고 근거가 희박하다는 결론에 도달한지 오래다. 국가가 제도로 고착화시켜서 수학이 아이의 인생을 좌우하게 하는 우리나라의 현실은 그런 면에서 전근대적이고 비과학적이다.

이 두 가지를 보면 답이 나온다. 정부다. 정부가 정책으로 내신과 수능을 통해 전국의 학생들을 줄 세우고 그 중에서 결정적인 당락의 요소로 수학성적을 정했다. 일단 여기에서 통과하지 못하면 SKY는 없다. 오죽하면 외국어 전문 인재양성을 위한 외고조차도 빠짐없이 이과반을 운영하겠는가? 좋은 대학을 만드는 첫 번째 요소 즉 우수한 인재 선발을 국가가 통제하고 배분하는 것이고, 두 번째 요소 즉 우수한 인재를 규정하는 교육과정과 입시에서 수학이 결정적인 요인으로 작용함에 따라 근본적이고 중대한 문제가 발생한 것이다. 일단 첫 단추부터 심각한 문제가 발생했기 때문에 해결의 진단이나 방

235

IV.
문생어정
文生於情
정생어문
情生於文

법도 겉핥기식으로 흐르는 것이다. 이른 바 일류라고 하는 한국의 대학들은 엄밀히 따지면 수학 영재들이 모인 곳이다. 그 결과 우리나라의 대학들은 온통 수학에 소질이 있는 아이들만 우글거리는 수학영재 수용소로 전락했다.

궁극적으로는 영어와 수학을 내신과 입시에서 선택제로 해야만 풀릴 수 있는 문제다.

④ 시사점

서구사회의 입시는 개인의 선택과 능력을 많이 배려하고 있다. 나라마다 서로 다른 특징과 모습을 갖고 있지만 대체로 자격고사 형태라는 공통점이 작용한다. 합격의 경로도 다양하다. 입시와 학교성적 이외의 입학사정관제나 사회의 소수자 배려, 특별한 인터뷰 등을 통해 학생을 선발한다. 여기에는 대학이 학생을 뽑을 때 어떻게 선발하든 믿어보겠다는 사회적 신뢰(Trust)가 부여되어 있다. 이러한 신뢰와 다양한 선발체계는 최대한의 인재풀을 가동시킬 수 있다는 점에서 장점이 있다. 반면 오직 국영수 성적이 입시의 당락을 좌우하고 문이과 할 것 없이 수학이 일류대 합격의 분기점이 되는 한국의 입시는 단지 서열을 매기고 서열에 따라 학교와 학과가 정해진다는 점에서 개인의 능력과 적성을 사장시키는 결과를 초래한다. 전근대적인 입시형태다.

이러한 현실을 감안하고 자녀를 외국의 대학에 진학시키고자 하는 학부모는 적어도 중학교나 고등학교 저학년 때부터는 준비가 필요하다. 각국의 특징을 분석하고 어느 나라가 자녀에게 잘 맞을지 고민해야 한다. 특목고나 예술계 고교의 경우 어느 정도 학교에서 유학 준비반을 가동하고 상담과 교육을 해주지만 일반계 고교를 다니는 경우는 유학원을 찾아야 한다. 영국이나 미국 유학은 당연히 영어가 중요하지만 일본 유학에서도 가장 중요한 요소가 영어실력이다. 특히 영어로 에세이를 쓸 수 있는 실력을 갖추고 있으면 영미나 일본의 경우 학교 선택의 폭이 넓어질 수 있다. 부지런한 부모는 직접 외국 대학의 입시요강을 살펴보고 자녀와 함께 방학 때 배낭여행을 통해 답사를 하고 자녀에게 직접 학교 선택의 기회를 줄 수 있다. 유학은 먼 나라 얘기가 아니다.

Ⅳ.

문생어정
文生於情
정생어문
情生於文

6.

대통령들의

교육개혁

자유학기제 성공하려면

자유학기제의 핵심은 진로 교육이다. 아직 진로가 없는 아이들에게 억지로 진로탐색을 시키기 보다는 사람이 무엇인지 너는 누구이고 나는 어떤 사람인가를 먼저 헤아리게 하는 교육이 병행되어야 한다. 함께 협동하는 동료효과(peer effect)를 심어주어야 한다. 교육부가 먼저 할 일이 있다.

첫째, 덜어주어라. 현재의 학교구조는 해방이후 75년간 시행된 너무나 많은 시책성 사업과 사무분장이 산더미처럼 쌓여있다. 사이버와 종이서류로 처리해야 할 행정업무도 만만치 않다. 학교는 새로 뭔가 생기면 없어지진 않고, 다음 교장이 오면 거기에 덧씌워 또 뭔가를 만든다. 그것 또한 없어지지 않는다. 학생이 지켜야 할 선도규정도 마찬가지다. 수십년간 존재해온 규정은 온존하고 거기에 새롭게 더 만들어서 부가시킨다. 먼지 묻은 사업과 사무와 행정과 관습이 온 학교마다 난지도 쓰레기 더미처럼 쌓여있다. 너무나 많아서 아무도 덜어주고자 하는 엄두를 내지 못한다. 교육부와 교육청의 사업도 마찬가지일 것이다. 이것들을 그대로 두고 어찌 자유학제를 실시하겠는가? 그러니 교육부는 학교를 옭아매는 족쇄부터 풀어주어라. 아예 프로젝이름을 행정업무경감이 아니라 행정업무 금지로 달고 초중등교육법 시행령으로 '교사의 행정업무 겸직 금지' 조항을 제정하라(대학은 교수들에게 고등교육법 시행령으로 교수의 직무를 교수와 평가로 한정했잖나? 교수는 되고 교사는 왜 안되나?)

둘째, 교직을 최대한 수평관계로 재조정하라.

교사들의 형편이라고 좋을 리 없다. 국적불명의 망할×의 성과급과 교원평가, 천년만년 변하지 않는 승진제도로 인해 전문성은 무너지고 동료애는 실종되었다. 교사들의 평균연령도 20대는 줄고 5~60대는 늘어나는 등 고령화로 접어들고, 초등의 경우 교사의 여초현상이 이미 도를 넘었다. 학교행정은 전산화를 핑계로 시시콜콜 이중행정으로 변질되었다. 행정실이 하던 교사지원 업무는 교사 개인이 에듀팟이나 포털에 일일이 입력하게 하고 행정실 직원은 거기에 더하여 그 모든 것을 합쳐서 다시 결재를 받도록 만들었다. 교사도 직원도 파김치가 되었고, 시간이 갈수록 수업과 생활지도는 멀어져만 간다. 성

239

IV.

문생어정
文生於情
정생어문
情生於文

과급 경쟁으로 인해 학교마다 교사들이 연수받느라고 난리다. 세상 천지에 한국의 교사들처럼 수동적으로 연수를 받아야만 점수를 누적시킬 수 있는 나라는 없다. 교사들이 어디에 가서 강의를 하거나 연수를 운영하거나 교육적인 저술을 하는 것은 업적으로 포함시키지도 않고, 오직 교육당국이 인정한 연수를 시간의 양으로 계산하여 소수점까지 계량화하는 것은 제정신이 아니다. 이런 상태에서 교사가 바보가 되는 것은 당연하다. 바보 체제가 유지되는 것은 그 바보체제로 교육전문직과 교감, 교장이 배출되고 그로 인해 교육권력이 뒷받침되기 때문이다. 다 이권과 이해관계로 얼룩져있다. 그런 판국에 아이들의 감성이 눈에 들어올 리가 없다.

실업난으로 교직을 희망하는 젊은이들이 늘고 있지만 그 중에 정말로 선생님이 되고 싶었던 사람은 몇이나 될까? 더 절망적인 것은 이 모든 것에 대해 체념은 있어도 토론과 의문이 없다는 것이고, 교사들의 내재된 슬픔이 정의로운 분노로 표출되지 않고 있다는 것이며, 아이들을 슬픔이나 느림이나 감정을 지닌 인간으로 보지 않고 공부기계로만 본다는 것이다. 교육계가 이렇게 경직되고 아무런 희망없이 변화의 조짐조차 보이지 않는 것은 뜻밖의 일이다. 아예 교육에 대한 열린 논의가 없다.

교장자격증의 숨은 그림

교장자격증을 둘러 싼 최근의 논란은 교원승진제도의 폐해와 유능한 교장임용의 수급이라는 측면에서 불거졌다. 교장 및 교감 자격증 폐지를 주장하는 전교조 등 진보진영은 "교수가 총장을 하다가 다시 교수로 돌아오듯이 교사가 교장을 하다가 교사로 돌아오는 보직제가 세계적 추세다"는 논리를 들고 있고, 교총은 "교사가 벽지점수, 가산점, 승진점수를 교직 생애주기에 축적하여 교감, 교장이 되어야한다"며 점수관리를 잘하는 교사가 우수한 교장인력이라고 단정하고 있다. 평교사도 교장이 될 수 있는 내부형 교장공모제를 지정하고자 하는 학부모 찬반 설문지 용지에는 공모제학교 지정을 묻는 찬반여부와 함께 '교장자격증 소지자와 교장자격증 비소지자'라는 용어를 칸막이 하여 찬반을 별도로 묻고 있다. 교육계의 현실을 잘 모를 수 있는 학부모 입장에서는 상식적으로 자격증 소지자를 더 전문가로 볼 소지가 있는 설문방법이다. 여기에 숨은 그림이 있다.

241

IV.
문생어정
文生於情
정생어문
情生於文

교육청이 설문지를 기획하고 결재하는 과정을 맡는 교육전문직(장학사 등)은 보통 두 종류로 구성되어 있다. 모두 교감, 교장 출신이거나 교감, 교장이 될 사람으로 구성되어 있다. 이들이 주도적으로 교육부와 교육청의 초중고 교육정책을 짜고 추진한다. 이 분들은 평교사 시절에는 교직의 생애주기를 승진점수 관리나 장학사 시험에 몰두하고 교감이나 장학사로 승진하면 그 때부터 10년에서 20년 정도를 학교와 교육청을 오가며 관리직으로 생활한다. 그들은 교장공모제 중 교장자격증 소지자가 95%를 차지하는 초빙교장제의 초빙교장이 되거나 교육전문직으로 복귀하면 그 임기의 기간을 4년씩 두 번만 하게 되어 있는 교장중임제에서 면제해준다. 말하자면 A라는 현직 교장이 8년만 할 수 있는 중임제 교장임기를 초빙교장 4년, 장학사(관) 4년을 하게 되면 합쳐서 16년을 관리직으로 근무하게 되는 것이다. 당연히 교장자격증을 소지한 현직 교감, 교장들은 초빙교장과 교육전문직 진출에 목을 맨다. 우리나라는 교장을 포함한 교육관리자의 종사자 수가 33,000명에 이르러 이 또한 세계 최대 규모의 교육관리자 규모를 자랑한다. 더욱 놀라운 일은 거의 모든 평교사 승진그룹과 교감, 교장이 교총에 가입하고 있고, 그들이 교육청이나 교육부로 가면 교육전문직이 되며, 다시 학교로 복귀하면 교총회원이 된다. 그래서 교총은 교원단체이기 보다는 그 자체가 관청이라는 지적이 있다. 학교현장은 20대부터 승진경쟁이 가열되고 있고, 교감이나 장학사가 되기 위해 쏟아 붇는 마지막 3년 간의 특강 등 과외비의 총액은 3천억원 정도로 추정되고 있다. 교감, 교장 자격 연수비는 해외견학 등을 포함하면 연간 천문학적 액수의 국비가 투입되고 있다.

평교사가 교장이 되는 길은 오직 세 가지가 있다. 교감으로 승진하거나 장학사가 되든지 평교사가 응모할 수 있는 내부형 공모제 교장이 되는 것이다. 이 중 가장 유리한 교장승진 방법은 무엇일까? 단연코 장학사가 되는 것이다. 3,000명이 넘는 세계 최대 규모의 장학사 집단은 거의 전원 임기 중 모두 교감 및 교장 자격증을 취득할 수 있고, 승진발령에서도 평교사 출신 교감이나 교장보다 훨씬 유리하며, 초빙교장이 되거나 다시 교육전문직으로 임용될 때도 우위를 점할 수 있다. 더 재미있는 것은 승진방법이다. 평교사가 교감승진을 하려면 현직 교장과 교감의 근평점수를 받아야 하는데 사실상 승진후보자의 지명권을 독점한 교장의 결정이 모든 것을 좌우한다. 장학사가 되려면 동료평가나 시험을 치러야 하지만 더 중요한 것은 교장의 추천이 있어야 하며 동료평가조차 교장의 입김이 크게 작용하는 점을 감안하면 '교장은 승진의 유일한 신'이라고 할 수 있다. 아무리 점수관리를 잘하고 장학사 시험공부를 열심히 준비해도 교장의 점지나 추천이 없으면 도로아미타불이다. 현직 교장이 차기 교장을 지명하는 제도는 어느 나라에도 존재하지 않고 심지어 우리나라 내부의 어떤 공무원 조직에도 없다. 아니, 대기업이나 중소기업에서도 현직 과장이 차기 과장을 지명하는 사례는 찾기 힘들다. 교총이 말하는 착실한 승진점수 관리자가 교장이 되어야 한다는 논리에도 맞지 않다.

교장자격증 제도는 일제(日帝) 때 만들어져서 운영되다가 이승만 정부 때 폐지되었고 과도 내각에서 부활하였으며, 교감제도는 박정희 군사정권 시기 1963년에 교원 통제의 일환으로 전격 도입되었다. 현행 초중등교육법 제21조 별표에는 교감이 되기 위한 조건으로 교직경력 6년 이상이면 소정의 교육을 거쳐 임용될 수 있고, 교장은 교감 임용 후 3년 이상이면 역시 소정의 교육을 거쳐 교장이 될 수 있다. 초중등교육법은 영국이나 미국처럼 누구나 교장이 되고 싶어 하는 교사는 일정한 리더십 연수나 대학원 코스를 거치면 교장으로 진출할 수 있도록 설정되어 있다. 그런데 충격적인 것은 이렇게 중요한 교감, 교장 자격증 법률의 정부 시행령이 2019년 현재까지 제정되어있지 않다는 사실이다. 그냥 교육부에서 내부적으로 교육부령에 해당하는 승진규정을 시시콜콜 정하여 운영하고, 교육청은 그에 따라 세칙이나 규정으로 승진명부를 만들어서 현직 교장이 추천하는 승진대기자에게 교감연수의 기회를 부여한다. 결국 차기 교장인 교감을 정하는 유일한 당사자는 현직 교장인 것이다. 대한민국 일선 교육을 이

243

IV.
문생어정
文生於情
정생어문
情生於文

끄는 교장인력은 국적불명의 폐쇄형 제도로 운영되고 있다. 그 모든 폐해는 고스란히 아이들에게 귀결된다.

한국의 교육은 많은 문제점에도 불구하고 박정희 시대 이후로 꾸준히 진화해왔다. 박통 때는 중학교무시험입학제와 평준화가 시행되었고, 김영삼정부에서는 5.31교육개혁이 시도되었으며, 김대중대통령은 중학교 무상교육을 실시했고, 노무현 정부는 대통령 자문기구로 교육혁신위원회를 가동시켜서 교장공모제와 교육감 주민직선제를 도입했다. 대통령들의 교육개혁은 강력한 제도개혁이나 열린논의를 통해 이루어졌다. 그런데 이명박 정부 이후 지금의 정부에 이르기까지 교육에서 제도개혁은 시도되지도 않았고, 열린 논의는 정부 스스로 봉쇄했다. 그 결과 교육은 늙어가고 낡아졌으며 막혀버렸다.

대통령들의 교육개혁

우리나라 역대 대통령들은 각자 교육에 있어서 뚜렷한 교육제도의 개혁을 꿈꾸고 시도했다. 대통령들의 교육 브랜드에 대한 욕구는 간절했고, 그 결과는 강한 이미지를 남기는 제도개혁으로 모아지기도 했다. 이는 대통령 자신의 색깔과 특징을 반영하는 '대통령표 교육개혁'이라는 공통분모를 형성하였다. 이승만은 자신의 아호 일민(一民)을 따서 교육현장에 일민주의를 주창하게 했고, 일민주의는 민족주의 색깔이 짙은 공산주의 반대 교육으로 이어졌다. 사실상 그 뒤를 이은 박정희 대통령 역시 본인이 공산주의 남로당 출신임에도 불구하고 강력한 반공교육을 교육이데올로기로 정착시켰다. 미군정에서 설치한 보건교과를 폐지하여 체육과 교련으로 흡수하고, 학도호국단을 만들어서 학교를 병영화했다. 물론 그 이면에는 이후 어떤 대통령도 이루지 못한 큰 그림의 교육개혁을 실천했다. 명문 중고등학교 출신 정치인들의 많은 반대를 무릅쓰고 중학교 무시험입학제를 실시하여 고교 평준화의 터를 닦았고, 그 결과 만성적인 초등학생의 중학교 입시 열풍을 잠재웠다. 또한 자격고사 형태인 예비고사를 도입하여 대학의 입시자율권을 보장했고, 오늘날 특성화고의 효시인 공고와 상고를 활성화시켜서 경제부흥의 인재 육성에 디딤돌을 놓았다.

전두환 대통령은 임기 초에 이른 바 「7.30조치」라 부르는 과외 전면금지 정책을 펼쳐서 국민에게 깊은 인상을 남겼고, 노태우 대통령은 1,500명 전교조 교사들을 해직시켜서 역사에 오명(汚名)을 남겼다. 김영삼 대통령은 처음으로 교육예산을 GNP 대비 5%로 끌어올리면서 근대적인 교육의 틀을 세우기 위한 5.31교육개혁을 추진하였다. 김대중 대통령은 전교조를 합법화했으며, 처음으로 중학교 무상의무교육을 실시하여 복지교육의 문을 열었다. 노무현 대통령은 60년 동안 변하지 않던 왕정제 교장제도를 허물면서 교장공모제를 도입했고, 교육감주민직선제를 도입하여 교육자치의 디딤돌을 놓았으며, 박정희 대통령 때 폐지했던 보건과목을 국회의 여야 합의 입법으로 부활시켰다. 이명박 대통령은 일제고사와 학교자율화를 주요 정책으로 다루었지만 대체로 부정적인 평가를 받고 있다.

이와 같이 역대 대통령들은 자기가 갖고 있는 정치적 정체성(identity)이 묻어나는 교육개혁의 브랜드를 만들고 선택하여 실시했다.

박정희 대통령의 중학교 무시험 입학제와 대도시의 고교 학군제는 명문 중고등학교 출신들의 강력한 반발을 불러일으켰지만 새까만 선그라스를 쓰고 권총을 찬 독재자였기에 반발을 누르고 시행할 수 있었다. 하루아침에 과외를 금지시켰던 전두환 대통령의 7.30 과외 금지조치는 군사정권의 특성을 살린 교육정책이라고 할 수 있다. 선진국들조차도 국가가 사교육비 문제를 전적으로 책임지기 위해 사교육 시장을 강제로 폐쇄하기도 하는 측면이 있음을 생각하면 나름대로 의미가 있는 정책이라고 평가 할 수 있다. 노태우 대통령은 1,500명의 전교조 교사를 해직시키며 우리 교육의 역사를 20년쯤 후퇴시킨 악업을 단행했다. 그의 학정으로 인해 모처럼 세계교원사에 등장한 참교육 이념이 사라졌고, 교단은 분열되었다. 민주국가에서 노동조합을 만드는 일은 조금도 이상한 일이 아니었는데도 말이다. 김영삼 대통령은 오랫동안 교육정책을 독점하던 교육부 관료들을 뛰어넘어 민간위원들로 하여금 근대적 교육개혁의 청사진을 마련하게 하였다. 이른 바 오늘날 교육정책의 기본 틀이 되고 있는 5.31교육개혁을 추진한 것이다. 교육예산을 GNP 대비 5%까지 끌어 올리는 결단도 단행했다. 김대중 대통령은 민주화를 이루어 온 지도자답게 집권 초기에 전국교직원노동조합을 합법화시키고, 중학교무상의무교육이라는 파격적인 정책을 도입하였다. 이러한 그의 정책은 노벨 평화상을 수상한 정체성에 걸맞은 작품들이었다. 노무현 대통령의 참여정부는 평교사 출신 교장들을 탄생시키는 보직형 교장공모제를 도입했고, 주민직선 교육감제를 탄생시켰다. 노무현 대통령은 탈 권위와 미래형 정책생산을 목표로 하였고, 그 연장선상에서 자신의 주요 공약인 교장공모제를 추진하였다. 노무현다운 색깔과 특징이 서린 교육개혁의 장을 만들었던 것이다. 이후 이명박 대통령과 박근혜 대통령의 교육개혁은 그저 제자리뛰기를 반복하였다.

교육개혁은 박정희에서 노무현에 이르기까지 공통된 특징을 지니고 있다. 바로 대통령 자신의 투철한 사명감과 의지가 개입되어야 한다는 것이다. 하루아침에 무시험입학제를 도입한 것도, 과외를 금지하는 일도, 교육예산을 한꺼번에 파격적으로 올리는 일도, 사방에서 반대하는 전교조합법화를 단행하고 중학교 무상의무교육을 도입하는 것도, 교장공모제를 도입하는 일도, 오직 그러한 결단과 집행은 '대통령 자신의 몫'인 것이다. 이는 누구도 대신해줄 수 없는 대통령의 정치 행위이며 국민의 뜻에 부응하는 고독한 '대통령 표 교육개혁'이라고 할 수 있다. 문재인 대통령의 교육개혁에 대해서는 할 말이 없다. 어디에도 문재인 자신의 정체성이 묻어나지 않기 때문이다. 다만 무상급식과 무상교육을 고등학교까지 확대한 것은 긍정적으로 평가할 수 있다.

7

2등은 필요없다

오직 1등이다

욕망의 자녀교육이 부른 결핍동기

존 F 케네디의 부친 조셉 케네디는 대통령의 아버지이자 영국대
사를 지낸 정치인으로 유명하지만, 아들을 위한 교육투자가로서도 명
성이 높다. 그는 영국대사 등을 지내며 임지를 옮길 때마다 일찌감치
아들 존 F 케네디를 동반하여 정치적 감각을 익히게 하고, 최고의 교
육을 통해 명문 하버드를 진학하도록 배려하였다. 조셉 케네디의 일
화는 이 땅을 살아가는 보통 아빠들을 주눅 들게 한다. 부와 권력과
명예가 낳은 성공신화이기 때문이다. 사실 조셉의 화려한 아들교육
이면에는 가난을 극복하고 부를 쌓아 정치적 기반을 마련한 케네디家

의 저돌적인 '결핍동기(deficiency of motive)'가 작용한다. 가난을 이기고 성공하기 위해 오로지 "1등을 하라! 2등 이하는 패배다!!"라는 경쟁교육의 가훈을 설정했던 케네디家는 가난한 아일랜드 이민세대였다. 1세대는 장사를 하여 부를 쌓았고, 그 부를 통해 2세대인 조셉 케네디에게 고급 교육을 받게 하여 관료로 출세시켰다. 정부 관료가 된 2세 조셉 케네디는 3세대인 아들 존 F 케네디를 대통령으로 길러냈다. 케네디家의 부와 권력, 명예는 3대에 걸쳐 형성되었다.

이처럼 케네디家의 가정교육은 이후 미국의 성공하는 자녀교육의 모델로 자리 잡게 된다. 그러나 핏줄 속에 아버지 세대의 결핍동기가 모두 가시지 않은 탓인지는 몰라도 존 F 케네디의 내면은 늘 불안에 가득 차 있었다. "부의 축적→관료적 기반→정치 대통령"이라는 등식을 통해 태어난 미국 특유의 성공신화답게 화려한 정치적 성과를 거둔 이면에는 늘 저항 없는 방황과 대결의식으로 일관하며 우울증을 앓았다.

젊고 패기에 찬 모습 뒤에 감춰진 여성편력과 방탕은 스캔들을 양산했고, 이후 그는 케네디가의 사람들에게 암살의 비극과 어두운 삶의 그림자를 유산으로 남겼다. 돈과 권력을 통해 쌓게 된 자본주의 가정교육이 갖는 양면성이다. 결핍동기는 부족한 것을 채우려는 배고 픔(hungry)에서 비롯된다. 가난과 천대를 딛고자 하는 집착이며 욕망이다. 흔히 박정희 대통령이나 히틀러의 성공신화를 결핍동기의 예로 들지만 인간은 누구나 결핍에 처하면 그것을 극복하고자 하는 욕구를 느끼게 마련이다.

근대화 과정에서 한국의 부모들이 보여준 자녀교육의 방식은 케

249

IV.
문생어정
文生於情
정생어문
情生於文

네디家의 신화를 닮았다. 가난을 딛고 부를 축적하면서 삶의 기반을 쌓았던 한국의 재벌 1세대는 2세대 자녀들을 일류대학에 진학시켰다. 정몽주家의 아들 정몽준은 서울대를 졸업했고, 이병철家의 아들 이건희는 와세다 대학에서 수학했다. 3세대 자녀들 역시 일류대를 진학하거나 거의 모두 외국유학의 길을 선택했다. 부의 축적은 대단한 교육열을 발현시켰고, 교육적 기반을 통해 2세대들은 정치의 길로 나아갔다. 가난을 이기기 위한 결핍동기는 부를 축적하고, 그 경쟁의식은 고스란히 자녀교육에 반영되었다. "2등은 필요 없다, 오직 1등이다"를 외치는 삼성의 이건희 회장에게서 느껴지는 의식은 긍정적이고 협동적인 성장동기(growth of motive)가 아니라 참호에서 돌격 앞으로! 를 외치는 절박한 결핍동기이다.

이 땅에 독재의 그림자를 남기고 탄핵정국을 불러일으킨 박정희家의 불행은 국민의 아픔으로 이어졌고, 국민의 노후 연금까지 빼앗아 가서 배를 불린 이건희家의 삼성신화는 젊은이들에게 절망감을 안겨주었다. 그들 모두 거짓말을 하고 진실을 외면하면서 청문회와 특검에 불려나갈 때 우리의 2세교육은 앞으로 어떠해야할지를 생각한다. 반세기 학교를 지배한 결핍동기의 교육과정과 입시를 끝내고 생활력을 기를 수 있는 성장동기의 교육을 새롭게 시작해야 할 때다.

다시 교육의 가치를 생각한다

교육가치의 국제적 흐름은 전환기를 맞이하고 있다. 1980년대 신자유주의 교육으로부터 불기 시작한 초중고 학업능력의 국가경쟁력 이데올로기 경쟁은 최근 학생이 건강하고 안전한 학교생활을 누리기를 바라는 웰빙(well-being)교육의 조류에 밀려나고 있다. 미국은 1999년 콜럼바인 고등학교(Columbine High School massacre)의 총기난사 사건 이후 각주마다 학생안전 관령 법령을 제정하기 시작했고, 한국은 2010년 6.2지방선거 이후 교육복지와 학생인권, 보건교육의 문제가 이슈로 떠올랐다. 교육의 가치를 학생의 건강과 안전에 둘 것인지 여전히 입시교육에 둘 것인지 고민해야 할 시점이다. 그러나 교육부는 매우 높은 PISA(국제학업성취도평가)의 평가결과를 자축하며 우쭐대고 있다. 자신들이 잘해서 한국의 학생들이 공부를 잘하는 것이라고 자화자찬이다. 이제는 핀란드마저 제켰다고 기뻐한다. 핀란드는 경제협력개발기구(OECD)가 65개국 15세 학생 51만 명을 대상으로 실시하여 2013년 12월 3일 발표한 '2012년 PISA' 결과에서 종합 12위를 기록하여 사상 최악의 성적을 냈다. 한국은 수학·읽기·과학 등 모든 분야에서 OECD 평균 이상의 점수를 받았다. 반면 그동안 PISA 순위 상위권을 지키며 북유럽식 교육 모델로 주목받아온 스웨덴과 핀란드의 성적은 일제히 하락했다. 이에 관한 국제 언론의 비평이 잇따랐다.

일단 영국과 스웨덴 등 유럽의 언론들은 한국의 약진에 별로 좋은 반응을 보이고 있지 않다. 한국의 상위권 유지는 '엄마표 사교육'과 '특목고 및 우열반 운영'의 산물에서 비롯된 것이라는 지적이다. 한마디로 한국의 교육은 학생에게 가혹한 서커스의 동물훈련같은 공부경쟁을 강요한다는 것이다. 하루 14시간씩 공부하고 특별과외까지 해야만 하는 성적 경쟁은 끝이 없고, 결정적으로는 특목고, 자사고, 자율고 등 학교간 등급제가 실시되면서 사교육과 학교내의 입시교육이 더욱 늘어난 덕분이라는 것이다.

이와 같은 현상은 동아시아적 현상이기도 하다. 학점제가 아닌 단위제 교육과정을 통해 주입식 스파르타 교육을 실시하는 동아시아 국가들은, 수학을 예로 들면 상하이(1등), 싱가포르(2등), 홍콩(3등), 대만(4등), 한국(5등), 마카오(6등), 일본(7등)의 순서로 PISA성적을 싹쓸이하고 있다. 이는 마치 과거에 '사육형 선수촌'을 운영하며 올림픽 메달을 싹쓸이하던 동유럽 국가의 메달사냥을 연상하게 한다. PISA의 결과를 학력경쟁의 관점으로 바라보고 그렇게 규정한다면, 확실히 동아시아 국가들의 공부경쟁은 성공적이지만 그 종착역 역시 뻔히 보인다. 유럽과 미국 등은 더 이상 PISA의 학업성취도 결과를 신뢰하지 않을 것이고 조만간 관심 자체를 거두어버릴 것이다. 지금도 더 이상 PISA에 참여할 필요가 없다는 여론이 일고 있다. 유럽의 일류선수들이 올림픽 축구를 외면하면서 올림픽 축구는 삽시간에 몰락하고 그 자리를 월드컵에 내주어야 했다. PISA 경쟁도 동아시아 국가들의 독무대로 전락하여 자화자찬의 꽃을 피우다가 점차 소멸해 갈 것이 분명하다. 막연한 추측이 아니다. 그에 관한 증거가 있다. 바로 한국학생들이 집단적으로 보이는 절망감이 그것이다.

PISA 성적과 함께 조사된 교육의 행복도에서 우리나라 학생들은 '학교에서 행복하다'고 느끼는 비율이 60%에 불과하였다. 이 수치는 전체 65개국 중 최하위에 해당한다. 왜 유독 한국의 학생들은 불행할까? 고달픈 학교생활과 사교육에도 원인이 있지만 근본적으로는 한국사회가 갖는 유교적 병리형상 때문이다. 한국은 입신출세와 학벌

신화가 강력하게 작용하는 나라다. 한국은 자녀가 대졸 이상의 학력을 갖기를 바라는 부모의 비율이 80%를 넘어서고 있다. 세계 1위이다. 자녀가 전문직에 종사하기를 바라는 부모의 비율도 60%를 상회한다. 대부분의 부모가 자녀에게 '고학력'을 요구하면서 높은 학업성취를 강요한다. 반면 독일의 부모는 30%만이 자녀가 대졸 이상의 학력을 가지기를 바란다. 한국의 학생들은 공부 때문에 자살하는 것이 아니라 실제로는 '부모의 욕구를 채우지 못해드려서' 죽는다. 부모의 욕구를 충족시켜주기 위해서 하는 공부는 우울하고 불우하다. 그래서 한국의 학생들은 세계에서 가장 불쌍한 존재들이다. PISA성적이 아무리 좋은면 뭐하겠는가?

우열반 분반수업과 학교간 등급제로 이룩한 한국의 수월성 교육은 영미국가와 유럽에 비하면 그 차이가 선명해진다. 영국과 미국, 유럽은 대체로 수준별 분반수업에 소극적이고, 단순한 성적의 수치로 우열반을 운영하는 것은 아예 상상조차 하지 않는다. 학점제를 운영하기 때문에 하고 싶어도 불가능하다. 그렇지만 유럽의 학생들은 한국의 학생들보다 훨씬 높은 학업동기를 유지하고 있다. PISA에서 상위권을 차지하는 한국과 동아시아 나라들은 수준별 수업에 골몰하고 있지만 역시 학생들의 학업동기는 영미, 유럽국가들보다 훨씬 큰 폭으로 하향곡선을 그리고 있다. 동아시아 국가들은 지난 10년간 학생들의 학업동기가 지속적으로 하락하고 있고, 하락의 폭도 최상위권층을 이루고 있다. 우선은 동아시아 국가들의 경쟁적 공부풍토가 학업 성취도를 높이는 역할로 작용하지만 계속 지속될지 그 여부는 알 수 없다. 이 지속불가능성은 한국 학생들의 자살률이나 정신질환,

253

IV.

문생어정
文生於情
정생어문
情生於文

학교폭력의 증가와 고등교육으로 올라갈수록 떨어지는 대학생의 성취수준 등을 통해 드러나고 있다. 공부는 하기 싫은데 성적은 높다? 그러니 정신병에 걸리는 것이고 자살률이 높아지는 것이다. 모순이다.

한국의 초중등교육은 세계에서 가장 많은 수업일수와 수업시수를 운영하고 있고, 중앙정부가 정한 단위제 교육과정 및 대학입시로 인해 교사의 교육과정운영권과 대학의 학생 선발권이 상당 부분 제약을 받고 있다. 또한 과도한 입시학습의 영향으로 중등학교의 생활교양과정(생활기술, 보건, 철학 환경 등)이 감축되면서 겨우 교육과정으로 운영되는 학생안전과 건강 등 교육복지의 개념이 후퇴하고 있다. 한편 짧은 수업 시간과 긴 방학, 시험에 비중을 두지 않은 교육과정, 높은 교사 對 학생 비율 및 사립학교에 대한 당국의 엄격한 규제 등 다른 나라와는 차별화한 정책으로 주목을 받아왔던 핀란드가 이번에 PISA성적이 크게 하락하면서, 이 사건이 그나마 핀란드를 전인교육의 반면교사로 삼아왔던 한국에게 오히려 전통적인 주입식 교육의 흐름을 강화시키는 관료화의 기제로 작용하고 있다.

이 시점에서 우리는 교육의 가치를 다시 검토해보아야 한다. 한국의 주입식 교육이 학생을 병들게 하면서까지 유지해야 할 가치가 있는 것인가를 냉정하게 평가하고 오히려 안전과 건강, 교육복지에 교육의 우선 가치를 두어야 하는 것은 아닌지 고민해야 할 것이다. 교육복지 및 학생안전을 보장하는 핀란드의 기초교육법은 학생복지의 개념을 체계적인 학습과 건강한 정신, 건강한 몸, 웰빙의 유지·증진으로 설명하고 있다. 핀란드의 교육복지 법률은 별도의 입법을 통해 학교의 안전관리를 하지 않고 기초교육법과 일반계고등학교법 등 교육법에 포함시켜서 운영한다. 입법의 목적이 사후처리 결과를 중시하는 안전(safety)의 개념보다는 교육과정을 통한 예방(prevention)교육에 초점이 모아지고 있다. 핀란드는 교육복지나 학생안전의 문제를 학교 구성원 모두에게 평등하게 적용하고 있다. 정부와 학교, 학교장과 교사, 학생과 학부모가 가져야 할 권리와 의무를 동시에 부여하고 수평적인 시스템을 가동시키는 것이다. 미국의 학교안전증진법, 캐나다의 교육복지법, 호주 빅토리아주의 학생복지정책기준, 싱가포르의 학교안전규칙은 대체로 안전(safety)이라는 공통분모를 갖고 있다. 안전이란 용어는 주로 사회적인 대책을 의미하기 때문에 그 대상이 학교내의 학생에게만 한정되지 않는다. 반면에 아일랜드의 교육복지법은 학생인권이라는 성격을 강조하고 있다. 학교출석법 폐지를 비롯한 교육복지위원회의 설립은 청소년 인권보호와 밀접한 연관성을 갖는다.

한국의 교육복지와 학교안전에 관한 입법은 별도의 특별법 형태로 제정되었다. 학교폭력예방법, 학교급식법, 학생인권조례 등 안전과 복지에 관한 규정이 각기 별도로 독립된 법에 의해 운영되며, 학생의 생활주기에 해당하는 교육과정과 유리되어 있다. 그러나 미국의 학교안전증진법, 낙오학생방지법, 교육복지법은 입법의 형식에서 한국의 관련법과 유사한 형식을 취하고 있지만, 그 대상과 적용은 많은 차이를 나타낸다. 한국은 주로 학생이 적용의 대상이고 학교와 정부당국은 행·재정지원, 감독의 역할을 당당하는, 즉 학교에 국한하지만, 미국의 경우 학교의 의무사항보다는 학교·LEA·주정부·연방정부의 연계적 책무성을 강조하면서 바우처를 실시하고 평생학습체계를 갖추게 하면서 학교를 뛰어넘는 범정부적 대책을 강구하고 있다. 학교 내

IV.
문생어정
文生於情
정생어문
情生於文

의 대처방식도 차이를 보이고 있다. 아일랜드의 교육복지사, 스웨덴의 학교상담사는 복지와 안전문제에 대하여 학교내에서 조정권을 행사하고 있고, 핀란드는 기초교육법을 통해 민간이 참여하는 국가교육위원회를 운영하면서 그곳에서 각종 교육시스템을 입안하고 복지와 안전 문제를 교육과정에 반영하게 하는 등 폭넓은 민간 통제권을 행사하고 있다. 이와 비교하면 한국은 사회복지사나 상담교사가 말단 하위 직원의 개념으로 배치되어 있고, 국가교육위원회 같은 민간 통제기구가 없다. 교육부와 교육청의 지시를 학교장이 맹종하고 그에 따라 사회적 개입력이나 학생 및 교사의 자발성을 이끌어 낼 수 있는 학교자치의 법적 체계가 미흡하다. 교육관료주의에 경도된 법령으로 가득 차 있다.

한편 한국의 교육복지는 등록금 면제 같은 재정지원에 국한되어 있다. 최근 일부 교육감들의 주도로 이루어진 무상급식도 학생의 식사 선택권 등을 고려하는 단계까지는 이르지 못했고 일반적인 정부 및 지자체 재정지원의 형태로 이루어지고 있다. 학교안전의 문제도 학교폭력법의 목적(제1조)과 국가 및 지자체의 책무(제4조)를 살펴보면, 국가와 지자체는 감독자의 위치에서 학교를 지원하고 학교는 수용하는 형태로 입법되어 있다. 뿐만 아니라 법률에서 규정해도 정부가 이행하지 않는 경우가 많다. 학생건강관리의 측면에서 2007년 개정된 학교보건법은 보건교육의 국가책무를 보장하고 있지만, 초중등교육법 시행령의 교육과정 고시(보건교과 필수교육 의무)를 방기함으로써 학생의 보건교육권을 보장하지 않고 있다. 학교폭력예방법과 시행령이 제정되어 운영된지 오래되었지만 2013년 12월 현재 관련 시행규칙을 제정하지 않아서 법 취지의 일부만 운영되고 있다. 이러한 사례를 살펴볼 때 한국의 교육당국은 입시교육을 위해 학생안전과 건강복지의 문제를 고의적으로 소홀히 하고 있다는 비판을 피하기 어렵다. 교육복지와 학생 안전건강의 문제는 한국의 경우 학생에 대하여 종적개념으로 나타나는 반면 영·미국가와 핀란드는 횡적체계를 갖고 있음을 알 수 있다.

건강·행복교육을 준비할 때

257

IV.
문생어정
文生於情
정생어문
情生於文

한국의 교육이 성적 올리기와 점수경쟁에서 탈피하기 위해서는 선진국들처럼 건강과 안전을 우선시하는 교육법을 제·개정해야 한다. 단순히 대통령이나 장관이 신경을 쓴다고 해결될 일이 아니다. 새롭게 법을 제정해야한다. 그 법령에 다음과 같은 대안을 담아보자.

첫째, 한국에서도 학생생활주기(Life Cycle)형 입법 및 정책의 시행이 이루어져야 한다. 교육부의 정책입안이 정부입법으로 이어지고, 다시 정부로 돌아 와서 시행령이 제정되어 공문을 통해 학교현장에 집행되는 형태의 우리나라 입법례는 중앙집중식 관료주의적인 성과를 도출하는데 일정한 효과를 볼 수는 있으나, 그럴 경우 정부는 시혜자가 되고 교사와 학생, 학부모는 수혜자가 되는 피동형 정책을 유지할 수밖에 없는 한계를 지닌다. 따라서 학생의 생활주기에 맞춘 관련법 제·개정이 이루어졌으면 한다. 학교자치와 학생건강, 학생인권과 안전을 고려한 사회적 지원과 지방자치단체의 책무를 담아낼 수 있는 입법체계가 필요하다.

둘째, 교육법 체계에 학교안전과 교육복지를 담아야 한다. 학교보건법 등에 산재(散在)되어 있는 이 문제들을 학교자치의 영역과 교육과정의 영역으로 끌어들여서 효율적이고 자기주도적인 예방(prevention) 교육으로 승화시켜야 한다. 정부와 교육청이 공문하달과 지시일변도로 학교를 통제하고 그 속에서 '학교가 알아서' 모든 것을 감당해야 하는 한국의 관련법 체계는 비효율적일뿐 아니라 학교현장의 창의적이고 자율적인 기풍을 오히려 억압한다.

셋째, 학교안전과 교육복지, 교육법 체계를 일대 개선하여 상호 관련성을 갖도록 재정비해야 한다. 또한 중등의 선택과 초등의 체계적 교육으로 한정되어 있는 보건과목을 필수과목으로 바꾸고 보건교사의 자격을 정교사로 전환해야 한다. 법체계의 정비도 필요하다. 학교폭력예방법이나 학교보건법 등 학교안전에 관한 법들은 어떻게 보면 안전(safety)이란 개념을 제대로 담아내지 못하고 있고, 그와 관련하여 초중등교육법 시행령이나 규칙과도 유리되어 있다. 정부 정책을 학교에 주도적으로 시행하는 초중등교육법(령, 규칙)과 유리되는 학교폭력예방법, 학교보건법, 학교급식법은 초중등교육법과 다른 형태를 지니고 있고 각기 독립된 것처럼 보이지만, 학교현장에 이르러서는 거의 모두 '학교장이 책임'지는 형태로 귀결되어 버무려진다. 마치 쓰레기 분리수거를 해도 하치장에 이르러서는 모두 한군데 모아져 수입석유로 불태워지는 것과 같다. 초중등교육법을 제외한 이런 법들은 교육부가 원해서 만들어진 것이 아니라 시민운동 등의 결과로 입법되었기 때문에 교육부가 의도적으로 등한시여기는 것이 아닌가 싶기도 하다. 이렇게 어차피 초중등교육법과 그 시행령, 시행규칙이 주(主) 되고 다른 모든 법령들이 종(從)이 될 것이라면 굳이 분리 입법을 할 필요가 없는 것이다. 장기적으로 이와 같은 문제를 해결할 수 있는 정밀한 연구가 필요하다.

　교육의 가치를 새롭게 세우지 않으면 학생들은 계속 정신병에 걸리고 자살은 이어질 것이다. 소모적인 공부 경쟁은 결핍동기(deficiency of motive)에서 비롯되고 협동교육은 성장동기(growth of motive)를 자극시킨다. 학생들은 우리 사회 최후의 그린벨트다. UN 아동청소년권리조약의 42개 조항을 하나의 의미로 요약하면 "아이들은 사랑의 대상이자 권리의 주체다".

8

왜

보건교육인가

보건교육의 본질과 바뀌어야 할 것들

인류의 미래에 대해 사람들이 '더 나은 세상'을 만들기를 바란 철학자 Peter Singer는 독자들에게 질문을 던졌다. "행복한 삶은 무엇으로 결정되는가?", "낙태를 허용할 것인가?", "비만은 왜 국가의 문제인가?", "피임은 왜 필요한가?", "생물학적 성별이 그렇게 중요한가?", "섹스와 젠더는 무엇인가?", "우울증은 왜 사회적 문제인가?", "식품업체는 왜 도덕적이어야 하는가?". 초중고 학생들은 당대의 미래학자가 던진 이 질문들에 대해 어떤 대답을 해야 할까? 아마도 학생들은 국어나 도덕시간, 방송으로 하는 성교육 등 여러 방면을 통해 답을 구할 수 있을지 모르지만 그것이 체계적이거나 전문적이지는 못할 것이다. 공부는 지성의 산물이지만 공부하려는 마음은 감성의 산물이다. 지식과 마음을 통해 문제의 본질을 이해하고 해답을 얻으려면 아무래도 좋은 스승과 체계적인 교재를 통해야 할 것이다. 근대교육은 학생들이 국가교육과정에서 제공하는 text를 전문성이 있는 교사가 제공하는 context에서 완성하도록 설정하고 있다. 결국 보건교육의 길은 잘 만들어진 보건교과서와 훌륭한 보건교사들로 이루어지는 것이고, 보건과 건강에 관한 텍스트는 보건교사라는 콘텍스트에서 절정을 이루어야 마땅하다. 위의 질문에 대한 교육적 답은 온통 거기에 있을 것이기 때문이다.

유발 하라리((Yuval Harari)는 역사학자의 안목으로 인류의 미래에 가장 중요한 요소 중 하나로 생활력 있는 교육을 꼽았고, 하버드 보건대학원의 아툴 가완디(Atul Gawande)는 웰다잉(well dying)의 호스피스를 위한 예방교육과 의료의 가치관을 역설하고 있다. 우리는 미래사회의 더 나은 삶을 위해 무엇이 중요한지 알고 있다. 산업의 발전이나 소득증대, 부의 창출이나 부동산이 인류에게 주는 안락함을 인식하고 있는 반면 미래에 2세들이 그로 인한 빈부의 격차, 공해와 질병, 전쟁과 저출산으로 고통받지 않기를 원하고 있기도 하다. 많은 미래학자들은 종교와 과학, 정치가 이러한 모순과 역설(a paradox)을 해결하지 못할 것이라고 예측하고 있다. 선진국들이 마지막 희망을 교육에 걸고 교육개혁(revolution)과 교육혁신(innovation)에 매달렸던 이유다. 미국의 실용교육과 영국의 열린교육, 유럽의 협동수업은 학점제라는 공통의 콘텍스트를 토양으로 삼고 있다. 선택과 집중을 가능하게 하는

261

IV.
문생어정
文生於情
정생어문
情生於文

이들 나라의 학점제와 입시제도는 분권과 자치라는 근대 민주주의에 기반하고 있다. 한국은 일제(日帝)가 남기고 간 군대식 반(班) 단위 학급제에 기반한 단위제 교육과정을 지금껏 유지하고 있다. 30년이 넘도록 204단위(고교) 이상을 유지하고, 고3까지 배워야 하는 국영수 과목의 단위수가 360학점으로 4년제 대학 3개를 졸업할 분량을 공부해야 하고, 보건과목 같은 생활력 있는 공부는 뒷전으로 미루고 있으며, 행복지수가 178개국 중 102위인 나라, 대한민국 교육의 민낯이다.

우리날 학교보건교육은 2011년 진보교육감으로 불리는 진보진영의 교육감들이 대거 당선되면서 본격적으로 학교보건교육을 위한 교과서 보급, 보건교사 증원배치 등이 이루어지기 시작했고, 무상급식과 함께 도입된 혁신교육이 이와 관련이 있다. 전인교육을 표방하여 만든 혁신학교는 진보 성향 교육감들이 2006년부터 만들어 온 공립형 자율학교를 말한다. 2018년 현재 14개 시도에서 진보교육감이 선출되어 혁신학교를 운영하고 있다. 시도에 따라 다르지만 혁신학교는 보통 학급 인원을 25명 이하로 제한하여 소규모 학교로 운영한다. 입시위주의 획일화된 교육체계에서 탈피하여 주도적이고 창의적인 학습능력을 배양하기 위한 새로운 학교 형태다. 일부 지역에서는 꿈의 대학(경기, 이재정 교육감), 빛고을 혁신학교(광주, 장휘국 교육감), 서울형 혁신학교(서울, 조희연 교육감), 행복더하기 학교(강원, 민병희 교육감), 무지개학교(전남, 장석웅 교육감) 등으로 불리기도 한다. 혁신교육은 혁신교육지구 운영 등 지자체 연계형으로 확대되어 발전하고 있다.

경기도 발(發) 혁신교육은 전교조의 참교육에 기인했지만 제도적으로는 노무현 대통령 자문 교육혁신위원회에서 결정된 보직형 교장공모제와 교육감 주민직선제(백원우, 이주호 국회의원 대표발의)의 산물이다. 경기도 이중현 교사와 남한산 초등학교의 서길원 교사 등 공모제 교장으로 선출된 전국의 전교조 출신 공모제 교장들이 주민직선제로 선출된 진보 교육감들과 조우하면서 혁신교육은 본격화되었고, 교육복지와 교육민주화에 입각한 교육의 길을 모색하였다. 교육의 발전에 대해 이데올로기의 잣대를 들이대는 것은 무용한 일이지만 뚜렷한 차이는 존재한다. 박정희 대통령은 중학교 무시험입학제와 예비고사 등 국민 전체에 파급되는 제도개혁을 시행했지만 교감제를 도입하여 교원을 계급화시켰고, 생활교육의 영역인 보건과목을 폐지하면서 교련과목을 개설했다. 노무현 대통령은 대선공약으로 보건교과 개설과 보건교사 확대배치를 채택했고, 2007년 (사)보건교육포럼의 노력으로 모든 각급학교에 보건수업을 하도록 학교보건법 제9조의 2와 15조가 개정되었으며, 2009년 진보교육감 시대에 이르러 학교에 보건수업이 확대·시행되었다. 2018년 경기도의 경우 이재정 교육감은 전국의 교육청에 앞서 모든 학교에 보건교사를 배치했고, 과대학급에 복수배치를 시작했다. 혁신교육은 정권의 성격에 따라 부침을 겪었고 보건과목 역시 정치적 공학과 무관치만은 않다. 보건교육이 인간화 무상의료교육이라는 측면에서 혁신교육의 주요한 영역으로 자리를 잡아야 할 당위성은 충분하다.

보건과목의 개설은 보건교육의 근간에 해당된다. 2007년 보건교사에 의해 가르치도록 보건과목을 개설하는 것을 골자로 한 학교보건법 제9조와 15조의 개정은 뜻 깊은 일이었다. 2006년부터 혁신교육이 교장공모제와 교육민주화의 큰 의제로 등장한 것이었다면, 보건

263

IV.
문생어정
文生於情
정생어문
情生於文

교육은 학교현장의 보건교사들이 건강관리와 보건교육을 통해 무상 의료교육을 실천하겠다는 선언으로 구조화되었다. 보건교육의 확대는 혁신교육의 등장이라는 정치공학적 이론의 배경과 무관치 않다. 보건과목 도입을 위해 국회입법을 추진했던 (사)보건교육포럼은 2017년에 보건교사의 수업권 및 학생의 보건학습권, 보건교사 확대 배치를 위해 다시 정교사 법안을 쟁점화 시켰다. 교육부 산하의 유일한 보건교사 법인단체로 결성된 (사)보건교육포럼은 국회입법 등을 통해 교육부와 협의를 하여, 정교사 표시과목의 도입 목적을 '학생의 보건수업권'을 회복하는데 둠으로써 학교보건교육의 최대의 쟁점으로 부각시키고 있다.

우리나라 초중고에 배치된 교사의 종류는 다양하다. 중고등학교에서 교과를 가르치는 교사와 초등학교 교사는 정교사(正敎師)다. 교과 여부와 관계없이 장애학생을 가르치고 돌보는 특수교사 역시 정교사다. 일반교과에서 일정시간 자격연수를 받고 전과한 진로직업상담교사 역시 정교사다. 그러나 보건교사, 영양교사, 사서교사, 전문상담교사 등은 정교사가 아니다. 교원의 직무는 초중등교육법 제20조에 '학생을 교육한다'로 정해져 있다. 그러나 비정교사는 '학생교육' 이외에 여러 가지 법령에 나누어 그 직무를 별도로 명시하고 있다. 정교사와 비정교사는 신분적 차별을 지니고 있으며 비정교사는 부당하다고 여겨지는 행정적 직무도 부여받고 있다. 보건교사는 법에 정해진 직무(건강관리와 보건교육)보다 훨씬 더 많은 업무를 부여받고 있다. 보건교사의 직무를 구체적으로 명시한 학교보건법시행령은 상위법인 학교보건법 9조, 15조와 하위법인 학보건법시행규칙을 위반하고 있다. 2007년 보건교사의 직무가 보건교육과 건강관리로 바뀌었는데 10년이 넘도록 교육부가 이에 맞춰 합당하게 시행령을 개정하지 않고 미루고 있는 탓이다.

무엇보다 보건교사는 다른 비정교사와 달리 학교에서 보건과목을 가르치고 있다. 비정교사이지만 실제적으로는 정교사와 똑같이 '가르치는' 업무를 하고 있다. 그런데 정교사에 비해 업무와 신분에서 차별을 받고 있다. 이러한 모순을 바로잡기 위해서는 다음과 같은 조치가 이루어져야 한다.

첫째, 보건교사의 직무는 학생의 건강관리와 보건교육이며, 이를 제대로 시행하기 위해 학교보건법시행령 중 보건교사의 직무를 상당히 개정해야 한다. 특히 23조의 '학교환경위생의 관리·유지' 조항과 '필요시 보건교육 협조' 등을 원천적으로 삭제하고, 대신 보건교육과 건강관리만을 남겨두도록 시급히 개정해야 한다.

둘째, 보건교사의 법적직무를 올바로 수행하기 위해서는 보건교사를 정교사로 전환해야 한다. 이를 위해 초중등교육법을 개정하거나 혹은 교육부장관이 검정령으로 보건교사에게 표시과목 '보건'을 부여하도록 해야 한다.

셋째, 보건교사의 법적직무를 지원하기 위해 보건교사 복수 배치를 위한 법령제정이 필요하다. 그리고 보건교사가 보건수업을 하는 모든 학교에 인턴 교사를 배치하여 보건교사를 돕도록 해야 한다.

미래사회의 보건교육을 강화하기 위한 방안은 '보건과목의 필수

265

IV.
문생어정
文生於情
정생어문
情生於文

운영', '과대학급과 보건수업을 하는 학교에 일정 규모의 보건교사 복수 배치', '초등보건교육과정 고시', '보건교사의 정교사 전환', '환경위생관리나 공기질 등 시설행정업무 폐지', '보건교육과 건강관리만을 하도록 보건교사 직무 규정' 등 다양하다. 다음과 같이 그 방향을 제시한다.

첫째, 학교보건법을 통폐합하거나 축소할 필요가 있다. 동일한 내용이 타법에 산재되어 존재하고 있는 마당에 동법에서 반복하여 다룰 필요가 없는 조항들이 많다. 학교환경위생관리, 식품안전, 정화구역 등 많은 내용들이 관련법과 흡사하여 효율성이 떨어지고 상충되는 측면이 있다. 통합과 축소가 병행되어야 할 시점이다.

둘째, 학교의 장에게 과도하게 부과하고 있는 업무와 범위를 대폭 폐지하여 지자체의 장에게 이관할 필요가 있고, 학교장의 책무를 교원의 고유업무인 학생교육과 관리자의 책무인 지도감독으로 전환하여 개정해야 할 필요가 있다. 또한 학교의 장에게 제시하고 있는 학교 내의 행정적 업무는 행정실장 등의 업무범위로 분류해야 한다. 그것이 보건직과 행정실의 권한을 보장하는 것이고 행정의 전문성도 존중하게 되는 것이다. 학교보건법과 초중등교육법에 그러한 교통정리가 필요하다.

셋째, 보건교사 및 교원 전체의 교육권과 행정직원의 행정권을 법령에 명시하여 보건관리와 건강관리의 개념을 명징하게 드러내고, 교직원 간에 화목하고 평화적인 업무 분장이 이루어지는 근거를 마련해주어야 한다. 이렇게 교원의 자격기준을 정하는 것은 교원의 교수학습개발을 위한 전문성을 보장하는 것이며, 행정직원의 행정전문성을 지켜주기 위함이다. 이러한 사항이 학교의 장에게 포괄적으로 위임되어 책임을 전가시키는 것은 전근대적인 법제정의 잔재인 것이다. 정부와 의회의 성찰이 필요한 시점이다.

넷째, 보건관리를 행정의 차원에서 다루고 그에 대하여 학교의 장이 지도감독하며 교원이 협력할 수 있는 네트워크를 만들어주어야 한다. 또한 학교보건법 시행령이나 고시를 통해 건강관리와 보건교육이 학생의 건강 증진 및 보호를 위해 교육과정의 차원에서 운영되고 조정될 수 있도록 개정해야 할 것이다. 이러한 노력은 학점제 도입 등 교육과정의 변화와 함께 병행되어야 할 과제이기도 하다.

다섯째, 보건실의 기준과 보건교사의 직무를 바로잡기 위한 방법은 먼저 정부입법을 제출하는 교육부의 학교보건정책이 정상화되어야 한다. 이와 관련하여 교육부의 학생 보건교육 및 건강관리의 정책 기능은 보건수업시수와 보건교사 복수배치 등 실질적인 대책 마련으로 일관해야 한다. 교육청의 경우 보건교육을 활성화시킬 수 있도록 시수를 보장하고 교육지원청 단위에 보건교육전문직을 안정적으로 배치해야 하며 이를 위해 세칙이나 조례의 제정도 요구된다. 또한 지자체와 적극 협력하여 보건교육지원센터 설치 등 보건교육을 지원하기 위한 체제를 마련해야 한다.

여섯째, 보건교사 단체의 역할이다. 올바른 학교보건정책을 세우도록 끊임없이 입법활동과 정책 건의를 추진하고 건강한 방법으로 교육청과 협력할 수 있는 자구책이 필요하며, 단체 간 연대기구도 만들어서 운영했으면 좋겠다.

일곱째, 감염병, 응급처치, 성교육, 보건교육 등 거대한 WTO 및 국가적 과제를 시행하기 위한 교육부의 학교보건정책이 결국 보건실과 보건교사에게 모든 것을 미루고 강요하는 행정 행위로 귀착되는 것은, 학생을 위한 정책이 아니다. 학교보건정책의 수행은 교육청, 학교장(학교 시스템), 교감, 행정실이 분담하는 형태로 배분되어야 하며, 무엇보다 행정 문제는 학교장의 책무와 시설 및 행정 전문가인 행정실이 주로 담당하는 것이 바람직할 것이다.

왜 지금 보건교육인가

21세기는 대중의 세기다. 화려한 테크놀로지와 고도의 과학문명, 양극화를 부채질 하는 자본주의가 팽창하는 시기이다. 인류 역사상 가장 많은 사람들이 가장 빠르게 국경을 넘어 이동하는 글로벌 다문화 시대를 맞이하고 있다. 교육의 분야도 마찬가지다. 1980년대에 시작되었던 신자유주의 교육에 대한 비판이 2000년대 초기부터 제기되면서 지금 세계 각국은 생명존중과 생활을 중시하는 웰빙(well-being) 교육에 관심을 두고 있다. 미국은 1999년 Columbine High School Massacre 총기난사 사건 이후 각주마다 학생안전 관령 법령을 제정하기 시작했고, 한국은 2010년 6.2지방선거 이후 교육복지와 학생인권, 보건교육 문제가 이슈로 떠올랐다. 건강과 안전은 세상 사람들의 최대 관심사가 되었다. 통계청 발표 자료에 따르면 2013년 한해 자살로 사망한 우리나라 사람은 1만 4427명이다. 하루 평균 약 40명이

다. 학생 자살은 연간 200명을 웃돈다. 역시 세계 1위이다. 한국의 총
자살률은 경제협력개발기구(OECD)의 34개 회원국 중 1위이다. 한국
은 자그마치 지난 10년 동안 자살률 1위 국가라는 불명예를 안고 있
다. 행복지수도 OECD 조사국 중 41위로 최하위를 기록하고 있다. 우
리나라는 세계에서 가장 빠른 초고령사회로 진입하고 있다. 웰빙(well-
being)과 웰다잉(Well-Dying)이 절실한 시점이다.

21세기만큼 건강과 안전이 강조되는 세기는 일찍이 없었다. TV에
서 날마다 떠드는 인문학 강의의 핵심 요지는 마음 편하고 밥 잘먹고
잠 잘 자야 한다는 얘기이다. 인간의 돌봄은 사회에서의 간호와 학교
에서의 보건교육으로 정리되었다. 복지와 교육에 관한 법령에 그 내
용을 담았다. 미래의 인문학은 소수의 지식인이 독점하는 지식담론
을 만드는 것이 아니라 대중이 참여하는 창발적인 담론을 형성하는
것이 관건이다. 많은 지식인, 교사, 학자에 이어 대중의 시민이 인문학
의 주역으로 등장해야 한다. 웰빙의 21세기에 보건교육, 특히 학교 보
건교육은 대중적 인문학의 핵심과제가 될 것이다. 인류에게 닥친 질
병의 재앙, 정신건강과 웰빙 등은 단순히 치료하고 양호하는 선에서
한계를 지우지는 않을 것이다. 배움의 요람인 학교로부터 문제의 자
각과 대안이 모색될 수 밖에 없다. 보건교육을 담당하는 보건교사,
간호대 학생들, 의사, 의대생들의 자각과 역할을 기대한다. 그들이 인
문학적 마인드를 갖는 것은 새로운 '웰빙 인문학'의 시대를 여는 일이
될 것이다.

9

수학이 망해야

대학이 산다

수학을 못하면 대학 갈 생각을 말아야 한다. 그것도 서울대를 비롯한 이른 바 명문대는 아예 꿈도 못 꿀 일이다. 사실 수학을 중시하는 것과 수학을 못하면 대학을 못 간다는 것은 분명 다른 말이다. 그럼에도 불구하고 정부는 수학을 중시하기 위한 방편으로 고등학교 문과 학생들에게까지 미적분을 배우도록 강요하고 있다.

"나는 오늘도 학교와 학원에서 하루의 절반을 수학에 매달렸다. 내가 갖고 싶은 직업은 카피라이터나 작가다. 그 일을 하기 위해서는 외국어 구사 능력과 폭 넓은 창작 능력이 요구된다. 그러나 무엇보다 수학을 잘하지 못하면 문학을 전공하는 학과에 진학할 수가 없기 때문에 독서는커녕 하루종일 수학 과외에 매달리다시피 한다."

국문과에 진학하기 위해서 수학공부에 매달려야 하는 입시생 Y군의 증언이다. 도대체 우리나라 수학교육이 어디에 기인하고 누구를 위한 것인지 알 수가 없다. 고등학생을 대상으로 실시한 공신력 있는 한 리서치의 조사보고에 따르면 '대부분의 공부 시간을 어느 과목에 투자하는가?'라는 질문에 "수학에 투자한다(57.5%)"라는 응답이 2위인 "영어에 투자한다(24.4%)"라는 응답보다 월등히 높았다. 과외를 하는 과목 역시 수학(67.9%)이 영어(24.2%)보다 많다. 수학을 못하면 수능이고 내신이고 일단 포기해야 하기 때문이다. 수학이 우리나라 사교육과 입시에 끼치는 영향은 이렇게 상상을 초월한다.

"나는 일본어를 전공하고 싶다. 가끔 인터넷으로 새벽까지 일본 아이들과 대화를 나눌 정도로 일본어에 익숙하다. 그러나 나는 원하는 대학에 진학할 수 없다. 일본어 1급을 취득하면 수시에 합격시켜주는 사례도 있지만, 역시 웬만한 대학들은 수능 2등급 이내 등 수능성적을 전제로 제시한다. 수학을 잘 못하는 나는 아무래도 원하는 대학의 일본어학과에 진학하지 못할 것이 확실하다."

여고생 K양은 결국 영어와 일본어만을 입시과목으로 채택하고 있는 일본의 와세다 대학 문학부에 진학했다. 그녀는 수학 때문에 현해탄을 건넜다. 이른 바 일류라고 하는 한국의 대학들은 엄밀히 따지면 수학 영재들이 모인 곳이다. 문학에 적성이 있고 습작을 좋아하는 아이가 서울대 국문과에 진학하려면 문제풀이식 수학공부에 전념해야 한다. 문학에 소질이 있는 것 만큼이나 수학에도 천재성을 보인다면 모를까 인간의 능력에는 한계가 있게 마련이다. 문학을 좋아하는 아이가 수학에도 천재성을 보일 수 있을 것이라는 수학자들의 주

271

IV.

문생어정
文生於情
정생어문
情生於文

장은 순 억지다. 우리나라 수학자들은 수학을 잘하면 다른 과목도 잘할 수 있다는 형식도야설을 맹신하고 있지만, 형식도야설은 이미 국제적으로 공신력이 높은 각종 수학학회에서조차 그 신빙성이 부정되었고 근거가 희박하다는 결론에 도달한지 오래다. 국가가 제도로 고착화시켜서 수학이 아이의 인생을 좌우하게 하는 우리나라의 현실은 그런 면에서 전근대적이고 비과학적이다. 그 결과 우리나라의 명문대학들은 온통 수학에 소질이 있는 아이들만 우굴거리는 수학영재 수용소로 전락했다.

세계의 유수한 대학들은 어떨까? 가까이 일본의 와세다나 게이오 대학같은 명문 사립대는 입시의 유연성을 발휘하여 전공분야별로 입시의 형태를 다양화 한다. 인문대를 진학하는 아이들에게는 영어와 일본어 두 과목만 부과한다. 우리나라 수능에 해당하는 대학입시센터고사조차 참고사항일 뿐이다. 반면에 동경의 국립대 히토치바시의 상과대나 이과대학의 당락은 대학입시센터고사의 수학성적이 좌우한다. 아이비리그를 비롯한 미국의 유수한 대학들 역시 본고사에 해당하는 대학별 고사에서는 대략 2개 정도의 과목만 선택하도록 한다. 물론 인문대학의 경우 대부분 수학과목은 제외된다. 여기에 대학경쟁력의 숨은 뜻이 담겨져 있다.

예컨대 고도의 논문 실력과 어학실력이 요구되는 인문학의 경우를 살펴보자. 알다시피 서울대 인문대를 진학하는 아이들은 논문 습작이나 영어 구문 공부보다는 내신과 수능을 대비하기 위해 문제풀이식 영어와 수학공부에만 전념하다가 대학에 입학한다. 와세다나 게이오 예일대를 준비하는 아이들은 빠르면 중학교 때부터 소논문이나 영어

에세이 등 질적으로 수준이 높은 입시준비를 한다. 수학에 구애받지 않고 저 좋아하는 공부를 하기 때문에 능률도 오른다. 합격 통지서를 손에 받아 쥐는 순간 두 집단의 경쟁력은 이미 판가름 나 있다. 단순한 암기식 문제풀이만 반복했던 서울대 인문대 아이들이 몇 년이고 깊이 있는 어학과 논문을 공부했던 외국 대학 아이들을 어떻게 이길 수 있을까? 무서운 일이다. 여기에 서울대 경쟁력 저하의 비밀이 담겨 있다.

많은 반복과 틀리지 않는 사칙연산에 의해 수학성적이 좌우되고, 그러한 단세포적인 과정과 결과에 따라 입시의 성패가 결정되는 교육과정 및 입시구조는 구조조정되어야 한다. 초등학교 1학년 때부터 고3까지 수학을 필수로 배워야 하는 교육과정도 구조조정되어야 한다. 수학은 중학교 때부터 선택과목이 되어야 하고 수능과 내신에서도 선택과목이 되어야 한다. 수학이 필요한 전공은 수학을 깊이 있게 공부시키고, 인문학을 전공하고자 하는 아이들에게는 수학과목을 입시에서 면제해주어야 한다. 수학이 수학답고 입시가 입시다워져야 한다. 교육부는 수학과목을 양적으로 확대하면서 밥그릇을 지키고자 하는 세력들의 집단이기주의를 경계하고 극복해야 한다. 대학경쟁력을 높이고 입시를 선진국형으로 개편하기 위한 첫걸음은 무엇보다 수학 문제부터 정리해야 가능하다. 수학과목이 망해야 대학이 산다.

273

IV.
문생어정
文生於情
정생어문
情生於文

10.

대학과 기업이

청춘 죽이기를

멈추려면

대학은 왜 망하지 않을까? 졸업장을 줄 수 있기 때문이다. 교수
는 왜 버틸 수 있을까? 학생을 한 줄로 세울 수 있는 상대평가가 있기
때문이다. 우리나라의 대학은 세계에서 드물게 상대평가를 적용하고
중등학교의 단위제 교육과정처럼 과목 선택권을 상당히 제약한다.
상대평가는 취직시험의 성적자료로 활용된다. SKY가 아닐수록 성적
경쟁은 치열하다. 학생들은 성적경쟁과 취업준비에 여념이 없어서 연
애할 수도 없고 마음껏 놀 수도 없다. 전공이나 교양시간이면 관련 서
적 밑에 취직시험 교재를 깔고 몰래 공부한다. 동료학생들 사이에 어
떻게 하면 교수에게 들키지 않고 영어공부를 할 수 있는지 비법이 돌
고 있다. 한마디로 취직시험 이외의 교양과목이나 전공과목 공부는

찬밥이 된 지 오래다. 졸업장과 상대평가가 없다면 대학은 당장 문 닫고 교수는 실직자가 될 지경이다.

기업이라고 해서 불만이 없는 것은 아니다. 대학이 기업에 맞는 인재를 양성하는데 게으르다고 비난한다. 하루가 아까운 기업은 학생들이 모든 것을 대학에서 익히고 곧바로 취업하여 숙련된 사원으로 일하기 바란다. 정부는 대학과 기업 사이에서 별다른 개혁의 대안을 갖고 있지않다. 교육부에서 대학종합평가를 실시하면 딱 두가지 취업률과 상대평가의 준수만 살핀다. 교육부는 대학의 교육과정을 분석하고 평가할 능력이 되지 않기 때문에 이미 수십년 전에 교육부가 고정시킨 낡은 교육과정을 대학이 얼마나 잘 지키고 있는가를 따질 뿐이다. 대학은 점점 초등학교처럼 작아지고 규정에 얽매이고 아무도 공부하지 않는 교육과정을 준수하는 것으로 소일한다. 교수는 아무도 듣지 않는 강의를 반복하고 학생은 상대평가를 위해 어쩔수 없이 수업을 듣는 척한다. 서로의 진심을 감추고 속이는 수업이 SF영화의 장면처럼 오버랩 된다. 슬픈 일이다.

대다수의 우리 국민들이 싫어하는 그 일본조차 우리같지는 않다. 일본대학들은 상대평가가 아닌 절대평가를 실시하고 있다. 당연히 공부 부담이 적고 동료학생 간에 서로를 무너뜨리고 타고넘어야만 하는 성적경쟁을 하지 않는다. 자신의 경쟁 상대는 친구가 아니라 바로 자신이기 때문이다, 절대평가의 힘이다. 그 힘은 기업의 협조가 있기 때문에 가능하다. 기업은 학벌이나 성적으로 학생을 뽑지 않는다. 심층면접을 통해 인성과 적응력을 평가하여 선발한다. 기업은 1년 정도의 긴 시간을 신입사원 교육에 투자한다. 최근 실무능력을 테스트하는

275

IV.
문생어정
文生於情
정생어문
情生於文

기업이 늘어나는 추세이지만 적어도 성적을 반영하지는 않는다. 학생들이 대학에서 가장 열심히 하는 것은 동아리 활동과 연애다. 살맛나는 청춘을 보장하기 위해 대학은 상대평가를 하지않고 기업은 성적으로 줄 세우지 않는다. 미국과 유럽의 대학들도 우리처럼 상대평가를 하지는 않는다. 교육부가 보조금을 미끼로 대학들을 평가하고 차등 지원하지도 않는다.

대학과 기업이 협력하면 우리도 교육선진국처럼 대학공부와 취직 준비를 분리할 수 있다. 그렇게 하려면 다음과 같은 노력이 선행되어야 한다. 첫째, 대학은 상대평가를 절대평가로 전환해야 한다. 둘째, 기업은 입사시험에 영어시험과 성적을 반영하지 말아야 한다. 셋째, 교육부가 국가보조금을 미끼로 대학을 한 줄로 세우는 종합평가를 중단해야 한다. 넷째, 대학의 낡은 교육과정을 타파하여 생활교육과 교양교육을 강화하고 시대에 뒤떨어진 전공과목은 폐기해야 한다. 다섯째, 대학의 문을 열어야 한다. 기업이나 사회단체 등 다양한 집단과 MOU를 체결하여 학과를 신설하고 실무능력이 뛰어난 전문가를 교수요원으로 영입해야 한다.

대학과 기업이 서로의 욕심을 내려놓게 하려면 청와대와 교육부가 나서야 한다. 학교를 개방하고 절대평가를 실시하는 대학에 더 많은 지원을 하고, 성적으로 회사원을 뽑지 않고 신입사원 교육에 최대의 투자를 하는 기업을 칭찬해야 한다. 우리 대학의 청춘들이 가슴 뛰는 연애를 하게 해야 한다. 그들이 대학에서 동아리 활동을 하고 세계를 여행 다니며 모험을 할 수 있도록 하자. 놀아야 연애도 하고, 연애를 해야 결혼도 하고, 아이도 낳게 된다. 어차피 저출산으로 소멸되는 대한민국이다. 이제 제발 젊은이들을 괴롭히고 절망하게 하는 대학과 기업, 정부의 망할 짓은 멈추어야 한다. 기도하는 마음으로 청춘을 살리자.

Ⅳ.

문생어정
文生於情

정생어문
情生於文

도서

- 《웃기는 학교 웃지않는 아이들》 김대유 저, 시간여행, 2011

- 《동료효과》 김대유 저, 시간여행. 2013

- 《학교폭력의 예방 및 대책》 김대유 외. 시간여행, 2014

- 《보건교육의 인문학적 성찰》 김대유 저, 보건교육포럼. 2016

매체

세종인뉴스

에듀인뉴스

뉴스 & 잡